教育政策风险评估研究

刘海滨 著

THE STUDY ON
EDUCATION POLICY RISK ASSESSMENT

人民出版社

序

　　"防微杜渐"是教育政策制定者、执行者和研究者对于政策完美性的追求。这个成语是对教育政策风险评估研究最为朴素的解释。风险是一个"老问题",却也是教育政策研究的一个"新视角"。这种"新"主要体现在以下三个方面。

　　首先,教育政策风险评估研究体现了政策科学多学科交叉的特点。自 20 世纪 50 年代政策科学诞生时起,多学科交叉或者称为跨学科就是其重要的特征之一。对教育政策研究而言,政策学、管理学、政治学、教育学、社会学、经济学等学科都为理解、诠释和探索教育政策问题提供了相关的概念和理论。教育政策风险评估研究就是教育政策研究与风险评估技术的交叉研究。风险评估技术是风险管理研究的重要内容。巧合的是,与政策科学同步,风险管理研究也起源于 20 世纪 50 年代的美国。经过半个多世纪的理论发展与实践探索,风险管理已经形成了以风险识别、风险评估、风险决策和风险监控等为主要内容的完整的知识体系,各种风险管理工具也不断在风险管理实践中得到运用和发展。其中,风险评估技术以其"嵌入式"的特点广泛应用在金融投资、企业策划、建筑规划、食品安全、医疗卫生和社会维稳等众多管理领域。刘海滨博士的《教育政策风险评估研究》一书,另辟蹊径,将"嵌入式"的风险评估技术引入教育政策研究领域,开启了教育政策研究的新视野。这种交叉引入之所以具备可行性,既植根于政策科学本身的包容和开放,又生长于教育政策制定过程的风险性和不确定性。在教育政策决策前,众多的教育政策方案都需要进行预测分析,这种对于未来的不确定性的科学推测、预言和猜想,无疑是风险评估技术最为擅长的攻克领域。刘海滨博士敏锐地抓住了这些关键点，从多学科交叉的视角对教育政策风险评估进行了有益的探索。

其次，教育政策风险评估研究拓展了教育政策研究的范式。研究范式主要指研究问题的角度、视野和参照框架。它由基本假设、概念范畴、方法论等构成，反映了研究者看待世界、解决问题的基本方式。教育政策研究的范式是多元并存的，也是不断发展的，但从始至终基于实证主义的范式一直占有主流地位。以美国国家研究理事会（National Research Council）2002年发表的《教育的科学研究》为参照，教育政策研究科学的范式应该具备六个特征：一是提出重要的、可进行实证研究的问题；二是建立研究和有关理论的联系；三是使用能够直接研究问题的研究方法；四是提供一条严密、明确的推理路线；五是进行重复验证和推广研究；六是公开研究结果以鼓励专家学者的检查和批评。这些特征也正是本书作者在框架设计和行文过程中力图呈现的。从教育政策风险等相关概念的界定开始，作者依次呈现了风险管理和教育政策制定过程等相关理论；基于教育政策问题的风险识别过程；能直接用于教育政策风险评估的方法；包含风险识别、风险分析、风险评价的教育政策风险评估实施过程与研究路径；蕴含在风险评估方法和风险评估过程中的研究信度、效度和可重复性验证；贯穿教育政策风险评估始终的利益相关者的协商、过程监督与风险监测等。这些无不说明教育政策风险评估符合科学的研究范式。从这个意义上说，《教育政策风险评估研究》一书体现了教育政策研究范式的创新性。

最后，教育政策风险评估研究丰富了教育政策研究方法。政策科学诞生之初就对方法和工具尤为青睐，那些可以进行量化分析或者提供量化输出的方法尤其受到政策研究者的偏爱。随着教育政策研究的不断发展，越来越多的方法被引入其中，特别是现象学和语言学等学科中质化研究方法在教育政策研究中越来越被广泛地运用。研究方法的多样性在为教育政策研究带来科学化、绩效化的同时，也呈现出一些问题——由于这些方法诞生于不同的国家、起源于不同的学科，在方法的翻译、引入、使用和组合等过程中出现了较多失范、误解和不得当的情况。这就要求在教育政策研究领域引入研究方法或创新研究方法时要格外严谨。刘海滨博士在研究过程中，将 32 种风险评估方法引入教育政策研究领域，这 32 种方法来源于风险评估技术国家标准，作者在行文时对每种方法的起源、优势与不足、适用范围和实施步骤进行了系统的梳理，并尽可能地结合教育政策案例进行呈现。这些方法的引入遵循严谨性准则，为教育政策研究方法的多样性选择作出了贡献。

即便如此，呈现在各位读者面前的依然是一部年轻学者的新作，虽有见地或有贡献，但不足之处在所难免。希望书中的成绩与不足均能引起国内外教育政策研究者的关注与讨论，以此激励这位年轻学者继续成长。

杨颖秀

2018 年 7 月于长春

目　录

自　序

　　从进化的角度看，人类逐步学会了制造和使用复杂工具，这促进了人类大脑的发展，最终使人类演变成为自然界的强者。马克思曾指出，制造工具是人类劳动产生、人类形成和人类社会出现的标志。事实上，人类从未放弃过对更好用、更高级工具的追求。《论语》有云："工欲善其事，必先利其器"，民间俗语也有"磨刀不误砍柴工"的说法。时至今日，与国家发展关系密切的"中国制造2025"、"工匠精神"和"国之大器"等关键词无不与工具的制造和使用息息相关。而对于政府及教育行政部门而言，教育政策就是最有效的管理工具之一。教育政策是有效解决教育问题，实现教育目标的方式和手段。我们对于工具高层次的追求反映在教育政策领域，就变成了对教育政策科学性的孜孜求索。教育政策的科学化程度体现了政府及教育行政部门的价值取向与管理水平，这也是教育政策学从20世纪50年代诞生至今，何以在短时期内就迅速蓬勃发展的重要原因。

　　教育政策的科学化体现在很多方面，其中人们推崇的是教育政策制定的尽可能完美，而不是政策执行后再去修修补补。有的学者认为这是一个悖论：一方面，我们希望获知教育政策执行的效果，从而使得政策方案和决策更加科学；另一方面，制定中的教育政策并没有执行，我们无法未卜先知，穷举所有结果。为了破解这个悖论，教育政策研究者引入了其他学科的相关技术或开发出了一些预测的方法。美国学者邓恩（William N.Dunn）将这些政策方案预测方法分为外推预测、理论预测和判断预测三大类。对于未来不确定性的预测，无疑是风险管理中风险评估技术最擅长的领域。这就是本书的研究对象——将风险评估技术融入教育政策过程中。事实上，风险评估的方法也来自不同的学科，其中大部分方法早已运用在教育政策研究与实践中。

本书有两个最朴素的研究目标：其一是探讨教育政策风险评估方法；其二是展示教育政策风险评估过程。在前半部分，本书从教育政策风险评估的视角出发，对国家标准《风险管理　风险评估技术》（GB/T 27921-2011）中列出的32种风险评估方法的概要、适用范围、优势与局限和实施步骤等进行了梳理和探讨。在后半部分，本书完整地呈现了教育政策风险评估的三个子过程，即风险识别、风险分析和风险评价，以及教育政策风险应对过程。同时，为了让读者更充分地理解教育政策风险的方法与过程，本书以师范生免费教育政策为例，运用教育政策风险评估方法，通过对政策风险进行识别、分析和评价，得出风险应对策略，并以其为基础提出了政策的改进建议。欣慰的是，本书即将出版之际，教育部等五部委印发的《教师教育振兴行动计划（2018—2022年）》中对师范生免费教育政策进行了调整，将免费师范生（现称公费师范生）的履约服务期从10年调整为6年，这与本书的研究结论之一不谋而合，从而印证了本书的意义和价值所在。

宽泛而言，教育政策的目标是为了解决教育政策问题。面对纷繁复杂的教育政策问题，很多教育管理者和教育政策研究者在面对未来的不确定性时都曾感到束手无策。但事实上，抛开风险评估技术不谈，教育政策问题和解决方法几乎同时产生。方法是问题的对立物，方法总比问题多，只要我们坚定信心、找准问题、选对工具就有可能攻克难关，制定和改进出更科学、更完善的教育政策。

在本书行文过程中，我切身感受到对于风险评估技术和政策科学领域的部分内容已经超出了个人的学识和能力范围，驾驭起来如履薄冰。作为一名教育政策研究者，成书的过程亦是不断学习、不断探索、不断实践的过程。因此，本书难以避免地存在这样或那样的缺陷、错误和不足之处。在将本书奉献给读者面前时，我真诚地希望读者对本书的各种缺点给予批评和指正。同时，在写作过程中，袁振国、褚宏启、刘复兴、孙绵涛等教授关于教育政策学的相关著作给我很多借鉴和启发，李存健、张曾莲、范道津、尹贻林等教授关于风险评估技术的相关著作也让我受益匪浅，在这里一并表达深深的谢意。另外，我要把最诚挚的谢意送给我的博士生导师杨颖秀教授。杨老师为人正直、治学严谨、学术精湛，她关注我的学业，更关注我的成长，对我的谆谆教诲让我收获良多并受益终身。

最后，衷心祝愿我国的教育政策科学化进程能够突飞猛进，愿我国的教育事业能够蓬勃发展！

刘海滨

2018 年 6 月

绪　论

一、教育政策风险评估研究的重要意义

自 20 世纪 50 年代，以解决公共问题为导向的政策科学产生以来①，政策科学在不断地自我完善，并越来越多地参与到社会变革之中，越来越多地对我们的生活产生重要影响，其作用也越来越为人们所认可。特别是进入 21 世纪以来，随着政策在公共领域内功能的不断凸显，人们对于政策科学的关注不断增强，政策科学研究的每一次进步都与现实事件密不可分。实践推动了政策科学研究的不断前行，也使政策科学自身的理论建设不断完善。

随着政策科学理论研究的不断推进，人们逐渐注意到，无论是政策研究者自身还是政策自身都还存在一些缺陷，这些缺陷的存在使得政策面临诸多风险，当人们被迫承认人类并非完全理性之时，就已经开始正视政策过程中的风险问题。政策科学研究者开始由追求政策的"最优"过渡到了追求政策的"满意"。② 近代以来，人们已经越来越多地认识到风险防范在政策运行过程中的重要性，政策风险评估正逐渐成为政策科学研究的一个重要领域。

---

① 参见王达梅等：《公共政策分析的理论与实践》，南开大学出版社 2009 年版，第 10 页。
② 参见［美］赫伯特·西蒙：《现代决策理论的基石》，杨砾、徐立译，北京经济学院出版社 1989 年版，第 13 页。

作为公共政策的一部分，教育政策在教育资源分配及教育利益导向等方面都具有重要的地位与作用，特别是在民主越来越得到重视的今天，教育政策在社会公平与正义得以实现方面承担了重要使命。这些在客观上促进了政策科学（包括教育政策学）的蓬勃发展，人们在研究教育政策的同时更为关注如何通过教育政策使社会资源得到更好的分配，如何通过政策实现人们对于社会公平与正义的追求。政策作为一种社会制度的具体化，已经成为对于社会基本权利和义务进行正义分配的一种规范。① 随着政策科学的发展，人们开始广泛使用工具来促进政策的科学化、民主化、绩效化和程序化，各种方法、手段、范式层出不穷。从政策科学发展的历史来看，政策科学研究走过了从实证主义到后实证主义的变迁过程，这一变迁过程也证明社会对于政策科学的一种迫切期盼。当政策科学落户在中国这样特殊的环境之中时，也必须探寻适合中国特色的政策科学研究之路。

风险评估是风险管理的重要组成部分。② 当今，"风险"（Risk）一词的基本含义已经远远超越了"遇到危险"，其核心更多指向由于系统行为的不确定性给人们带来危害的可能性。风险管理作为一种管理活动，以指导和控制某一组织进行与风险相关问题的协调活动为目的。③ 包括风险识别、风险分析、风险评价（risk evaluation）、风险应对和风险监测等相关活动环节，其中风险识别、风险分析和风险评价又合称为风险评估（risk assessment），是风险管理的关键所在。在政策科学领域引入风险评估的概念，有助于我们提升政策决策的科学化、民主化、绩效化和程序化。近年来，我国政府越来越重视决策的科学性与民主性，特别强调重视与群众利益密切相关的重大政策决策的科学性。党的十八届三中全会制定的《中共中央关于全面深化改革若干重大问题的决定》中指出，一方面，要推进协商民主广泛多层制度化发展，建立健全决策咨询制度；另一方面，要着眼于维护最广大人民根本利益，健全重大决策社会稳定风险评估机制。这说

---

① 参见 [美] 约翰·罗尔斯：《正义论》，何怀宏、何包钢、廖申白译，中国社会科学出版社 1988 年版，第 5 页。

② 参见刘海滨、杨颖秀：《我国教育政策风险评估问题及消解策略》，《现代教育管理》2011 年第 12 期。

③ 参见《风险管理术语》（GB/T23694-2013），中国国家标准出版社 2013 年版，第 3 页。

明，党中央已经认识到了公共政策决策中风险评估机制建立对于政策有效执行具有重要意义。

当前，我国教育政策风险评估并不成熟，存在着机制不健全、机构缺失、评价标准和方法单一等诸多问题，教育政策决策阶段的风险评估被弱化或缺失。这些问题使得进入执行阶段的教育政策可能存在较大的政策风险，进而导致政策目标难以实现，政策效能低下，政策生命周期缩短，甚至可能会造成重大的资源浪费或无法挽回的灾难性后果。因此，利用风险评估方法对处于决策阶段和执行阶段的教育政策风险进行评估，以作为政策方案选择和政策改进的参考，具有重要的现实意义。

风险的存在是教育政策自身特点的一个具体体现，也是教育政策研究的魅力所在。政策学是一个让人着迷的学科，这种魅力来自于政策自身的不确定性和其对于未来的预判能力。正是因为未来充满了未知，政策风险才有存在的可能。巧合的是，与政策一样，风险是一个既有趣又复杂的概念。从某种意义上说，它关心的总是与未来、可能性以及还没发生的事情相关。① 正是基于这个原因，本书尝试着将风险评估引入到政策科学领域之中，从风险评估的视角来探讨政策决策和改进等相关问题。本书将公共政策研究领域内较为普遍的风险评估技术引入到教育政策研究领域，利用风险评估的方法对已经出台的政策进行再次评估，这种教育政策分析和改进方式是理论上的创新和有益尝试，对于丰富教育政策分析的相关理论具有一定的意义。

风险管理已经由传统的多元化向标准化迈进，风险管理的标准化为本书的研究提供了确定的准则，而将这一准则的适用范围逐步推广具有更大的理论意义。教育政策要进一步向科学化、民主化、绩效化、程序化方向迈进就必须借此机会在自身风险规避方面寻求更多的方法与策略，将未来的不确定性控制在可控范围之内。风险管理与教育政策研究的结合已经成为一种必然的趋势，无论对于风险管理还是对于教育政策来说都具有重要意义。

近年来，随着政策科学研究的不断进展，我国已开始逐渐重视教育

---

① 参见 Elms D.G.，*Risk Assessment In Blockley*，London：McGraw-Hill，1992，pp.28-46。

政策风险评估机制的建设工作。本书所探索的教育政策风险评估问题对于提高教育工作科学化、规范化水平具有重要的价值，希望能够通过本书，引起教育政策制定者和研究者对风险评估机制的重视，在教育政策制定的过程中建立并完善包括社会稳定、政策收益和可行性在内的风险评估机制，以使本书的应用价值得以间接体现。

二、教育政策风险评估研究的进展

（一）国外政策风险评估相关研究的进展

人类早已认识到在社会生活中风险的存在。这源于人们对于"不确定性"的一种恐惧。因此，不确定性一直以来都是人们在探讨风险时必须要面对的。正如最早"风险"一词的含义所表述的那样，风险主要指的是我们未来所面临的危险。① 当然，不同学者从不同角度对于风险有着不同的认识。也有学者认为，风险并非都是负面的，但是风险的存在就是一种对于不确定未来的担忧，正面或负面不过是人类所赋予它的一种价值判断而已。②

人类对于风险研究的目的无非是为了规避风险，降低风险所带来的损害。面对一个充满了不确定性的世界，我们有理由充满恐惧，因为我们对于未来的所知甚少。③ 在对风险的探索中，逐渐形成了风险管理的基本研究领域。而事实上，由于技术手段的落后，在工业革命前，人类对于风险的管理还基本处于空白阶段。此后，伴随着生产力和科学技术的不断推进，人类对于未知状况的掌控才越来越有信心。1921 年，富兰克·H. 奈特（Knight.F.H.）出版的《风险、不确定性和利润》一书，成为人类风险

---

① 参见 Timmerman P.，"Theriskpuzzle：somethoughts"，*Ethicsand Energy*，No.6（1986），pp.1-2。

② 参见 Klinke A. & Renn O.，"A new approach to risk evaluation and management：Risk-basedprecaution-based and discourse-based strategies"，*Risk Analysis*，No.6（2002），pp.1071-1094。

③ 参见［美］富兰克·H. 奈特：《风险、不确定性和利润》，王宇、王文玉译，中国人民大学出版社 2005 年版，第 149 页。

管理历史上具有里程碑意义的名著。① 随着风险管理研究的不断取得进展，风险管理逐渐向标准化方向发展。国际标准化组织（ISO）2009 年发布了三个专门用于风险管理的国际标准：《风险管理原则与指南》（ISO 31000：2009）、《风险管理术语》（ISO 指南 73：2009）、《风险管理　风险评估技术》（ISO/IEC 31010：2009）。这三个标准使得风险管理标准化成为可能，也标志着风险管理开始步入一个正规化阶段。按照三个国标文件的规定，风险管理的过程可分为五个步骤，风险评估是其中较为关键的环节。

与风险类似，政策科学面临的也是一个纷繁复杂的世界，一直以来，政策学家就试图通过各种方式使得自己对于这个世界的了解更多一些，以增加政策决策的科学性和准确性。正如哈罗德·拉斯韦尔（Harold D. Lasswell）所说，当真实的信息和可靠的解释能因方法的改进而与最终判断相互协调时，政策科学就进步了。在一定程度上，任何时候信息功能的质量都依赖于在政策得到普遍认知之前，成功的预测政策需求。② 在政策学者认为人类是完全理性者的时候，那种对于未来预测的欣喜是可想而知的。但事实毕竟是残酷的，当人类意识到理性有限时，寻求何种模式来更准确地把握未来就成为政策学者苦苦追寻的目标。现在反观哈罗德·拉斯韦尔（Harold D. Lasswell）所创立的政策科学的基本范式，其实就是一个研究政策决策过程的范式，在这一范式的指引下，政策科学一直在努力寻求适合自身的研究方法，一直在定性研究与定量研究之间徘徊。其目的无非在于寻求一种更为"满意"的政策方案。如何应用已经在美国社会被普遍接受的渐进模式也成为一种研究的基本诉求。③ 到了 20 世纪 60 年代，以西蒙为代表的美国学者发展了巴纳德关于决策的理论，将决策的标准由"最优"变为"满意"，使得人们在政策研究时更贴近现实。④

随着政策研究的不断深入，各种研究方法开始不断出现。很多对于

---

① 参见李存建：《风险评估——理论与实践》，中国商务出版社 2012 年版，第 3 页。

② 参见 Lerner D. & Harold D.Lasswell, *The Policy Sciences：Recent Development in Scope and Method*, Stanford CA：Stanford University Press, 1959, pp.3-15。

③ 参见［美］斯图亚特·那格尔：《政策研究百科全书》，林明等译，科学技术文献出版社 1990 年版，第 7—12 页。

④ 参见［美］赫伯特·西蒙：《现代决策理论的基石》，杨砾、徐立译，北京经济学院出版社 1989 年版，第 3 页。

政策方案选择的方法逐渐成熟。边界分析法、层次分析法、外推预测、理论预测等都具有一定的现实意义，特别是针对风险性政策的决策树法更是体现了政策决策对于风险的关注。①

20 世纪 80 年代以来，世界进入到一个剧烈的动荡时期，很多问题变得愈加尖锐、复杂，政府的执政能力受到质疑，原有的社会价值标准开始分化，这些造成了政策风险开始不断加剧，国家稳定性受到影响。② 世界各国开始普遍重视公共政策的风险评估，特别是"9·11"事件后，这种趋势变得越来越明显。③

政策风险评估的相关研究是与政策学的相关研究密切相关的。著名政策学者邓恩（William N.Dunn）将政策运行的基本过程总结为八个阶段④，与之相对应，政策风险评估也蕴含在这些阶段之中，通过风险识别、风险分析和风险评价等活动具体体现出来（如图 0-1 所示）。

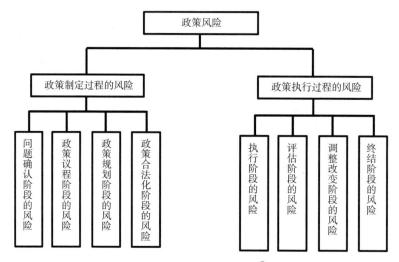

图 0-1 政策风险分布图⑤

---

① 参见付聪、尹贻林：《基于梅兹曼尼安——萨巴提尔模型的公共政策系统风险分析》，《科学学与科学技术管理》2009 年第 7 期。

② 参见王诚：《竞争策略与风险管理》，商务印书馆 1997 年版，第 300 页。

③ 参见尹贻林等：《公共政策的风险评价》，科学出版社 2012 年版，第 77 页。

④ 参见［美］威廉·N. 邓恩：《公共政策分析导论（第二版）》，谢明、杜子芳等译，中国人民大学出版社 2010 年版，第 117—213 页。

⑤ 参见尹贻林等：《公共政策的风险评价》，科学出版社 2012 年版，第 81 页。

（二）国内政策风险评估相关研究的进展

我国对于风险评估的相关研究起步较晚，但是近年来相关领域研究发展的速度相对较快。2009 年和 2012 年分别发布了《风险管理原则与实施指南》（GB/T 24353-2009）、《风险管理术语》（GB/T 23694-2009/ISO 73：2009）、《风险管理　风险评估技术》（GB/T 27921-2011），2013 年又对《风险管理术语》（GB/T 23694-2009/ISO 73：2009）进行了修订再版。这些标准明确了风险评估的过程、确定了风险评估的方法及适用范围，为我国风险评估的标准化奠定了基础。风险评估活动内嵌于风险管理过程中，与其他风险管理活动紧密融合并互相推动，包括风险识别、风险分析和风险评价等活动。① 常用的风险评估技术包括：头脑风暴法、结构化/半结构化访谈法、德尔菲法、情景分析法、检查表法、预先危险分析法（PHA）、失效模式和效应分析法（FMEA）、危险与可操作性分析法（HAZOP）、危害分析与关键控制点法（HACCP）、结构化假设分析法（SWIFT）、风险矩阵法、人因可靠性分析法（HRA）、以可靠性为中心的维修法、压力测试法、保护层分析法（LOPA）、业务影响分析法（BLA）、潜在通路分析法（SCA）、风险指数法、故障树分析法（FTA）、事件树分析法（ETA）、因果分析法、根原因分析法（RCA）、决策树分析法、蝶形图分析法、层次分析法、在险值法、均值—方差模型法、马尔可夫分析法、蒙特卡洛模拟分析法、贝叶斯统计及贝叶斯网络法等。②

同时，随着我国社会环境的日趋复杂，公共政策所面临的环境也越加复杂，公共政策的工具性愈发凸显，这些都增加了政策的风险性，成为社会不稳定的一个重要来源。③2011 年，我国出台了《中华人民共和国国民经济和社会发展第十二个五年规划纲要》，明确提出"建立重大工程项

---

① 参见《风险管理　风险评估技术》（GB/T 27921-2011），中国国家标准出版社 2012 年版，第 2 页。

② 参见《风险管理　风险评估技术》（GB/T 27921-2011），中国国家标准出版社 2012 年版，第 10—11 页。

③ 参见孟晓敏、张新亮：《基于风险管理视角的公共政策风险评估及应对》，《西南石油大学学报（社会科学版）》2014 年第 2 期。

目建设和重大决策制定的社会稳定风险评估机制"。这标志着政策风险评估已经作为一种政府行为引起重视。

以"政策"、"风险管理"为关键词在中国知网（CNKI）学术文献总库中共检索到相关文献6694篇，博士论文581篇；以"政策"、"风险评估"为关键词在中国知网（CNKI）学术文献总库中共检索到相关文献1642篇，博士论文182篇。可见国内学者对于这一问题已经有了非常充分的论述和研究。研究领域主要集中在公共政策领域，这也充分显示出风险评估在公共政策领域内的重要作用。社会的复杂化扩大了公共政策的边界，[①]风险评估的目的是寻求一个更适合的发展性方案，实现稳定与发展的互促共生。风险评估机制实质上是一种"倒逼"逻辑，其目的在于自下而上推动政府与公民之间的良性互动，进而期盼能够实现经济社会的有序、良性发展。[②]公共政策风险评估在促进决策科学化程度、促进政策顺利执行、促进政府公信力建设等方面的价值，已经取得了广泛共识。[③]

公共政策风险在政策现实中主要表现在分析政策决策风险及政策执行偏差等方面。不过归根结底，政策执行的各种问题都可以追溯到政策决策阶段。因此，也有一些学者从政策决策风险的角度来对政策执行进行分析。[④]

此外，于立勇、詹捷辉（2004）[⑤]，范维澄（2007）[⑥]，尹贻林、卢晶（2008）[⑦]，张慧（2011）[⑧]，朱德米（2012）[⑨]，高玫、麻智辉、杨锦琦、沈克

---

① 参见童星：《公共政策的社会稳定风险评估》，《学习与实践》2010 年第 9 期。

② 参见张志红：《社会风险评估机制的多维审视》，《人民论坛》2011 年第 3 期。

③ 参见孟晓敏、张新亮：《基于风险管理视角的公共政策风险评估及应对》，《西南石油大学学报（社会科学版）》2014 年第 2 期。

④ 参见付聪、尹贻林：《基于梅兹曼尼安——萨巴提尔模型的公共政策系统风险分析》，《科学学与科学技术管理》2009 年第 7 期。

⑤ 参见立勇、詹捷辉：《基于 Logistic 回归分析的违约概率预测研究》，《财经研究》2004 年第 9 期。

⑥ 参见范维澄：《国家突发公共事件应急管理中科学问题的思考和建议》，《中国科学基金》2007 年第 2 期。

⑦ 参见尹贻林、卢晶：《基于集值—层次分析的公共政策风险评价》，《西安电子科技大学学报（社会科学版）》2008 年第 4 期。

⑧ 参见张慧：《要不断完善风险评估机制》，《太原日报》2011 年 4 月 1 日。

⑨ 参见朱德米：《政策缝隙、风险源与社会稳定风险评估》，《经济社会体制比较》2012 年第 2 期。

慧（2012）①，沈克慧（2012）②，汪大海、张玉磊（2012）③，刘泽照、王惠佳、黄杰（2013）④，麻宝斌、杜平（2014）⑤，孟晓敏、张新亮（2014）⑥ 等人也分别从模糊数学模型、敏感性分析和条件磷指数等角度提出了对公共政策制定中风险评估方法的创新和改进，着重强调了风险评估在公共政策执行阶段的预警作用。

（三）教育政策风险评估相关研究的进展

作为特殊的公共政策，教育政策具有其自身的特殊性，而随着风险管理在世界范围的流行和在公共政策领域的广泛应用，其在教育政策领域的研究与应用也逐渐兴起。以"教育政策"、"风险评估"为关键词在中国知网（CNKI）学术文献总库中仅检索到相关文献 3 篇；以"教育政策"、"风险管理"为关键词在中国知网（CNKI）学术文献总库中检索到相关文献 7 篇。可见，对于教育政策中的风险评估问题进行的专门研究相对较少且不系统，大部分学者都是在论述教育政策制定的环节中对风险评估进行宏观的研究，如袁振国（2001）⑦、杨颖秀（2001）⑧、孙绵涛（2002）⑨ 等人都在教育政策的著作中对风险评估有所提及。其他研究则相对零散。如李

---

① 参见高玫等：《构建重大政策社会稳定风险评估制度研究》，《科技广场》2012 年第 8 期。

② 参见沈克慧：《重大政策社会稳定风险评估系统研究》，《老区建设》2012 年第 20 期。

③ 参见汪大海、张玉磊：《重大事项社会稳定风险评估制度的运行框架与政策建议》，《中国行政管理》2012 年第 12 期。

④ 参见刘泽照、王惠佳、黄杰：《基于政策执行的基层政府社会稳定风险评估———项面向西部 Z 县的质性研究》，《东北大学学报（社会科学版）》2013 年第 6 期。

⑤ 参见麻宝斌、杜平：《重大决策社会稳定风险评估的主题、内容与方法》，《哈尔滨工业大学学报（社会科学版）》2014 年第 1 期。

⑥ 参见孟晓敏、张新亮：《基于风险管理视角的公共政策风险评估及应对》，《西南石油大学学报（社会科学版）》2014 年第 2 期。

⑦ 参见袁振国：《教育政策学（新世纪版）》，江苏教育出版社 2001 年版，第 37—51 页。

⑧ 参见杨颖秀：《教育决策的科学化民主化研究》，东北师范大学出版社 2001 年版，第 18—35 页。

⑨ 参见孙绵涛：《教育政策论——具有中国特色的社会主义教育政策研究》，华中师范大学出版社 2002 年版，第 26—31 页。

慧仙（2004）认为，我国教育政策风险评估存在主体不当、标准不足、方法落后、对象缺失等问题。应该采取立法确立评估主体、扩大评估对象、建立评估指标体系等全方位的改革方案，才能使教育政策风险评估机制得以较好地完善和发展。[①] 杨琼（2011）则以学校安全管理政策为例，指出教育政策风险的来源与潜在的影响因素都非常复杂，因此，教育政策风险评估一定要关注过程和结果的统一，并针对不同的政策选择不同的评估方法。[②]

在这一研究领域，也有一些博士论文对于某项具体教育政策进行了风险评估或风险管理方面的研究，如四川大学博士论文《学生贷款：运行机制及信用风险管理研究》（陈灿平，2007）[③]、中南大学博士论文《高校财务风险管理研究》（曹升元，2008）[④] 等。但还没有将具体的风险评估技术作为一种研究方法运用到政策分析之中的系统研究。

总体来看，通过对已有研究成果的梳理和总结，我们基本了解了对于教育政策风险评估相关研究的基本状况，为本研究奠定了坚实的基础。已有研究成果有如下三个特点。

第一，风险管理作为一种管理活动其自身的发展已较为成熟，风险评估作为其重要组成部分也已经形成了较为稳定、标准、成型的体系。在公共政策决策领域，风险评估已经被广泛应用，特别是在一些关系国计民生的重大公共政策上已经得到了认可并取得了较好效果。但在政策执行阶段，还较少有人使用风险评估的方法对政策活动效果进行动态的监控并用于政策调整。公共政策风险评估技术和方法还有待进一步发展和丰富。

第二，从整体看，教育政策的相关研究还不充分。特别是对于教育政策风险的研究，还没有引起人们的足够重视。一方面，是由于风险评估方法自身的特殊性使得一些研究者没有办法深入其中；另一方面，是由于

① 参见李慧仙：《论我国教育政策评估的全方位改革》，《现代教育科学》2004 年第 1 期。
② 参见杨琼、夏人青：《基于风险评估的学校教育社会风险管理构想》，《教育科学研究》2011 年第 8 期。
③ 参见陈灿平：《学生贷款：运行机制及信用风险管理研究》，四川大学博士学位论文，2007 年。
④ 参见曹升元：《高校财务风险管理研究》，中南大学博士学位论文，2008 年。

人们对于教育政策的制定和执行，特别是对政策执行的认识，还停留在政策决策比政策执行更具价值的层面，导致教育政策执行阶段的风险管理缺失。但有学者已经意识到了这一问题，并提出了呼吁。

第三，虽然教育政策风险评估在我国还停留在初始阶段，但是可以感受到近几年来研究的逐渐增长，代表社会整体对这一问题的关注度在提升，也表明教育政策风险评估的实际需求正受到人们的关注。这是教育政策决策科学化、民主化、绩效化、程序化的本质要求，也是教育政策实质的现实反映。

这些研究为本书提供了广阔的视野和坚实的基础，是本书研究的起点。

三、教育政策风险评估研究的方法与思路

（一）教育政策风险评估研究的方法论

研究方法是保证研究顺利进行、结果有效呈现的重要工具，而方法论是提领整个方法使用的最基本的理念。社会研究的方法论所涉及的主要是社会研究过程的逻辑和哲学基础。[1] 方法论决定了研究者进行研究的基本价值取向和研究方法的选取，更规约了不同研究方法之间的内在逻辑。

就本书而言，无论是研究方法本身还是风险评估方法的具体运用，都是一个动态发展的活动过程，这一过程是不以个人意志为转移的。在这一前提下，选择适切的研究方法是必需的，因此本书在研究方法的选择上有几个基本前提。

一是，任何事物都是可知的。我们所面对的世界并不是一个未知的世界，所谓的未知其实不过是我们还没有探索到而已。因为世界是客观的，所以是可以被人类探索和感知的。特别是世界运行过程中，一切事物都处于普遍的联系和永恒的运动之中，也正是这种联系和运动使得我们的

---

[1] 参见风笑天：《社会研究方法（第四版）》，中国人民大学出版社 2013 年版，第 7 页。

研究有着力点。因此，当我们思考教育政策过程时，就可以将之与可能存在的风险联系起来看待，寻找风险的存在点，并通过风险应对策略来尽力化解这些风险。这正是社会科学研究的一个基本特征，也就是社会科学的理论必须通过经验资料的验证，[1] 而本书选取的研究方法决定了这种验证的可行性。

二是，事物运行的内在规律是我们研究的不竭动力。唯物辩证法强调探索与发现事物的内在规律，而正是因为这种内在规律的存在，使得本书的研究更具现实意义。无论是教育政策还是风险评估技术，身处不同世界的人都对于这些事物有着惊人的、趋于一致的看法，而这些惊人的一致其实就是事物内在规律的体现。本书的研究就是希望通过各种方法来揭示这种内在的规律。在这里既需要注意尊重客观事实，又需要精心地去芜取精，剥丝抽茧地发现一切隐藏在表面现象之下的本质性内容。

三是，方法的使用应当是根据研究的需要来选取的。研究方法是研究取得成功的关键，适当的研究方法可以保证研究的真实、准确和有效。无论是从整体上来看，采用不同的演绎或归纳等的异质性的研究范式，还是从微观上来看，采用调查法、访谈法、文献分析法、个案研究法等具体研究方法，只要能够为研究提供切实可信的材料并达成某一具体的研究目标，就应当是可取的，而不需要拘泥于具体使用哪一种研究方法。正是在这一思想的指导下，我们才更应当灵活并综合使用研究方法。特别是在信息、数据和技术都已广泛发展的今天，质化抑或是量化早已不是一个需要费心争辩的话题，根据实际综合运用具体的方法才是政策研究的应有之义。

四是，研究过程中既需要保持价值中立又需要体现个人价值取向。社会科学研究更多地受到个人因素的影响。[2] 就政策科学研究而言，最初普遍认为研究者应当保持价值中立，但人们越来越发现政策科学很难成为价值无涉的科学。[3] 因此，政策研究既需要大量的客观知识和主观感知为

---

[1]　参见袁方：《社会研究方法教程（重排本）》，北京大学出版社 2013 年版，第 12 页。

[2]　参见袁方：《社会研究方法教程（重排本）》，北京大学出版社 2013 年版，第 13 页。

[3]　参见 Dror Y., *Design for Policy Sciences*，New York：American Elsevier Press，1971，pp.49-54。

基础，又需要研究者尽量以局外人的身份来考察，不应放弃自身的道德信仰。① 这就要求研究者在研究过程中既需要尊重客观事实、保证价值的中立，又需要在研究中不放弃自身的价值倾向，如此才能取得有价值的成果。也正是因为政策研究的主观性和困难性②，决定了研究方法的选择是研究的核心，也决定了研究的成败。

就本书而言，具体的研究方法主要是文献分析法与调查研究法。

1. 文献分析法

文献分析法是指通过对相关文献和资料进行搜集和分析，以达到研究目的的一种基本研究方法。文献分析法是一种常用的研究方法，但是对于任何研究却又是必需的，这是由政策研究的基本特点决定的。对于政策研究来说，基本文献的分析是必不可少的。文献分析法对于我们了解公共政策、教育政策、风险和风险评估方面的相关成果具有重要作用。一方面，通过对已有研究的分析，我们可以掌握已有研究的基本情况，并作为本书的出发点和起始点。此外，已有研究的相关成果也可以为本书提供研究的基本维度和理论起点，特别是在政策科学、风险管理和公共政策风险评估等与本书密切相关的领域。另一方面，本书在行文过程中，为了更好地呈现教育政策风险识别、分析、评价和应对过程，以师范生免费教育政策作为案例，贯穿第三章到第六章。对于师范生免费教育政策的具体研究需要阅读所有涉及免费师范生的各项具体政策文本及相关研究，还包括各试点高校和各省级教育行政部门出台的具体实施办法，这些文献为研究的展开提供了基本的素材。具体而言：

第一，对已有研究进行分门别类地梳理，厘清已有研究的现状及不足。在这方面本研究主要做了两方面的工作。一是，系统搜集整理了关于风险评估、教育政策、公共政策风险评估等领域的国内外研究文献，从总体上掌握了当前研究的基本情况与发展趋势。二是，在分类的基础上进一步对文献做了整理，并进行了分类提取，厘清了已有研究的现状及不足。

① 参见 [美] 斯图亚特·那格尔：《政策研究百科全书》，林明等译，科学技术文献出版社 1990 年版，第 7—12 页。

② 参见 [美] 斯图亚特·那格尔：《政策研究百科全书》，林明等译，科学技术文献出版社 1990 年版，第 14 页。

第二，为了开展案例研究，梳理了师范生免费教育政策出台以后相关学者的研究和相关会议的音频、视频记录等。从文本分析入手，系统整理和分析师范生免费教育政策的相关政策文本。利用各种方式搜集整理了专家学者们关于师范生免费教育的研究成果和主流媒体报道，并用文本分析的方式对相关文献进行了详细分析，为探索师范生免费教育政策可能的风险做了充分准备。

2. 调查研究法

调查研究法与文献分析法一样，在研究方法中居于重要的地位。调查研究法是通过调查工具的使用，对调查对象的相关信息进行科学搜集和整理以得出结论、验证假设的方法。因为调查研究法可以更有效、客观地收集研究所需的"证据"，因此具有重要的使用价值。事实上，运用风险评估方法对教育政策进行风险评估的过程中，大部分情况需要进行调查研究，因此调查研究法和风险评估方法关系密切。具体而言，在本研究开展过程中，调查研究法主要运用在以师范生免费教育政策为案例的风险评估过程中，主要以问卷调查法和访谈法为主。

（二）教育政策风险评估研究的思路

为了更深刻地理解本研究的思路，需要首先厘清三对关系：一是，政策的问题和政策风险的关系；二是，教育政策风险评估和教育政策评估的关系；三是，教育政策风险评估和教育政策决策的关系。

1. 政策的问题和政策风险的关系

政策实施后，由于各种因素的影响，可能会使政策效果与政策目标之间出现负面偏差，这种负面的偏差就是政策的问题。而政策风险是指政策的问题发生的可能性及其影响。当政策的问题发生的可能性及其影响无限接近于 0 或者无限接近于 100% 时，政策风险就不存在了。所以，一个政策风险必然对应一个政策的问题，但并不是所有的政策的问题都存在政策风险。

以政策的问题为切入点进行政策改进的研究一般遵循图 0–2 的研究思路，以政策风险为切入点的研究思路如图 0–3 所示。

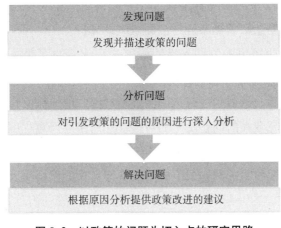

图 0-2　以政策的问题为切入点的研究思路

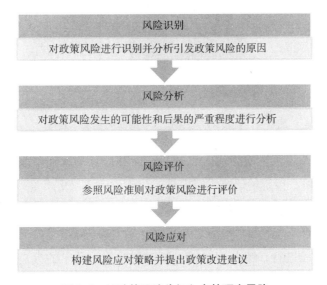

图 0-3　以政策风险为切入点的研究思路

　　以政策风险为切入点的研究和以政策的问题为切入点的研究相比有三个优势。

　　首先，以政策风险为切入点的研究更重视政策的问题的全面性和系统性。风险识别的全面性和系统性是保证风险评估成功与否的关键，因此风险评估非常重视风险识别。所有的风险识别方法都针对风险的全面性和系统性进行设计和完善。与传统的政策分析方法相比，利用风险识别的方法发现和筛选政策的问题其全面性和系统性更能得到保障，尤为适合对大、中规模的复杂政策体系进行全面系统的分析。

其次，以政策风险为切入点的研究关注政策的问题发生的可能性和后果的严重程度，使得政策研究更加"立体"。传统的研究思路在完成政策的问题识别后，只对引起政策的问题进行深入的原因分析，一般不会去关注并量化研究政策的问题发生的可能性和后果的严重程度。以政策风险为切入点的研究思路重视对引起政策的问题的原因分析（即风险源分析）以外，更加重视政策的问题发生的可能性和后果的严重程度，多了一个政策风险维度（如图0-4所示），为政策改进提供多维的信息参考。

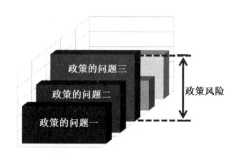

图0-4　以政策风险为切入点的研究更加"立体"

最后，以政策风险为切入点的研究能够提供系统的政策改进与政策风险应对策略。传统的研究思路提供的政策改进建议更多是针对政策的问题和原因提出的，很少给出政策整体的改进策略。风险评估的研究思路会提供系统的政策改进和风险应对策略——哪些改进必须优先进行，哪些改进可以分阶段进行，哪些问题可以暂时忽略等。政策的改进建议在整体的应对策略之下详细展开，这样的政策改进更具针对性、时效性和可操作性。

政策科学经过了多年的发展，积累了许多较为科学的方法，在政策分析的各个阶段也能达到甚至优于风险评估的方法，如回归分析、时间序列分析法等也能提供较为全面、系统和量化的结果。与这些方法相比风险评估的最大优势就在于提供了一套完整的方法体系，这套方法体系可以完成政策分析的全过程。遵循风险评估的研究思路，在对政策进行分析和改进的过程中每个阶段都有不同的适用方法，方法和方法之间配合默契，输入与输出之间无缝衔接。当然，风险评估的研究思路也有一些瑕疵，如部分方法过于繁杂，使用的条件较为苛刻。另外，开展风险评估的研究成本相对较高，偏重于提供量化的结果等。本书力图在研究能力和研究成本最大可能的前提下，使用风险评估的研究思路，呈现政策分析和改进的全过程。

2. 教育政策风险评估和教育政策评估的关系

教育政策风险评估不同于教育政策评估。政策评估是政策分析的一个应用性活动，通过质询或辩论等多种方法，形成与产生各种与政策相关的信息，并将之应用于解决特定情境下的政策问题。[①] 政策评估主要聚焦在政策的结果（结果评估）之上，或政策实施的过程之上（过程评估）。而且政策评估既可以对政策实施的可能后果进行评估（事前评估），也可以对政策实施后取得的实际结果进行评估（事后评估）。[②] 还可以包括对事实的分析和对价值的分析等。[③]

而政策风险评估则是指评估主体对政策风险进行识别、分析和评价的过程。政策评估与政策风险评估的区别主要体现在四个方面：一是评估的对象不同。政策评估的对象一般是政策的过程、产出或效果等，而政策风险评估的对象是政策风险。二是评估的标准不同。政策评估的标准一般依据政策目标进行设定，而政策风险评估的标准是风险准则。三是评估的模式和方法不同。政策评估和政策风险评估有各自相对成熟的模式和方法。四是评估的输出不同。政策评估依据评估目的不同输出的结果呈现多样化，而政策风险评估的输出是政策风险等级，以及满足政策风险应对所需要的信息等。

3. 教育政策风险评估和教育政策决策的关系

教育政策风险评估是对教育政策的问题的可能性的一种分析和解读。通常情况下，风险评估应当在教育政策决策时就已进行，力求规避风险或

---

① 参见李允杰:《政策执行与评估》，北京大学出版社 2008 年版，第 153 页。

② 参见［美］威廉·N. 邓恩:《公共政策分析导论（第二版）》，谢明、杜子芳等译，中国人民大学出版社 2010 年版，第 332—344 页。

③ 参见［美］弗兰克·费希尔:《公共政策评估》，吴爱明等译，中国人民大学出版社 2003 年版，第 1—24 页。

提供风险控制措施。但事实上，很多风险评估是在教育政策执行之后才开始进行的，特别是在我国的政策环境之中，这种"弥补"式的风险评估依然具有重要的意义和价值。因为，政策改进同样是政策决策的重要内容和组成部分。所以，教育政策制定阶段的风险评估固然重要，但政策执行之后的风险评估和风险管理同样值得我们关注。风险评估机制的建立可以为教育政策的科学化、民主化、绩效化和程序化提供制度保证。将风险评估机制引入政策研究之中是当前政策研究的重要趋势，有助于提升政策效能。但不可否认的是，教育政策与其他公共政策相比，在风险发生几率上更大，在风险控制上更难，这也是本研究希望解决的具体问题。

作为管理活动，政策风险的存在是由政策自身特点所决定的。一方面，政策自身是站在现在起点上，以解决已经发生的问题为目标，这一特点决定了政策自身具有先天缺陷，政策自身"发现问题—解决问题"的逻辑顺序使得滞后性天生即已存在。对于问题的解决是滞后的，而这种滞后自身就是一种风险隐患。另一方面，政策是面向未来的活动，对于未来的活动需要政策研究者在理性的基础上对于未来问题可能的发展趋势作出研判，而这种研判受有限理性的限定不可能穷尽一切情况。因此，各种要素的变化都可能会对政策目标的实现产生影响，这也是政策面临的最大风险。这样看来，政策与风险就具有事实上的交叉点。这个交叉点的存在恰恰是本书研究的焦点。

综上所述，依据研究要解决的问题，本书的框架设计为四部分，具体如下：

第一部分为前言和第一章。前言主要呈现研究的缘起，并对论题进行说明；介绍研究的视角；综合梳理既有研究所取得的成果和存在的不足；细致勾勒了研究的基本框架，明确了研究的意义和可能创新。第一章为基本概念厘定，介绍了教育政策、教育政策决策和教育政策风险评估等本研究过程中涉及的核心概念，归纳了教育政策风险评估的功能与局限、环境与过程等，这些内容奠定了本研究的基本起点。

第二部分为第二章，是本书的重点。"工欲善其事，必先利其器"，第二章对教育政策风险评估方法进行系统的梳理，并按智库咨询类、情景分析类、效能分析类、控制模拟类和统计预警类对国家标准《风险管理 风险评估技术》（GB/T27921-2011）列出的 32 种风险评估方法进行逐一的探讨与呈现。在呈现方法的过程中，突出其在教育政策风险评估中的适用条件、优势和局限、实施步骤等，并尽可能列举教育政策案例，以期为教育政策研究者开展政策风险评估提供参照。

第三部分为第三章到第五章，依次为教育政策风险识别、风险分析和风险评价，是本书的核心。本部分遵循国家标准《风险管理原则与实施指南》（GB/T 24353-2009）的规范，详细地研究了教育政策风险评估的实施过程。同时，这几章采用了理论研究与案例分析相结合的方式，以教育部 2007 年 5 月出台的师范生免费教育政策为案例，运用半结构访谈法和检查表法等风险评估方法层层递进地对政策风险进行识别；分析了政策风险事件和风险源；组织利益相关者群体制定了政策风险准则，划分了风险等级和风险带；使用风险矩阵法对识别出的政策风险发生的可能性和后果影响进行了详细的分析和评价等，完整地呈现了教育政策风险评估全过程。

第四部分为第六章。第六章主要研究教育政策风险应对。依据严格的界定，风险应对其实并不在风险评估的范畴之内，但提出问题后不给出解决问题的方案是不负责任的研究，因此本书将教育政策的风险应对作为最后部分。本部分延续了理论研究与案例分析相结合的方式，在系统分析国家标准《风险管理原则与实施指南》（GB/T 24353-2009）列出的八种风险应对策略的基础上，以师范生免费教育政策为案例，针对处于不同风险带的风险，提供了差异化的风险应对措施；并以风险应对措施为基础，提出了政策的改进建议。

第一章 教育政策风险评估概述

基本概念是明确研究范畴、划定研究边界的前提，也是研究的起点。本研究涉及的主要概念包括政策、教育政策、教育政策过程、教育政策决策、风险、风险评估和教育政策风险评估。在本章里，将对以上几个概念进行梳理，明确其内涵及特征并对教育政策风险评估的功能、局限性和过程进行阐述。

第一节 政策与教育政策

"教育政策"是本研究的核心概念，与公共政策不同，教育政策有其自身的特点与内涵。政策与政治、管理无法分开，自从政策进入人们研究的视野，对于"政策"概念的界定就一直由于人们秉持不同的价值观及使用范围不同而有所差异。这也体现出社会科学研究过程中的一种不确定性，这种不确定性是由于人们的认知差异而产生的。不可否认的是，虽然存在着不同的认知差异，但是人们对于政策本质及内涵的认识是趋同的，这也证明了政策自身有一定的内在规律及特征，这些内在规律及特征的存在为我们准确认知政策奠定了基础。

一、政策的内涵

自从 1898 年"教育政策"一词首次出现以来，[①] 教育政策研究渐成风潮，成为学术研究的一个重要领域。诸多学者对于这一概念都进行了自己的解释。如德洛尔（Yehezkel Dror）认为，政策研究的核心是把政策制定作为研究和改进的对象。[②] 教育政策研究也是如此，关注的焦点集中在教育政策制定之上。由于教育政策是公共政策的下位概念，因此，我们需先对公共政策的概念作出基本解读。

学者们对于公共政策的理解因人而异，更因研究需要而异，这也体现出公共政策自身的复杂性和多样性。很多学者简单明了地给出了对公共政策的界定。政策学的创始人之一哈罗德·拉斯韦尔认为，政策就是一个包含了目标、价值以及策略的大型计划。[③] 威尔逊（T. Wilson）认为，政策是由政治家指定的而由行政人员执行的法律法规。[④] 戴伊（Thomas R. Dye）则更明确地指出，公共政策就是政府选择做哪些事情而不做哪些事情。[⑤] 这些学者都是透过对政策本质的认识来界定政策内涵的，计划也好、法规也好，只不过是政策的具体表现形式而已，但其中所蕴含的目标、价值才是政策最具特色之处。也有学者将政策界定为：一种明确的或者含蓄的单个或者一组决定，它可以制定一些方针以指导将来的决定，发动或阻止某种行动，或者引导先前决定的实施。[⑥] 这一界定则较为清晰地展示了政策的基本活动过程。由于政策自身是对行为的一种规范，又兼具目的性，因此在政策过程中，其价值倾向性是较为鲜明的一个特点。

① 参见吴遵民：《教育政策学入门》，上海教育出版社 2010 年版，第 2 页。
② 参见 [美] 斯图亚特·那格尔：《政策研究百科全书》，林明等译，科学技术文献出版社 1990 年版，第 7 页。
③ 参见陈振明：《政策科学——公共政策分析导论》，中国人民大学出版社 2003 年版，第 48 页。
④ 参见伍启元：《公共政策》，商务印书馆 1989 年版，第 4 页。
⑤ 参见 [美] 托马斯·R. 戴伊：《理解公共政策（第十一版）》，孙彩红译，北京大学出版社 2008 年版，第 17 页。
⑥ 参见 [美] Dan E.Inbar 等：《教育政策基础》，史明洁等译，教育科学出版社 2003 年版，第 95 页。

伊斯顿（D.Easton）就直接指出，政策是对全社会的价值所作的权威性分配。[①]

相对而言，中国学者对于政策概念的界定更为谨慎，更注重表述各相关要素在政策程中的作用。如陈振明认为，"政策是国家机关、政党及其他政治团体在特定时期为实现或服务于一定社会政治、经济、文化目标所采取的政治行为或规定的行为准则，它是一系列谋略、法令、措施、办法、条例等的总称"[②]。谢明认为，公共政策是"社会公共权威在特定情境中，为达到一定目标而制定的行动方案或行动准则。其作用是规范和指导有关机构、团体或个人行动，其表达形式有法律、法规、行政规定或命令、国家领导人口头或书面指示、政府的大型规划、具体行动计划及相关策略等"[③]。

总体而言，学者们对于政策内涵的认知是趋于一致的。有几个关键词的出现，有助于我们更好地理解政策的内涵，如规范、目的、价值等。这恰好证明了，政策活动本身具有一定的规律性。虽然不同学者在表述上略有差异，但是这种差异不过是政策活动在过程中的不同表现而已。具体来看，政策具有以下三个特征。

第一，政策主体的权威性。归纳学者们的观点，不难发现，作为政策主体的政府、国家、政党等都属于社会公共权威范畴（公权力），在公共领域内具有法定权威性，这种主体的权威性决定了政策自身的权威性。政策主体的权威性保证了政策在多数情况下可以得到积极推进，但也为政策可能遇到的风险预设了隐忧。

第二，政策具有价值倾向性。价值倾向性是与目的性相伴而生的，无论是何种政策，在由政策主体制定时都已经蕴含了政策主体自身的价值倾向，而在政策执行过程中，这种价值倾向性则表现得更为明显。价值性的存在也导致政策必然受到意识形态的影响。政策科学也越来越意识到自

---

① 参见 D. Easton, *The Political System*, New York：Knopf, 1953, p.129。

② 陈振明：《政策科学——公共政策分析导论》，中国人民大学出版社 2003 年版，第50 页。

③ 谢明：《政策透视——政策分析的理论与实践》，中国人民大学出版社 2004 年版，第25 页。

身无法彻底成为价值无涉的科学。①

第三，政策具有风险性。由于政策是面向未来的计划或规划，对于问题可能发生的样态需要在现有信息的基础上作出科学判断。这种预判存在不确定性，使得政策自身具有一定的风险性。这种风险性也导致政策科学必须对变化过程和动态情景高度敏感。② 这是秉持渐进主义的政策研究者的重要观点。③ 正因为这种风险的存在，才使得我们必须研究政策，并不断改进我们的研究范式和方法。

综合来看，政策是相关政策主体为解决一定的政策问题，在一定时期内所制定的行动方案或准则。这一行动方案或准则具有权威性，在一定程度上反映了政策主体的价值倾向。

二、教育政策的内涵

对政策内涵进行的分析，有助于我们反思和审视教育政策的内涵。教育政策是公共政策在教育领域内的特殊表现。教育政策既有公共活动的一般性，也兼具教育活动的独特性。这种特殊性更多地体现在教育资源本身是一种社会需求的公共资源，而这种资源又对于公民个人发展和国家整体发展具有重要作用，因此格外受到关注。

佛兰德·S. 柯伯思（Fred S. Coombs）曾经试图说明教育政策研究是一个"独立的领域"，并提出了"许多引起这一领域独立的实际诱因"。第一，教育政策的制定是一门极为复杂的学科，它有自己的专门术语和合法惯例，对它的本质进行理解需要一些功夫；第二，教育系统相对而言更为大众所熟悉，大多数公民相信他们对这一系统的某些方面有自己的了解；第三，教育比其他任何政策领域的权力都分散，教育政策不仅要在众多的权力级别上形成和执行，还要在同一级别中进行复杂的权力分配；第

---

① 参见 Dror Y., *Design for Policy Sciences*，New York：American Elsevier Press，1971，pp.49-54。

② 参见 Dror Y., *Design for Policy Sciences*，New York：American Elsevier Press，1971，p.57。

③ [美] 斯图亚特·那格尔：《政策研究百科全书》，林明等译，科学技术文献出版社1990年版，第11页。

四，由于教育过程自身具有多目标的特点，使得教育政策研究更为复杂；第五，教育是一个劳动密集型过程。[1] 这些观点清楚地向我们解释了教育政策有别于公共政策之处。因此，也让我们在理解教育政策、学习教育政策、研究教育政策时应将关注点集中在这些特点上。

国内现有的研究中，对教育政策的界定，较为权威的观点归纳如下：

一是成有信认为，教育政策应是"负有教育的法律或行政责任的组织及团体为了实现一定时期的教育目标和任务而规定的行动准则"[2]。

二是袁振国认为，"教育政策是一个政党或国家为实现一定时期的教育任务而制定的行为准则"[3]。

三是孙绵涛认为，"教育政策是一种有目的、有组织的动态发展过程，是政党政府等政治实体在一定历史时期，为实现一定的教育目标和任务而协调教育的内外关系所规定的行动依据和准则"[4]。

这三者对于教育政策的界定基本代表了国内学者对于"教育政策"概念的基本共识。从这三位学者的界定中，不难发现人们对于教育政策的认识存在较强的一致性。如同未来的不确定性一样，对于教育政策的内涵也有一部分不同的观点。有学者在对教育政策进行理解时，提出应注意区分教育政策的静态概念和动态概念[5]，这为我们理解教育政策概念提供了更广阔的视野和空间。这种区分存在一定的学术合理性，可以帮助我们从不同层面理解教育政策的基本内涵。

首先，可以将教育政策理解为一个静态概念。这种概念自身的内涵较为明确，指教育政策主体为达成相应目的，对教育资源进行分配而提出的具体计划。主要表现为具体的教育政策文本。

其次，也可以将教育政策理解为一个动态概念。这种概念的内涵和外延都更宽泛，指教育政策从问题察觉到政策出台，再到政策终结的完整

---

[1] 参见［美］斯图亚特·那格尔：《政策研究百科全书》，林明等译，科学技术文献出版社 1990 年版，第 442 页。

[2] 成有信：《教育政治学》，江苏教育出版社 1993 年版，第 201 页。

[3] 袁振国：《教育政策学》，江苏教育出版社 1996 年版，第 115 页。

[4] 孙绵涛：《教育政策学》，武汉工业大学出版社 1997 年版，第 10 页。

[5] 参见吴遵民：《教育政策学入门》，上海教育出版社 2010 年版，第 15—39 页。

过程。动态概念主要阐明政策自身是一个动态的变化过程。在对教育政策进行审视时，不应只看到政策某一点的变化，而更应注意到政策自身的运动变化。这样可以从更全面的角度来看待教育政策的价值、演进及发展趋势。任何事物都是运动变化的，政策活动也是如此，因此以动态观点来看待教育政策更具现实意义。

综合来看，教育政策是指国家、政府等教育政策主体为解决教育政策问题，在一定时期内作出的行动准则或方案。对于教育政策内涵可以从更深层次来理解。

一方面，教育政策是对教育权力、教育资源进行分配的工具。政策与管理或治理密不可分，它是管理理念的具体表现。在某种程度上，政策代表了一定政治集团的基本利益与价值取向。政策的实质是阶级利益的观念化、主体化和实践化的反映。[1] 教育政策也是如此，它反映了不同政策主体在教育资源分配过程中的价值倾向性，也正是由于这种价值倾向性的存在，才使得教育政策自身愈发复杂多变。简单把教育政策称为工具似乎并不妥帖，但是从管理科学的角度来看，教育政策恰恰就是政府对教育权力和教育资源进行管理与分配的工具。因此，我们在理解教育政策时也不能忽视其在分配教育权力及教育资源上的工具性。教育政策对于教育权力的分配主要表现在教育管理体制上，而教育政策对于教育资源的分配则主要表现在具体的教育政策上。这也是我们研究教育政策的两个基本着力点。

另一方面，教育政策是政策主体具体价值观的体现。在政策研究的早期，人们认为对于政策的研究应该保持价值中立，因为政策自身是无价值的。但是随着对于教育政策认识的不断深入，人们发现无价值的政策并不存在。教育政策在教育权力和教育资源分配过程中就已经被赋予了一定的价值。[2] 教育政策自身所蕴含的价值是由其本质属性决定的，无法舍弃也不能舍弃。因此，正确认识乃至发觉教育政策所蕴含的价值对于理解教育政策具有重要意义。

---

[1] 参见吴遵民：《教育政策学入门》，上海教育出版社 2010 年版，第 25 页。

[2] 参见刘复兴：《教育政策的四重视角》，《清华大学教育研究》2002 年第 4 期。

三、教育政策的本质

对于教育政策本质的探析，有助于我们更好地梳理教育政策特点及功能。而对教育政策本质探析的核心在于，明确教育政策活动与其他社会活动、其他教育活动之间的区别。

首先，教育政策的本质是利益相关群体利益的集中体现。

教育政策以解决教育政策问题为目的，是一定政治行为的具体表现。显而易见，教育资源分配过程中涉及的利益团体范围很广[①]，这些利益群体的存在就使得教育政策必须有一定的倾向性，即作出倾向谁、维护谁的决定。这一决定的作出就是教育政策政治行为的具体表现。在现实中，不同利益群体的政治地位存在差异，有的群体在社会中居于主导地位、支配地位，有的群体则居于被支配地位。占据统治地位的群体会影响教育政策的制定与执行，通过教育政策满足自身的利益需求。就我国而言，中国共产党在执政过程中代表全国各族人民的根本利益。因此，我国的教育政策是以维护全国各族人民的根本利益为基本前提的。同时，作为具体的政治行为的呈现，教育政策往往具有指导全局的作用，使占据支配地位的群体的利益能得到更有效的体现。

教育政策作为利益相关群体利益的集中体现使得教育政策与行政权力紧密结合在一起，只有依靠行政权力才能够保证教育政策得以贯彻和实施，这一过程又体现出教育政策具有一定的强制性。

其次，教育政策的本质是教育权力和教育利益的分配。

如前所述，教育政策的核心是占据支配地位的群体对于教育权力和教育利益的分配。这种分配的前提是权力和资源是有限的，教育政策的出台目的在于保障自己所代表的利益群体的根本利益，但同时也必须考虑相关群体的利益。正如团体理论所揭示的那样，无论政策如何变换，它始终都不会偏离利益这个关键和核心。[②] 正因为如此，在对教育政策进行分析

---

① 参见［美］托马斯·R.戴伊:《理解公共政策（第十一版）》，孙彩红译，北京大学出版社 2008 年版，第 131 页。

② 参见张新平:《简论教育政策的本质、特点及功能》，《江西教育科研》1999 年第 1 期。

和研究时，必须考虑到其所代表的利益群体及其所体现出的教育权力和教育利益分配的目的。随着治理理念逐渐深入人心，现代社会管理过程中的主体多元和利益多元已经成为一种基本趋势。在这种情况下，更需细致考虑教育政策如何在其中发挥其均衡和协调作用。

在分析教育政策本质的基础上，我们可以将其基本特点和功能归纳如下：

第一，教育政策的目的性。教育政策是主体价值倾向的具体体现，不同的教育政策具有不同的目的性。教育政策的宏观目的是为了达到某种教育权力或教育资源的分配。遵循这一特点，我们可以推断出教育政策自身具有导向性或分配性的功能。这种导向性清晰地揭示了教育政策主体希望社会整体在教育资源使用上的基本倾向。

第二，教育政策的价值性。由于教育政策反映利益相关群体的利益，因此这种价值性的存在是不言而喻的。这种价值性是教育政策自身的另一个重要特征，承认教育政策具有价值性是对教育政策进行深入分析的基本前提之一。教育政策自身具有价值性的特点又决定了其具有利益协调功能。这一功能主要体现在教育政策在价值体现过程中必须兼顾不同利益群体的利益均衡，力争达到帕累托最优。教育政策的价值性也决定了在兼顾价值（也有学者将之称为"讨价还价"①）的同时，可能会存在一定的风险。这种风险主要来源于利益协调过程中产生的冲突，即人与人之间、人与事之间、事与事之间都可能存在冲突。有学者认为，协调教育政策系统内部冲突的依据主要有合理性、合法性和有效性三个方面的标准。② 这种冲突可以存在于教育政策过程的任何阶段。无论其存在于政策决策阶段还是执行阶段，都有可能引发风险事件，进而影响教育政策的实际效果。

此外，教育政策自身具有滞后性。教育政策把现在视为连接过去和未来的桥梁，强调历史的发展和未来的变化③，以面对未来的姿态来审视

① 参见 [美] 林德布鲁姆：《决策过程》，竺乾威、胡君芳译，上海译文出版社1988年版，第150—164页。
② 参见褚宏启：《教育政策学》，北京师范大学出版社2011年版，第9页。
③ 参见 Dror Y., *Design for Policy Sciences*，New York：American Elsevier Press，1971，pp.49-51。

历史。在这一过程中不断进行自我完善和改变,这种状况使得教育政策天生就存在一种自发的特点。① 我们在对教育政策进行理解时必须敏锐地注意到教育政策的这一特性,即教育政策的滞后性。这种滞后性表现为教育政策是以解决教育政策问题为目标的。但教育政策问题是已经发生的事实,而教育政策在解决教育政策问题时往往已经滞后于问题的发生,因此产生了滞后性。这种滞后性的存在也使得教育政策具有风险性,因而政策科学对变化过程和动态情境高度敏感。② 政策科学必须要尝试推测未来,而对于未来的推测一直是人类不能完全掌控的能力,需要借助一切现有的关于趋势和影响因素的知识来推算和估计③,这种推算和估计的准确性不可避免地为政策自身带来风险。

四、教育政策过程

为了从全局的观点理解教育政策和风险评估的关系,需要首先明确教育政策过程的含义。教育政策过程是指教育政策发挥效果所经历的自然行动过程。对于政策过程的研究早在19世纪末20世纪初就已经开始。当时的威尔逊(Woodrow Wilson)和古德诺(Frank Goodnow)关于政治与行政、政策与行政的探讨,就已经蕴含了对政策过程的关注。到了20世纪四五十年代,政策科学领域关于政策过程的研究逐渐形成,西蒙和拉斯韦尔都对政策过程进行了探讨。特别是拉斯韦尔(1956)将政策划分为七个阶段,成为政策过程研究的雏形。④

具体而言,教育政策过程包括教育政策议程建立、教育政策形成、教育政策采纳、教育政策执行、教育政策评估等五个方面。教育政策形成

---

① 参见王智超:《教育政策执行的滞后问题研究》,东北师范大学出版社2010年版,第33—36页。

② 参见 Dror Y., *Design for Policy Sciences*, New York: American Elsevier Press, 1971, pp.52-53。

③ 参见 Lerner D. & Harold D.Lasswell, *The Policy Sciences: Recent Development in Scope and Method*, Stanford CA: Stanford University Press, 1959, pp.14-17。

④ 参见 [美] 托马斯·R.戴伊:《理解公共政策(第十一版)》,孙彩红译,北京大学出版社2008年版,第15页。

与教育政策采纳又可被统一称为教育政策决策。这些过程彼此相关联，构成了一个非线性结构的行动周期。[①] 与之相对应，教育政策主体在这些过程之中需要采取相应的行动来保证教育政策过程的顺利实施。政策学家威廉·N. 邓恩（William N. Dunn）对此进行过分析，他的观点如图 1-1 所示。

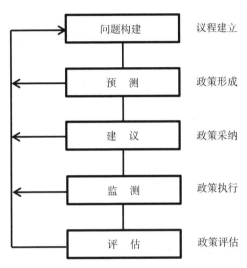

图 1-1　教育政策过程的基本阶段及采取的相应行动[②]

在教育政策过程中相应的活动相伴而生。通过对教育政策过程的分析我们发现，无论是在议程建立、政策形成、政策采纳、政策执行还是在政策评估阶段，教育政策的风险都蕴含其中。特别是在教育政策的决策阶段，即教育政策议程建立、教育政策形成和教育政策采纳阶段，与之相对应的教育政策活动都可能会诱发相应的政策风险，成为政策风险的隐患和风险源。分析其原因，是因为与之相对应的教育政策活动都是一种基于理性基础和客观现实的预判。在这些预判过程中，如果人类的理性不足或对于客观现实的把握不够全面、准确，都有可能会造成政策措施的错误判

---

① 参见 Charles O. Jones, *An Introduction to the Study of Public Policy* (*2nd ed.*), North Scituate Mass：Duxbury，1977，pp.40-41。

② 参见 ［美］威廉·N. 邓恩：《公共政策分析导论（第二版）》，谢明、杜子芳等译，中国人民大学出版社 2010 年版，第 11 页。

断，进而导致政策文本充满了政策风险。瓦格纳（Wagenaar，1990）等人曾对此进行过相应的分析。他认为，事故是一长串事件的最终结果，而这些事件开始于管理层的决策（见图1–2）。①

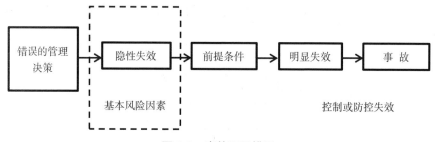

图 1–2　事故因果模型

综合而言，教育政策的基本过程以问题认知为开始，以问题解决为结束，始终伴随着问题的发展而进行。因此，能否有效构建教育政策问题就成为教育政策风险识别的重要内容之一。因为，一旦在此过程中对于教育政策问题的构建出现偏差，则会使整个教育政策的风险上升，极大影响教育政策目标的顺利实现。

五、教育政策决策和基本路径

风险评估对于教育决策具有重要意义，所以有必要对教育政策决策的内涵和基本路径进行细致的梳理。教育政策决策是教育政策过程的起始阶段，一直以来研究者都对教育政策决策较为关注，研究成果也相对较多。对于教育政策决策的研究更关注政策是如何制定出来的。② 正如很多学者所提到的，在现实中，为了保证语言的简洁性，很多人将教育政策决策简化为教育决策③，虽然教育决策能代表教育政策决策的基本内涵，但

---

① 参见［挪威］马文·拉桑德：《风险评估：理论、方法与应用》，刘一骝译，清华大学出版社2013年版，第119页。

② 参见［美］托马斯·R.戴伊：《理解公共政策（第十一版）》，孙彩红译，北京大学出版社2008年版，第31页。

③ 参见祁型雨：《利益表达与整合：教育政策的决策模式研究》，人民出版社2006年版，第52页。

容易让人产生歧义，因而本书依然使用"教育政策决策"一词。同样，本书将教育政策决策视为与教育决策、教育政策制定等词同义。

（一）教育政策决策的内涵

一直以来，人们都非常重视关于政策决策的研究，试图通过设计一个完美的模型来解决政策问题。[1] 虽然后来人们发现，空有完美的政策模型还远远不够，政策执行才被推到了研究的前沿，但这依然不能否定政策决策自身的重要意义。

决策的出现与西蒙等人的倡导有密切关系，西蒙提出了管理就是决策的观点，强化了决策的作用与价值。他提出，应该把决策理解为对行动目标与手段的探索、判断、评价直至最后选择的全过程。[2] 从决策的内涵来看，决策更多是指向于事物未来发展变化的一种预判，这种预判应当是基于科学基础之上的。就教育政策而言，其活动过程可以简单地分为两个阶段：教育政策决策和教育政策执行，即教育政策是如何制定出来的和教育政策是如何得以实现的。教育政策决策决定了教育政策执行，因为教育政策的完美模式取决于能否在教育政策决策阶段构建出一个既符合实际又具有可行性的政策模型。因此，教育政策的根源性问题往往出现在教育政策的决策阶段而不是教育政策的执行阶段。所以，教育政策决策过程在教育管理活动中具有首要地位和先导价值，决定着教育发展的成败，伴随着教育管理活动的始终。[3]

具体而言，教育政策决策是指教育政策制定主体在明确教育政策问题的基础上，设计、提出并选择问题解决方案的过程。教育政策决策过程，包括教育政策问题构建、教育政策方案设计、教育政策方案选择等子阶段。一方面，教育政策决策是一个甄别与选择的过程。教育政策决策主

---

[1]　参见 D. S. Vanmeter & C. E. VanHorn, "The Policy Implementation Process: A Conceptual Framework", *Administration and Society*, No.2, 1975, pp.450-451。

[2]　参见 ［美］赫伯特·西蒙：《管理行为——管理组织决策过程的研究》，杨砾等译，北京经济学院出版社 1988 年版，第 53 页。

[3]　参见杨颖秀：《教育决策的科学化民主化研究》，东北师范大学出版社 2001 年版，第 62—63 页。

体在这一过程中运用手中的权力，从诸多可能方案中选取最符合其自身价值取向的方案。在这一过程中可以充分体现其价值倾向性，因此教育政策决策过程中就充满了激烈的利益争夺。例如，教育政策的制定者，很少是教育政策问题的最终解决者，他们之间会存在利益的博弈。另一方面，教育政策决策是一个面向未来的预判和选择过程。教育政策决策主体在综合各方面信息的基础上，对于教育政策问题进行研判，综合各种利益需求，才能从可能的教育政策方案中选取一个作为最佳方案。一般认为，教育政策决策过程是一个"输入—输出"的系统过程（如图 1-3），在这一过程中，教育政策决策主体对相关信息进行了加工和处理，作出最终符合自身利益取向的选择。因此，教育政策决策主体进行决策的前提是其必须首先识别教育政策问题的基本状况，并在基于对问题充分认知的基础上，结合不同的利益相关者的需求来设计教育政策方案及选择教育政策方案。所以，也可以认为教育政策决策是一个利益表达与整合的过程。①

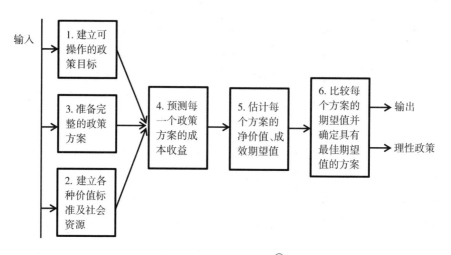

图 1-3　决策系统模型②

---

① 参见祁型雨:《利益表达与整合：教育政策的决策模式研究》，人民出版社 2006 年版，第 109—113 页。

② 参见 [美] 托马斯·R. 戴伊:《理解公共政策（第十一版）》，孙彩红译，北京大学出版社 2008 年版，第 16 页。

从历史上来看，人们对于教育政策决策的认识是伴随着对公共政策决策认识的逐渐深入而渐进的。美国学者戴伊（Thomas R. Dye）对教育政策决策问题进行了归纳和总结。他认为，教育政策决策必须要澄清的一个关键问题是——辨别哪些问题可以进入到教育政策决策者的视野。决定哪些教育问题可以成为教育政策问题的权力是至关重要的，认识问题有时候看起来似乎比解决问题更重要。① 有些时候，政策利益相关群体为了自身的利益甚至会制造问题以争夺教育资源。如何促使教育问题变成教育政策问题，进入政府议程，是教育政策得以形成的关键，也是教育政策决策的核心。这一问题涉及教育政策决策的基本模式。与之相对应，在确定了教育政策问题之后，如何保证充分占有资料，保证教育政策决策的有效性和可行性则是另一个必须关注的问题。关于这一点，学者们曾经提出了理性决策模式和渐进决策模式的不同见解。而正是由于人类无法达到完全理性，因此教育政策决策的过程中存在着巨大的风险，这种风险既可能来自于权力掌握者——教育政策决策主体的自我膨胀，也可能来自于制度规约（即政策风险控制措施）的失灵，更有可能来自于由于对相应情况缺少足够信息而引发的盲目决策。因此，教育政策的科学化、民主化、绩效化、程序化一直以来都是教育政策决策不懈的努力方向。②

（二）教育政策决策的基本路径

由于教育政策决策主体权力范围及利益表达不同，教育政策决策的方式也有差异。这种差异的存在，主要是由于教育政策主体自身的民主意识、权力分配体制及社会政治模式的不同所导致。而教育政策决策模式的不同也决定了教育政策的科学性、可行性和适切性的差异，也同样决定了教育政策风险的高低。越民主、越科学的教育政策决策模式越能在更大程度上降低教育政策自身的风险，使教育政策效能得到最大限度的发挥。

对于政策决策的基本路径，不同学者有不同的论述。总结不同学者

① 参见［美］托马斯·R.戴伊：《理解公共政策（第十一版）》，孙彩红译，北京大学出版社 2008 年版，第 32 页。

② 参见杨颖秀：《教育决策的科学化民主化研究》，东北师范大学出版社 2001 年版，第 21 页。

的观点，可以将教育政策决策的基本路径分为三种。

一是自上而下的形式。自上而下的教育政策决策形式与精英政治紧密相关。多数情况下，社会大众无法亲自行使权力，必须通过某种形式由一部分人代替行使。因此，这部分人就成为社会中的精英阶层，他们有自己特定的利益，也往往愿意替大众作出选择。特别是当特定利益受到侵犯时，他们就通过自己掌控的公权力自上而下地重新制定政策。[①] 教育政策决策者当然不能自己亲自去动手设计政策方案，他们不过是将别人制定好的政策合法化并推动这些政策得以实行而已。这些教育政策决策者包括政府，也包括会对政策产生影响的利益相关群体。在这一过程中，政府通过相应的智囊团来进行信息的搜集、整理和分析，从而为政策决策提供支持。这些智囊团相对于社会公众而言更为专业，可以用较为科学的方法来对问题进行界定和陈述。但不可否认，大部分情况下他们并非是直接的教育政策利益相关者，因此可能在对问题进行界定和陈述时，存在利益自我倾向化的情况。还有可能投其所好地设定教育政策决策主体受益的政策，这些行为在客观上增大了教育政策的风险。

二是自下而上的形式。自下而上的教育政策决策形式是"民主—多元主义"推崇的政策决策形式。它强调公众舆论对政府决策的影响。这种教育政策的决策形式注意倾听政策可能的利益相关者的不同声音，以开放的模式来决定政策的最终决策。在现代社会，政府已经无法逃避多数民众而仅成为某一特定群体的利益代言人，因此公众意见所形成的巨大推动力，往往会对政府决策产生巨大影响。这种方式有助于促进教育政策决策的科学化和民主化。但值得注意的是，在不同的问题情境下，公众的声音也需要理性甄别。一方面，公众舆论是不稳定的，会随自身利益的变化而变化，并以一种碎片化的形态融入其中，甚至形成自相矛盾的舆论声音。如果政府盲目跟随，则有可能会陷入决策的误区。另一方面，如果环境并不成熟，政府有时候会误解大众舆论的观点。这主要是由于政府内部的构成者与社会大众对于事务的看法存在差异。政府内部构成者的信息多来自

---

① 参见［美］托马斯·R.戴伊：《自上而下的政策制定》，鞠方安等译，中国人民大学出版社 2002 年版，第 39—81 页。

精英阶层，而社会大众的信息则来自直观感受，处于不同话语体系中的对话者有可能会产生自说自话的状态，更何况还存在有民主暴政的可能。因此，即使是自下而上的教育政策决策形式也依然无法摆脱教育政策风险的存在。

除了这两种基本的教育政策决策类型外，随着教育政策问题不断展现出复杂化和多样化的特点，教育政策决策也开始向网络互动的决策形式发展。自 20 世纪 70 年代以来，政策网络的概念成为政策分析研究中的主要范式之一。[①] 受治理理论影响，教育政策决策也开始走向主体多元和目标多元的道路。这种多元化的道路追求一种多主体间的相互依赖的网络关系，在一元主导的基础上强调多元参与，最大可能地满足了多元主体的利益诉求。我国近年来，也提出推进教育治理体系现代化和教育治理能力现代化。[②] 具体到教育政策决策领域，是教育政策决策科学化、民主化、绩效化的一种体现。

第二节　风险与风险评估

一方面，人们在日常生活中，时常要面对各种各样的"险情"，这些"险情"的存在使得人们充满了不安和困惑。另一方面，人们在经济活动中的"冒险"，可能会给人们带来意想不到的收获或希望，虽然有时候会担心损失。"险情"也好，"冒险"也罢，事实上都是在描述风险。风险是普遍存在的，大到国家的宏观经济政策，小到每个家庭的柴米油盐，好像我们谈及的一切总能和风险发生联系。那究竟什么是风险？风险有哪些特征？如何识别和认识风险？这些都是开展研究前需要回答的基础性问题。

---

① 参见 Hudson J.Lowe，*Understanding the Policy Process*：*Analyzing Welfare Policy and Practice*，Bristol：The Policy Press，2004，p.127。

② 参见袁贵仁：《加快推进教育治理体系现代化和治理能力现代化》，《人民论坛》2014 年第 5 期（上）。

一、风险的概念

风险是一个外来词，根据弗拉纳根（Flannagan）和诺曼（Norman）等学者的研究，英语的风险"Risk"一词来源于法语"Risque"。而法语"Risque"则来自意大利语"Risicare"，表达人类固有的冒险性，意为"航行于危崖间"。[①] 对于汉语而言，"二十四史"中的《明史》中有"漕舟失泊，屡遭风险"的用法，其含义与"航行于危崖间"可谓殊途同归。

其实人们对于风险早就有比较朴素的认识。我国夏朝就有"天有四殃，水旱饥荒，其至无时，非务积聚，何易备之"的记载；约公元前1700年开始，我国长江上从事货运的商人会将一批货物分装在几条船上；约公元前2800年，古埃及民众中开始盛行互助基金组织；公元前916年，《罗蒂安海商法》确定共同海损制度等。风险总与人们自身的利益紧密相关，这使得风险理论的研究蓬勃发展。因此，这也导致了不同的学科视角下，学者们对风险的界定存在一定的差异。

美国的威特雷（A.H.Vittore）是较早对风险进行定义的学者之一。他把风险归纳为关于不愿意发生的事件发生的不确定的客观体现。具体而言，有三层含义：一是，风险是客观存在的现象；二是，风险的本质与核心具有不确定性；三是，风险事件是人们主观所不愿意发生的。1921年，美国经济学家富兰克·H.奈特在他的专著《风险、不确定性和利润》中将风险定义为可测的不确定性。他认为事物的发展在未来可能有若干不同的结果，可以确定每种特定结果发生的概率。因此，风险是可以用概率方法定量计算的。这个观点也为现代保险学奠定了理论基础。1964年，美国学者威廉姆斯（C.Arihur Williams）和汉斯（Richard M.Heins）在对风险进行分析时，引入了人的主观因素。他们认为，诚然风险是客观的，对任何人而言都同样的存在，但不确定性则是通过风险分析者运用方法估算出来的，这其中无法避免地加入了风险分析者的主观因素。基于此，他们

---

① 参见［挪威］马文·桑德拉：《风险评估——理论、方法与应用》，刘一骝译，清华大学出版社2013年版，第3—22页。

将风险定义为：在特定的时间和空间里，那些可能发生结果之间的差异。如果仅有一个可能的结果，风险就为零；而如果有多个结果，风险就不为零。这种结果之间的差异越大，则风险越大。20世纪80年代，日本学者武井勋在全面梳理和归纳前人观点的基础上，对风险进行了重新的界定。他认为，风险是在特定环境和期间内自然存在的导致（经济）损失的变化。

当代学者们对风险的界定，比较有代表性的观点认为，风险"是某一危险事件发生的频率或概率与事件后果的组合"[①]和"人类活动或者事件造成的后果对现有价值造成伤害的概率"[②]，还有"造成资产（包括人员）处于危险的情况或者事件，结果是不确定的"[③]，或者"未来事件和结果的不确定性。它描述了该事件对于完成组织目标所产生影响的可能性"[④]等。国外学者或机构对于风险的界定都提到了现有事件对未来结果的影响。我国《汉语大字典》中对风险的解释是"可能发生的危险"。从这些定义中，我们推断出"风险"一词基本上是表达负面意思的词，且与风险主体的损失或伤害相关。事实上，当一个人问你什么是风险的时候，他实际上是在问三个问题：什么会发生问题？发生问题的可能性有多大？后果是什么？[⑤]这三个方面也基本确定了风险内涵的范畴。

2009年，国际标准化组织（ISO）对"风险"一词进行了标准化界定（ISO/IEC Guide 73：2009）。2013年，我国的国家标准化管理委员会也参照国际标准发布《风险管理术语》（GB/T 23694-2013，以下简称"国标术语"）。两个标准中对于"风险"一词的界定为"不确定性对目标的影

---

① International Electrotechnical Commission, *Dependability Management-Application Guide*: *Risk Analysis of Technological Systems* (*IEC 60300-3-9-1995*), Geneva, 1995, p.4.

② Klinke A. & Renn O., "A new approach to risk evaluation and management: Risk-based, precaution-based, and discourse-based strategies", *Risk Analysis*, No.6, 2002, pp.1071-1094.

③ Rosa E. A., "Metatheoretical foundations for post-normal risk", *Journal of Risk Research*, No.1, 1998, pp.15-44.

④ [挪威] 马文·桑德拉：《风险评估——理论、方法与应用》，刘一骝译，清华大学出版社2013年版，第37页。

⑤ 参见 Kaplan, S. & Garrick, B. J., "On the Quantitative Definition of Risk", *Risk Analysis*, No.1, 1981, pp.11-27。

响"①。对比之前大部分国内外学者和机构对风险的界定,标准中对风险的描述弱化了负面元素,显得更加中性化。

本书关于风险的观点与国标术语中的描述较为相似。风险可以被界定为"在活动中所形成的对于未来目标的一种不确定性的影响"。与国标术语的定义相比,本书的定义强调了两点:一是将风险置于特定的活动中;二是强调风险未来性。此外,风险的概念含有三个关键词:不确定性、目标、影响。科学准确地辨析这三个关键词有助于我们对风险概念的深刻理解。

（一）不确定性

不确定性是风险定义的核心。从风险概念的梳理中可以看出,学者们对于不确定性与风险关系的理解是存在共性的,无非是指境况、条件或事件等是发生还是不发生。而正是由于不确定性与风险的这种密切的关系,使得很多学者对风险进行界定时将两者相混淆。在教育政策风险评估的视域下,本书要强调不确定性和风险是有本质区别的。不确定性只是构成风险概念的核心要素之一。尽管不确定性是风险的基本属性,但不能用基本属性来代替风险的概念。在教育政策目标确定以后,无论在政策文本制定阶段中的具体举措和表述,还是政策执行阶段的执行效果都存在着可能发生也可能不发生的情况或事件,这种发生和不发生就是不确定性。不确定性可能影响到教育政策目标的实现。

（二）目标

对于任何人或机构,一切理性的活动都是有目标的。目标就是人们从事理性活动的预期,即希望达到和取得的结果、成效和收获等。国标术语中关于目标的描述中指出:"目标可以是不同的方面（如财务、健康与安全、环境等）和层面（如战略、组织、项目、产品或过程等）。"就教育政策而言,目标也是必需的。教育政策目标是指教育政策实施所要达到的

---

① International Organization for Standardization, *Risk management-Principles and guidelines* (*ISO 31000：2009*), Geneva, 2009, p.8.

结果或计划完成的任务。通常情况下，教育政策目标与教育政策问题相对应。目标带有强烈的主观性，所以明确了目标就明确了教育政策的主体和价值取向，一般情况下教育政策主体也是教育政策风险评估的主体或由其授权的专家、组织或机构等。

（三）影响

在风险的概念里，影响呈现的是目标和不确定性之间的关系。通常认为不确定性体现的是风险的客观属性，而目标显然带有鲜明的主观色彩。仅有客观存在——不确定性，或仅有主观存在——目标，并不能构成风险。只有当不确定性存在对目标的影响时，对于教育政策而言才存在风险。在教育政策制定或改进的过程中，当已存在不确定性和确定教育政策目标后，需要识别不确定性是否可能对教育政策目标产生影响，并以此作为教育政策决策或改进的重要判定依据。

不确定性、目标和影响的英文单词分别是"Uncertainty"、"Effect"和"Objective"。本书为行文方便，分别使用 U、E 和 O 来表示，以辨析三者的关系。通过本书对风险的定义，我们可以推断出是否存在风险的"概念性"判断。

$$R_E = R(U, E, O)$$

上式中 R_E 表示是否存在风险，它事实上是 U、E 和 O 三个要素的函数。风险是否存在，从"概念性"的视角可以简单地通过以下三种情况来判断：一是，目标不存在（O＝0），风险就不存在，虽然这样的情况很少发生且缺少研究价值。二是，没有影响（E＝0），所以风险就不存在。例如校车制度对于那些家庭较近或住校的学生而言，可能就不存在所谓的风险。三是，没有不确定性（U＝0）就不存在风险。有必要指出的是，如果一个结果 100% 会发生，或者 100% 不会发生，那都意味着结果是确定的，即没有不确定性，而此时不存在风险。

二、风险的特征

本书在对风险的概念进行梳理的过程中，提及过风险的普遍性以及主观和客观相结合的特征，这些特征比较容易理解。除此以外，风险还存在着不确定性、双重性、未来性和事件性。

（一）风险的不确定性

不确定性是风险的基本属性，没有不确定性就不会有风险。风险存在的前提条件之一就是客观世界中存在着不确定性。风险一定具有不确定性，一切确定的都不是风险，也不属于风险管理和风险评估的研究范畴。国标术语中对不确定性的定义为：不确定性是指缺乏对一个事件、其后果或发生可能性的关键信息、了解或认识的完整状况或部分状态。

不确定性有两种客观的体现。一种体现为客观上的确定性，另一种体现为客观上的不确定性，虽然这两种客观性看起来有些自相矛盾并难以理解。一方面，客观上的确定性是指某些事物在客观上是"确定"的，只有由于人们总体上的认知能力不足，或无法得到确定状态所必需的一切信息，在特定的时期内体现为"不确定性"。随着人们对于未知事物的研究与探索，一旦发展或掌握这些必需的信息，将变不确定性为确定或改变不确定性的程度。另一方面，客观上的不确定性是指某些事物由一些不可预测的偶然因素导致，无论如何掌握有关的信息，无论人们对事物认识的程度如何，对于未来的结果始终无法判断。例如投掷硬币的过程，正面和反面落地具有随机性，这种不确定性人人皆知并完全由偶然因素所导致。很显然，第一种客观性体现更具研究价值和现实意义，因此本书在对风险的不确定性进行研究和探索的过程中，主要聚焦于前者。

（二）风险的双重性

对风险的概念进行梳理的过程中，我们可以直观地感受到以往的风险概念往往带有负面性，总是伴随着危险、损失和灾难等关键词。而国标术语对于风险的界定是中性的。此外，还用注释的方式进一步明确了这种中性的特征——风险是不确定性对目标的影响，其中影响是指偏离预期，可以是正面的和／或负面的。这种正面和／或负面就是风险双重性的体现。

由于存在不确定性对目标的影响，因此这种影响导致了系统或组织实现目标时出现偏差。这种偏差可能对于目标的实现是提高、促进、高效、正面的，也有可能对于目标的实现是降低、阻碍、低产、负面的。为了区别风险的双重性，对于具有正面影响的风险，我们称为"机会"；对于具有负面影响的风险，我们称为"威胁"。（见图1-4）不同的风险对于同一个目标，可能是"机会"，也可能是"威胁"；同一个风险对于不同的目标，可能是"机会"，也可能是"威胁"。本书在不同的研究阶段，对风险双重性的侧重也有所不同。总体而言，在风险识别、分析和评价阶段，本书侧重于探讨风险的负面性；在风险应对阶段，则充分考虑到风险的双重性——变"威胁"为"机会"是重要的风险应对策略之一。

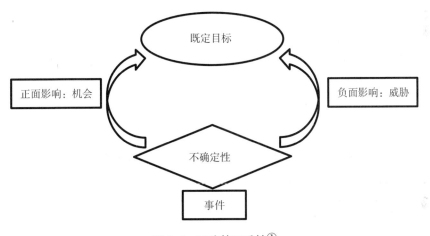

图1-4　风险的双重性[①]

（三）风险的未来性

在对风险进行研究时，系统或组织的目标首先是确定的。因而，确定目标一定是过去或现在指向的，目标的实现则是未来指向的。风险的未来性一方面来源于目标实现的未来指向性。此外，风险概念中的不确定性也是未来指向的。一切已经发生的、过去的情况和事件等都是确定的，也都不属于风险的研究范畴。因此，风险的未来性另一方面也来源于不确定性的未来指向性。明确风险的未来性非常重要，因为风险评估的现实意义

---

① 参见李存建：《风险评估——理论与实践》，中国商务出版社2012年版，第4页。

就在于运用风险评估方法对未来可能出现的状况进行预测，从而采取风险应对策略对这些未来可能的状况进行干预。从这个意义上来说，风险评估就是对未来的评估。

（四）风险的事件性

国标术语中给出的风险概念并未含有事件一词，但在其注解中明确提及了事件——"风险常具有潜在事件、后果或者二者结合的特征"，"通常用事件后果和事件发生可能性的结合来表示风险"。因此，事件性是风险的另一个重要的特征。事实上，所有风险的可能发生都一定对应着可能事件的发生，而一切风险的实际发生都一定伴随着特定事件的发生。国标术语中对事件也进行了界定，其定义为：某一类情形的发生或者变化。为了加深理解事件的含义，国标术语还附有四个注解——"事件可以是一个或多个情形，并且可以由多个原因导致"；"事件可以包括没有发生的情形"；"事件有时可称为'不良事件'或'事故'"；"没有造成后果的事件还可称为'未遂事件'、'事故征候''临近伤害'、'幸免'"。

风险的事件性对于风险评估研究而言，具有重要的实际意义。从操作层面看，风险较为抽象，而事件较为具体。有很多时候，抽象的词汇容易让人们不解或误解。因此，首先识别和分析可能发生的事件，然后再将可能发生的事件与风险联系到一起，这种技巧被很多风险评估方法所使用。掌握了可能发生的事件，风险评估和风险应对就变得相对容易和具体。

三、风险评估的内涵

风险既然是客观存在的，而且大部分情况下会对行动的结果产生负面影响，那么对风险进行识别、分析和评价就显得尤为重要。清楚地了解风险的可能性及严重程度，可以有效应对风险以便达成目标。

风险评估是基于风险识别、风险分析和风险评价基础上的综合性行为，目的是为了降低风险发生的可能和／或降低风险后果的影响程度，为决策者提供更好的建议。风险识别、风险分析、风险评价和风险评估四个概念之间存在着密切的联系，也共同构成了风险管理的基本范畴。

国标术语中对于风险评估的定义是：包括风险识别、风险分析和风险评价的全过程。从这个定义中我们可以分析出两点结论：一是风险评估的范畴更大，它包含风险识别、风险分析和风险评价；二是风险评估是一个过程。为了深刻理解风险评估的定义，我们需要把风险评估过程置于风险管理过程的研究视阈内。

在国家标准《风险管理原则与实施指南》（GB/T 24353-2009，以下简称"国标指南"）中，风险管理过程由四个活动组成，分别是：明确环境信息、风险评估（包含风险识别、风险分析和风险评价）、风险应对、监督和检查。（见图 1-5）明确环境信息是确定组织管理目标和与组织相关的内外部参数的过程，本书在对风险进行界定时，强调过将风险置于特定的活动中的必要性，实质上就是考虑到环境信息对于风险评估的重要性。明确环境信息为风险评估过程提供必要信息的输入。风险评估是由风险识别、风险分析和风险评价三个子过程构成的过程，而事实上它又是整个风险管理过程中的一个子过程。风险评估为风险应对提供信息输入。风险应

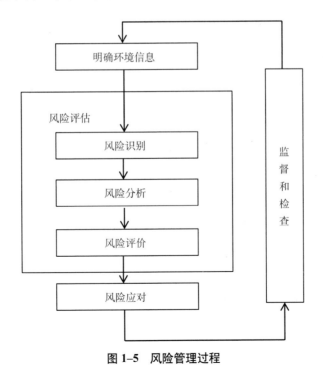

图 1-5　风险管理过程

对是选择并执行改变风险的措施，它是对风险评估结果进行处理的末端步骤。监督与检查则是组织通过监测和发现内外部信息的变化，从而决定是否开启另外一个风险管理循环过程。

就风险评估的三个子过程而言，风险识别是发现、确认和描述风险的过程，它的目的是为了回答待评估的对象可能存在哪些潜在的风险。风险分析是运用某（些）种方法，通过对既有信息的分析，预测风险事件发生的可能性并对事件结果进行预测的过程。按照卡普兰（Kaplan）和卡里克（Garrick）的观点[1]，风险分析在于回答系统发生问题的可能性有多大、后果是什么，即进行风险频率分析和后果分析。风险分析深层次的目标在于寻找风险事件的成因，认定风险事件可能造成的后果，并判定风险的严重程度。风险评价是以风险分析为基础，将风险分析的结果进行比较，确定风险等级，以便为风险应对过程提供支撑。[2]

第三节　教育政策风险和教育政策风险评估

政策科学被视为连接过去和未来的桥梁[3]，这注定了政策的存在就意味着风险。这种风险既是政策自身的逻辑过程造成的，也是人类对于未知世界挑战的必然结果。正因为如此，政策科学才具有了吸引人的无穷魅力。对于政策可能存在的风险进行评估，就成为学者们关注的焦点和不断努力的方向。教育政策与其他公共政策一样，伴随着风险而生。这种风险的存在主要是由于教育政策制定和执行过程中的不确定因素引发的。[4] 理性、客观认识教育政策风险有助于教育政策目标的顺利实现，也有助于教

---

① 参见 Kaplan S. & Garrick B. J., "On the Quantitative Definition of Risk", *Risk Analysis*, No.1, 1981, pp.16-17。

② 参见《风险管理原则与实施指南》（GB/T24353-2009），中国国家标准出版社 2009 年版，第 3 页。

③ 参见 Dror, Y., *Design for Policy Sciences*, New York：American Elsevier Press, 1971, pp.49-54。

④ 参见刘海滨、杨颖秀：《我国教育政策风险评估问题及消解策略》，《现代教育管理》2011 年第 12 期。

育政策的科学化、民主化、绩效化、程序化。

一、教育政策风险的内涵和特征

教育政策风险也是一种风险，因此可以把教育政策风险定义为：教育政策过程中的不确定性对教育政策目标的影响。很显然这个定义是抽象的，而我们可以利用风险事件性的特征来具体化地描述风险，即用事件后果和事件发生可能性的结合来表示风险。对于教育政策而言，定义中的事件究竟指什么？为此本书引入了"教育政策的问题"这个概念。

教育政策实施后，由于各种因素的影响，可能会使政策效果与政策目标之间出现负面偏差，本书将这种负面的偏差界定为"教育政策的问题"。需要强调的是，"教育政策的问题"不能与"教育政策问题"相混淆。"教育政策问题"是指，基于特定的社会公共问题，由政府列入教育政策议程并采取行动，通过公共权力希望实现和解决的问题。① 教育政策问题从属于教育问题，并试图通过教育政策工具来解决。因此，教育政策问题往往和教育政策目标存在密切的联系。而"教育政策的问题"是指教育政策本身存在的问题，需要通过教育政策的改进和完善来解决。

教育政策风险具体化的定义可以描述为：教育政策的问题发生的可能性及其影响。这种可能性及其影响如果过高，会导致政策目标难以实现，政策效能低下，政策生命周期缩短，甚至可能会造成重大的灾难性后果。所以，要对政策风险进行科学的评估，从而降低或规避教育政策风险。②

教育政策风险除了具有风险的普遍性、不确定性、双重性、未来性和事件性的特征外，还具有以下一些特征。

（一）偶然性和必然性相结合

教育政策风险是客观存在的，但就某一个具体的教育政策而言，引

---

① 参见褚宏启：《教育政策学》，北京师范大学出版社 2011 年版，第 151 页。

② 参见刘海滨、杨颖秀：《我国教育政策风险评估问题及消解策略》，《现代教育管理》2011 年第 12 期。

发教育政策风险的教育政策的问题具有偶然性。通常情况下，在教育政策的问题实际暴露之前，人们很难精确地预测它们爆发的时间、方式和引发后果的严重程度。这是因为引发教育政策的问题是诸多因素共同作用的结果。例如，政策主体的理性程度、政策目标的多重性、政策文本的描述方式、政策执行人员的执行能力和业务水平等因素都可能引发教育政策的问题。而每一个因素的作用时间、方式、顺序、强度和方向等都必须满足一定的条件，才可能导致教育政策的问题的发生。这些特定因素和特定条件的组合，决定了教育政策风险的偶然性。其引发的结果也往往出人意料，"天有不测风云"就是对教育政策风险偶然性的诠释。

从宏观的角度看，在特定的社会环境中，某一类教育政策风险发生的概率和其影响之间存在一种必然性。虽然从微观的角度看，个别教育政策风险是偶然的、随机的和无序的，然而对大量教育政策风险的观察和综合统计来看，却呈现出明显的规律。运用统计学方法处理大量相互独立的偶发性教育政策风险事件，就有可能发现某一类教育政策风险的固有规律。这种规律使得教育政策风险宏观上呈现出一种必然性的特征。

（二）客观性与主观性相结合

教育政策风险的客观性来自于教育政策的问题的客观性。事实上，教育政策的问题普遍存在，因为政策效果与政策目标之间的偏差是不可能完全消除的。虽然我们在制定政策文体和政策执行过程中都将政策目标的实现作为标准和依据，但由于教育政策过程中有诸多不确定性因素的影响，最终政策执行的实际效果和政策目标之间不可能完全吻合。或者说，教育政策偏差在任何教育政策之中都是普遍而客观的存在。我们借助风险评估技术尽力降低或者规避教育政策风险，使得教育政策执行的效果尽可能趋近于政策目标。但由于教育政策的问题不可能全部消解，所以政策效果和目标永远不可能达到理论上的完全重合。

教育政策风险的主观性则体现在两个方面：第一，教育政策的主观性来自于教育政策目标的主观性。教育政策目标的确立是教育政策方案形成的关键环节，也是教育政策执行与评估的出发点。教育政策目标在整个教育政策过程中发挥着指导性、基础性的作用。教育政策目标的确立必须具有鲜明的针对性，因为教育政策的出台是为了解决现实中教育活动存在的特定问题。[①] 所以，一方面，教育政策目标的确立要紧紧围绕着教育政策问题展开；另一方面，教育政策目标的确立要抓住教育政策问题的主要矛盾和矛盾的主要方面，以突出重点、分清主次。然而，无论是对教育政策问题的遴选，还是对于教育政策问题主要矛盾和矛盾主要方面的判定都充满了主观性，这种主观性通过教育政策目标最终使得教育政策风险也充满了主观色彩。第二，教育政策风险的主观性还来自于对政策风险判定本身。教育政策风险是客观存在的，然而人们对于教育政策风险的识别、分析和评价过程都是主观的。不同的群体由于视野、价值观、学科背景和政治立场等不同，对于教育政策风险的认定也可能存在差异。事实上，这也是教育政策风险评估过程中的关键问题，即在教育政策的识别、分析和评价过程中，如何能取得政策利益相关群体的最大认同。

（三）传递性与可变性相结合

教育政策风险的传递性是指教育政策风险可以通过社会、组织、个人等途径扩散和传播，形成社会经验或引起社会关注，进而影响教育政策决策。教育本质上是一种培养人的社会活动，只有把教育政策风险置于社会过程中，从人们如何看待教育的角度去研究才更具现实意义。更进一步说，从教育政策风险传递的信息系统中探讨公众反应才能更好地开展风险识别、分析与评价。教育政策风险传递信息系统的描述见图 1-6。教育政策风险具有社会扩大效应，就如同一块石头投入水中，它会在水中泛起涟漪并向外传播。首先受到影响的是教育政策的直接利益相关群体，然后是间接利益相关群体，再然后就是其他社会群体……这就是教育政策风险传递性的具体体现——涟漪效应。我们在对教育政策风险评估的过程中，如果忽略了政策风险的传递性，就有可能错误地估计风险后果的严重程度，进而导致教育政策决策或改进的不科学。特别是评估那些有可能在短时间内集中爆发的教育政策风险时，如校园安全问题、校车安全问题和营养餐安全问题等，必须充分考虑到风险的传递性造成的严重社会影响。

---

① 参见褚宏启：《教育政策学》，北京师范大学出版社 2011 年版，第 175 页。

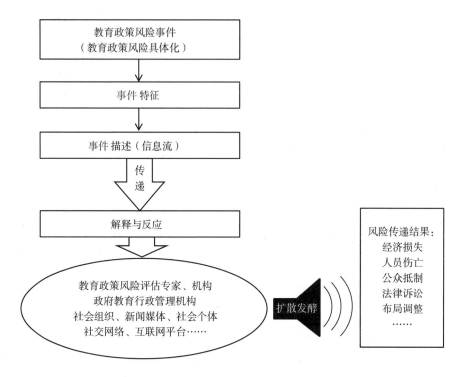

图 1-6 教育政策风险传递信息系统①

　　教育政策风险的可变性是指在一定的条件下，教育政策风险存在转化的可能性。从系统理论的视域来分析，教育系统内部的各个子系统时刻处于运动和变化的过程中。同时，作为整个社会系统的一个子系统，教育系统本身也不是静止不变的，这些变化必然会影响教育政策风险的变化。教育政策风险的变化具体有四种体现：一是，教育政策风险性质的变化。例如，在 20 世纪八九十年代，中小学校园内塑胶跑道并未普及。我们在制定相关的教育政策时，塑胶跑道可能存在对人体健康的安全隐患属于特定风险。然而，进入 21 世纪以来，随着我国教育资源投入的持续增加，中小学标准化校园建设取得重大进展，塑胶跑道已经普及。这时塑胶跑道的安全风险就变成了基本风险，在进行相关决策时不能忽略。二是，教育政策风险量的变化。随着教育政策科学化进程和风险评估技术的完善，我

---

① 参见范道津等：《风险管理理论与工具》，天津大学出版社 2010 年版，第 10 页。

们对教育政策的风险把握和抵御的能力也在不断增强。这些都使得一些教育政策风险在发生的频率和后果影响程度上有所减小。三是，某些教育政策风险在特定条件下被部分消解。例如，随着校园供暖方式的改变，由教室内通过火炉取暖而引发的学生煤气中毒的风险，在大部分城市中小学已经不存在了。四是，教育政策新的风险不断产生。这其实不难理解，条件和方式的改变使某些教育政策风险消除的同时也必然会孕育出新的教育政策风险。我们在风险评估的过程中，必须充分地考虑风险的可变性，这样才能实现对教育政策风险科学准确的把握。

（四）复杂性与可测性相结合

教育政策风险充满了复杂性，这从我们对教育政策风险以上所有特征的论述中可见一斑。此外，教育政策风险的复杂性还体现在三个方面：一是，引发教育政策风险的原因复杂。一个具体的教育政策风险可能是由多个因素引发的。同时，一个因素也可能与多个教育政策风险密切相关。这给我们科学、准确地把握教育政策风险带来了较大的难度和挑战。二是，对教育政策风险进行评估的方法复杂。一方面，每一类教育政策风险都有其差异性的特点；另一方面，风险评估的过程包含风险识别、分析和评价三个子过程，所以没有一种方法可以完全适用于教育政策风险评估全过程。我国国家标准《风险管理　风险评估技术》（GB/T 27921-2011，以下简称"国标技术"）中就列出了 32 种风险评估方法，我们会在第二章详细探讨。三是，教育政策风险应对的策略复杂。通常情况下，解决问题的方法一定比问题多，既然教育政策的问题已经复杂多样了，教育政策风险应对的策略也必然复杂万变。

教育政策风险虽然复杂，但又是可测的。承认教育政策风险的客观性正是为了认识和利用它的规律性，这使得我们能够有效地管理和控制教育政策风险。借助并依靠概率论、数理统计和数据科学等研究领域的发展，运用先进的计量手段、技术测量方法和大数据挖掘等方式，我们可以从宏观上把握某些教育政策风险的运行规律，预测出一定的时间特定的教育政策风险发生的频率和影响。教育政策风险评估研究的前提假设之一就是教育政策风险的可测性。

二、教育政策风险评估的内涵

政策过程事实上就是一个对于风险进行评估和应对的过程。政策过程可以概要地分为政策决策过程和政策执行过程，而政策风险贯穿于整个政策过程之中。通常情况下，政策风险识别应当在政策决策过程中即已进行。但事实上，由于意识或条件不具备，很多风险评估行为也发生在政策执行过程中。这是因为政策执行过程事实上也是政策不断调整、完善的过程。我们同样需要在这一过程中对政策风险进行识别、分析、评价和应对。对于这种情况，政策研究者有过不同的解读与命名。例如，曾有学者（朱德米，2012）用"政策缝隙"（Policy Gap）的概念，指出政策决策过程中的风险的存在。他用时间和空间不一致来解释政策缝隙。他还指出，政策缝隙的存在导致了政策风险的增加。[①] 事实上，政策风险的存在增加了政策目标实现的难度，也成为政策科学研究的重要范畴。

依据以上分析，教育政策风险评估是指在政策过程中，依照某（些）种法则并采取一定方法对教育政策风险进行识别、分析和评价的过程；教育政策风险评估包括风险识别、风险分析、风险评价等三个子过程；教育政策风险评估既是保证教育政策顺利实施、促进教育政策目标得以实现、减少教育政策偏差负效应的重要手段，又是教育政策制定与实施过程的重要保障环节。

三、教育政策风险评估的功能

从教育政策过程的分析中，我们可以推断出风险评估对于促进教育政策科学化具有重要意义。教育政策风险评估的功能可以概括为以下几方面。

（一）为教育政策风险应对提供支撑

教育政策风险评估的首要作用是对潜在的风险通过技术手段进行识

---

① 参见朱德米：《政策缝隙、风险源与社会稳定风险评估》，《经济社会体制比较》2012 年第 2 期。

别、分析和评价，并通过这一过程，为教育政策决策者科学决策、合理决策提供参考，以便从容应对政策实施后可能带来的变化和危险。特别是在高速发展的现代社会，多元价值和多元文化的冲击，使得政策决策变得越来越复杂和难以捉摸。政策决策者也无法在一个持续稳定的环境中作出完全理性的决策，尽量避免或保证少犯错误，以保证对于未来预测的准确性已经成为多数政策分析人员的主要工作。[①] 教育政策风险评估通过对风险的识别、分析和评价，有助于对环境变化和潜在危险作出合理的风险应对，以保证教育政策效能、效率的最大限度的发挥。

（二）为完善教育政策决策提供支撑

教育政策风险评估是以科学的方法对于政策实施后未来可能遇到情境的一种理论推演，也可归属于教育政策分析的范畴。邓恩就曾经指出预测政策未来是政策分析的重要环节，而"推断"就是基于目前和历史趋势向未来进行外推的一种预测形式，可以为未来政策变化及其结果提供有关信息。这使得教育政策决策者能够从若干个可能性中选出最佳的行动方案。[②] 教育政策风险评估也是对于政策未来的一种预测。虽然这种预测并不绝对，但是对于人们认识危险的存在和采取措施降低和规避风险具有重大意义。

（三）为完善教育政策内容提供支撑

遵循教育政策过程，教育政策风险评估可以是在教育政策决策前进行的一种决策参考活动，通过对相关要素的分析来预测政策方案可能会出现的状况。此外，教育政策风险评估还可以在教育政策实施后发挥作用，以监督教育政策实施的具体情况。这事实上就是风险管理的理念在教育政策过程中的运用。根据教育政策实施的具体情况，对未来可能发生的趋势进行预判，通过反馈帮助教育政策决策者改进和完善教育政策，保证

---

① 参见［美］威廉·N.邓恩：《公共政策分析导论（第二版）》，谢明、杜子芳等译，中国人民大学出版社2010年版，第167页。

② 参见［美］威廉·N.邓恩：《公共政策分析导论（第二版）》，谢明、杜子芳等译，中国人民大学出版社2010年版，第164—166页。

教育政策效能的最大化。教育政策风险评估是伴随着教育政策执行而同步进行的。对于很多已经出台的"新"教育政策来说，这种风险评估的价值更大。

通过教育政策风险评估，教育政策相关主体可以更深刻地理解可能影响政策实现的风险，以及现有风险控制措施的充分性和有效性，为确定最适合的风险应对策略奠定基础。同时，风险评估的结果可以作为教育政策决策过程中"输入"的重要组成部分。[①] 据此，我们可以将教育政策决策的经典模型略做修改，见图 1-7。需要指出的是，教育政策风险评估只是教育政策过程所需要考虑的一个维度。通常情况下，影响教育政策决策的因素众多，因此教育政策走向主要应由教育政策决策者和执行者而非教育政策风险分析者来确定。

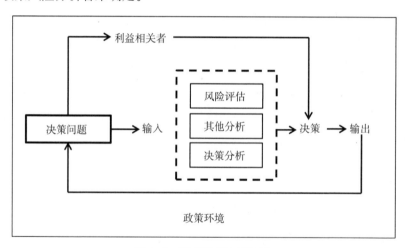

图 1-7 教育政策决策框架

此外，虽然教育政策风险评估在现实中具有重要的意义和价值，但是正如渐进主义者所指出的那样，完全理性并不存在。因此，教育政策风险评估在实施过程中必然遇到诸多困难。教育政策风险评估如果想穷尽政策可能的风险显然并不现实，这既是因为教育政策风险评估方法的局限性，也是因为教育政策风险评估能获取数据和信息的局限性。这种窘境也

---

① 参见《风险管理 风险评估技术》（GB/T27921-2011），中国国家标准出版社 2012 年版，第 1 页。

导致教育政策风险评估的不确定性。正是由于这种不确定性的存在，教育政策风险评估自身也存在风险，或者说教育政策风险评估的结论在某种程度上不十分可靠。[①]

但是，这种局限性并不妨碍我们使用教育政策风险评估方法来对教育政策开展风险评估。随着风险评估技术的不断完善，风险评估国家标准已经出台，为我们提供了较为完备的风险评估方法与流程，也为我们减小风险评估的局限性提供了可能。同时，教育政策风险评估的局限性还包括可能对风险估计得过高或过低，这也可能引起教育政策决策的失误。综上所述，选取适当的教育政策风险评估方法可谓至关重要，本书会在第二章探讨教育政策风险评估方法的选择策略。

四、教育政策风险评估的过程

从教育政策风险评估的定义中，我们明确了教育政策风险评估过程包括教育政策风险识别、教育政策风险分析和教育政策风险评价三个子过程。在参照风险评估过程和国标技术的基础上，教育政策风险评估的过程可以用图 1-8 来呈现。事实上，本书对于教育政策风险评估的研究也主要遵循这个过程来展开。

在实施教育政策风险评估过程之前，首先要明确教育政策环境信息。本书已经反复强调必须将风险置于一个特定的环境中风险评估才具有可操作性。不同的教育政策所处的政策环境存在差异，所以明确教育政策环境是开展风险评估的前提。教育政策环境信息可以分为外部环境信息和内部环境信息两部分。外部环境信息包括：国际、国内、地区的政治、经济、教育、文化、生态环境；教育政策以及教育政策相关因素的历史资料、发展趋势等；教育政策外部相关者群体及其诉求、价值观和风险承受度等。内部环境信息包括：教育政策目标、方针和制定（改进）策略；教育政策可支配的资源（资金、设施、人力、时间、空间、技术、信息等）；组织

[①] 参见［挪威］马文·桑德拉：《风险评估——理论、方法与应用》，刘一骝译，清华大学出版社 2013 年版，第 379 页。

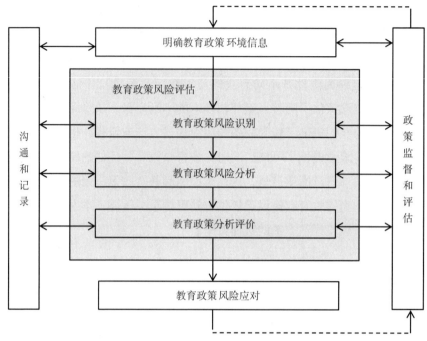

图 1-8　教育政策风险评估过程

架构和决策者的需求；内部利益相关者群体及其诉求、价值观和风险承受度；与教育政策风险评估实施相关的环境信息等。此外，在这个阶段还应该明确教育政策风险准则，关于风险准则本书将在第五章详细探讨。

　　教育政策风险评估是运用风险评估方法对教育政策风险进行识别、分析和评价的过程。关于教育政策风险评估方法本书将在第二章详细探讨。教育政策风险识别是通过识别教育政策的风险源、影响范围、风险事件及原因和潜在后果等，生成一个全面的教育政策风险列表，本书将在第三章详细探讨。教育政策风险分析是根据相关信息和风险评估结果的需求，对识别出的教育政策风险进行定性和定量的分析，为风险评价和风险应对提供支撑的过程，本书将在第四章详细探讨。教育政策风险评价是将风险分析的结果与风险准则进行比较，或者在各种风险分析的结果之间进行比较，确定风险等级，以便作出风险应对决策的过程，本书将在第五章详细探讨。

　　教育政策风险应对是选择和（或）执行一种或多种改变风险的措施

的过程，也是对教育政策风险评估的输出结果进行处理的一个关键步骤。教育政策风险评估过程中，还强调沟通和记录，因为几乎所有的风险评估方法都以获取信息为基础，而真实、准确、及时的信息依靠沟通和记录获得。此外，教育政策风险评估的效果如何，需要放入整个教育政策过程中来检测。无论其结果是用于教育政策决策还是教育政策改进，都需要对风险评估过程和结果进行监督和评估。以上内容，本书将在第六章详细探讨。

第二章　教育政策风险评估方法

方法是用来解决问题的工具，教育政策风险评估方法就是实施教育政策风险评估的工具。适用于教育政策风险评估的方法很多，有些方法并非是风险评估技术独有，还可以用于教育政策分析的其他方面；有些方法适用于教育政策风险评估的多个子过程，而有些方法只适用于教育政策风险识别、风险分析和风险评价中的一个子过程。本书在设计框架时，没有将方法分散在风险评估的各个子过程中，而是集中在本章呈现。本章以国标技术中列出的 32 种风险评估方法为基础，分类探讨这些方法的适用范围、优势与局限和实施步骤等。

第一节　教育政策风险评估方法概述

在政策科学和风险评估学者们的不懈努力下，可用于教育政策风险评估的方法已经非常丰富，并且每种方法都有自己的优长。为了便于开展教育政策风险评估研究，我们需要对这些方法划定界限。本书以国标技术中列出的 32 种风险评估方法作为标准方法。如果没有特殊说明，本书提及的教育政策风险评估方法就是特指这 32 种方法。在这样的背景下，我们有必要对这些风险评估方法进行系统的梳理，在科学的分类基础上，分析这些风险评估方法的特征与适用度，并结合教育政策风险评估环境因素，归纳出方法选择的策略。

一、教育政策风险评估方法的特征

适用于教育政策风险评估的方法都存在一些共同特征。选择和运用适宜的风险评估方法有助于教育政策风险评估实施者及时、高效地取得预期的风险评估效果。在实践中，教育政策风险评估活动的复杂程度及详略程度千差万别，所以风险评估的方法与预期的结果应该与教育政策风险评估组织者提供的环境和设定的目标相匹配。适宜的风险评估方法应该具备六个特征：一是，与教育政策决策者对风险评估的预期结果相适应；二是，符合教育政策风险评估所建立的环境；三是，实施结果应该加深对教育政策风险性质和如何应对风险的认识、理解；四是，符合可追溯、可重复、可验证，具备可比性；五是，适配教育政策风险准则；六是，适用于教育政策风险评估实施过程中的实际情况。

二、教育政策风险评估方法的分类

我们之所以对教育政策风险评估方法进行分类，本质上是通过分类的角度不同，来归纳这些教育政策风险评估方法的共性特征和适用条件，再分门别类地予以研究。我们可以从每种方法适用于的子过程角度，将方法分为全过程方法、风险识别方法、风险分析方法和风险评价方法；也可以根据每种方法输出结果的不同，将方法分为量化输出的方法和非量化输出的方法；还可以根据方法输出的结果形式，将方法分为图形化输出的方法和描述性输出的方法等。

本书根据教育政策风险评估方法特征的相似性，将这些方法分为五大类。第一是智库咨询类风险评估方法，具体包括头脑风暴法、结构化/半结构化访谈法、德尔菲法、检查表法、根原因分析、结构化假设分析（SWIFT）。第二是情景分析类风险评估方法，具体包括情景分析、压力测试、业务影响分析、故障树分析、事件树分析、决策树分析、因果分析。第三是效能分析类风险评估方法，具体包括危险与可操作性分析（HAZOP）、失效模式和效应分析（FMEA）、危害分析与关键控制点法（HACCP）、人因可靠性分析（HRA）、以可靠性为中心的维修（RCM）、潜在通路分析。第四是控制模拟类风险评估方法，具体包括保护层分析、风险指数、蝶形图分析、风险矩阵、在险值法（VaR）、层次分析法。第五是统计预警类风险评估方法，具体包括均值—方差模型、FN 曲线、马尔可夫分析、贝叶斯统计及贝叶斯网络、预先危险分析（PHA）、蒙特卡罗模拟分析、资本资产定价模型。本章从第二节开始，将以这五个分类为基础，逐一对教育政策风险评估方法进行探讨。

三、教育政策风险评估方法的适用度

教育政策风险评估过程包括风险识别、风险分析和风险评价三个子过程。因此，选择教育政策风险评估方法时，应该考虑是为哪个子过程在选方法，或者风险评估进行到了哪个子过程。这三个子过程的目的、输入和输出都存在较大差异，有些教育政策风险评估方法对于这三个子过程都适用。但更多的情况下，一个具体的教育政策风险评估方法只非常适用于其中的一个或两个子过程。此外，相对于教育政策风险识别和风险评价，教育政策风险分析子过程更为复杂。风险分析子过程对方法的要求存在一些特殊性。因为其非常重要的任务就是确定教育政策风险发生的可能性、后果的严重程度和教育政策风险等级。因此，在选择教育政策风险评估方法时还要综合考虑方法对于这三个任务的适用度。

本书以国标技术为参照，对教育政策风险分析方法对于三个子过程的适用度进行了归纳和总结，见表 2–1。表中 SA（Strongly Available）表示非常适用，A（Available）表示适用，NA（Not Available）表示不适用。例如风险矩阵，对于教育政策风险识别过程非常适用，对于风险分析过程中风险后果和可能性的分析也非常适用，对于其他过程都适用。

表 2–1　教育政策风险评估方法适用度一览表

风险评估方法	教育政策风险评估过程				
	风险识别	风险分析			风险评价
		后果	可能性	风险等级	
头脑风暴法	SA	A	A	A	A

风险评估方法	教育政策风险评估过程				
	风险识别	风险分析			风险评价
		后果	可能性	风险等级	
结构化/半结构化访谈法	SA	A	A	A	A
德尔菲法	SA	A	A	A	A
情景分析	SA	SA	A	A	A
检查表法	SA	NA	NA	NA	NA
预先危险分析（PHY）	SA	NA	NA	NA	NA
失效模式和效应分析（FMEA）	SA	SA	SA	SA	SA
危险与可操作性分析（HAZOP）	SA	SA	A	A	A
危害分析与关键控制点法（HACCP）	SA	SA	NA	NA	SA
结构化假设分析（SWIFT）	SA	SA	SA	SA	SA
风险矩阵	SA	SA	SA	SA	A
人因可靠性分析（HRA）	SA	SA	SA	SA	A
以可靠性为中心的维修（RCM）	SA	SA	SA	SA	SA
压力测试	SA	A	A	A	A
保护层分析	A	SA	A	A	NA
业务影响分析	A	SA	A	A	A
潜在通路分析	A	NA	NA	NA	NA
风险指数	A	SA	SA	A	SA
故障树分析	A	NA	SA	A	A
事件树分析	A	SA	A	A	NA
因果分析	A	SA	SA	A	A
根原因分析	NA	SA	SA	SA	SA
决策树分析	NA	SA	SA	A	A
蝶形图分析	NA	A	SA	SA	A
层次分析法	NA	A	A	SA	SA
在险值法（VaR）	NA	A	A	SA	SA
均值—方差模型	NA	A	A	A	SA
资本资产定价模型	NA	NA	NA	NA	SA

风险评估方法	教育政策风险评估过程				
	风险 识别	风险分析			风险 评价
		后果	可能性	风险等级	
FN 曲线	A	SA	SA	A	SA
马尔可夫分析	A	SA	NA	NA	NA
蒙特卡罗模拟分析	NA	NA	NA	NA	SA
贝叶斯统计及贝叶斯网络	NA	SA	NA	NA	SA

四、教育政策风险评估方法的选择策略

我们已经对教育政策风险评估方法对风险评估三个子过程的适用度进行了归纳。在选择合适的教育政策风险评估方法的时候，还要遵循先简后繁、力所能及、量体裁衣和结果匹配等原则。

（一）先简后繁原则

在教育政策风险评估实施过程中，对待某一个子过程和具体的评估条件，我们可能有两个或两个以上的方法可以选择。这时候，我们要优先选择简单的教育政策风险评估方法。方法不是越复杂越好，只要能满足风险评估的目标和效果等要求，简单的风险评估方法要优于复杂的方法。我们设计、研发和不断完善相对复杂的教育政策风险评估方法，前提是简单的方法无法满足我们实施风险评估的要求。所以当简单的方法可以用于某一具体的教育政策风险评估过程时，它是我们的首选。当我们面对一个相对复杂的教育政策，或者教育政策风险评估环境本身就充满了复杂性时，就可以考虑选择一些复杂性适用度较高的风险评估方法。复杂性的教育政策风险评估方法，对使用的要求通常来说也较多。它通常对信息和数据有更高的数量和质量的要求，所以一定要从实际出发，从简单到复杂来选择合适的教育政策风险评估方法。

（二）力所能及原则

在选择教育政策风险评估方法时还要考虑到风险评估实施团队的资源和能力。具体包括：第一，风险评估实施团队成员能力和结构。不同的风险评估方法对于团队成员数量、学科背景、业务熟悉程度和能力水平等有不同的要求，所以要根据人力资源条件来确定风险评估方法。第二，风险评估所需的信息和数据。信息和数据对教育政策风险评估的重要性不言而喻。某种程度上，任何教育政策风险评估方法都离不开对相关数据和信息的输入，只不过不同的方法对于信息和数据的要求有所差异。所以在选择评估方法的时候，首先要判定信息和数据的基础、获取成本等，并以此作为选择方法的重要条件之一。第三，风险评估的成本。不同的教育政策风险评估方法所需要的投入不同，所以选择方法的时候也要考虑到方法所需的成本（包括时间），综合决策。

（三）量体裁衣原则

教育政策风险评估的过程也充满着不确定性。即便是有数据和信息作为基础，风险评估实施者也不总是可以对教育政策未来的情形提供一些准确的预测。这种不确定性可能来自于信息和数据的准确性不足；缺少必要的历史记录；数据和信息收集的有效性差；不同的利益相关者对于现有数据和信息秉持不同的观点等。风险评估实施者应该深刻理解这种不确定性的性质和程度，同时认识到风险评估结果可靠性的重大意义，并向教育政策决策者提供说明。对于这种不确定性可以从两方面考虑：第一，不确定性的性质。通常情况下，我们关注风险的负面性，进而形成偏见，似乎风险评估方法只能用于评估负面风险。但事实上，对方法而言没有正面和负面之分，风险评估方法既可以用于评估有负面影响的政策风险，也可以评估有正面影响的政策风险。第二，不确定性的程度。当教育政策风险评估过程可以预见的不确定性程度相对较低时，可以选择相对简单、易行的方法。当不确定性的程度相对较高时，就要考虑选择较为复杂的，在技术上适配确定性程度的方法。

（四）结果匹配原则

在教育政策风险评估过程中，我们还必须要考虑的因素就是不同子过程对于输入输出的需求。例如，教育政策风险分析子过程中，对于风险等级的确定就需要量化的结果。有些风险评估方法能够提供定量的结果，有些方法则不能。需要指出的是，我们不能以方法是否可以输出定量的结果来评判所使用方法的优劣。对输出结果是否定量的要求取决于教育政策风险评估各个阶段任务的具体要求，以及教育政策决策对风险评估过程输出结果的期待等。

基于以上原则，我们以国标技术为参照，归纳了教育政策风险评估方法的特征描述，见表2–2。表中用高、中、低表示每种方法与影响因素的关系。例如，检查表法对资源与能力、不确定性的性质及程度、复杂性的要求都较低，但不能提供定量的结果输出。又如，因果分析法对资源与能力和复杂性的要求较高，对于不确定性的性质及程度的需求适中，并且可以提供定量的输出结果等。

表 2–2　教育政策风险评估方法特征一览表

风险评估方法	说明	影响因素			是否提供量化输出
		资源与能力	不确定性的性质及程度	复杂性	
头脑风暴法	一种通过聚焦团体成员自发提出观点和评价，为特定问题找出解决方案的方法	低	低	低	否
结构化/半结构化访谈法	根据访谈提纲向访谈对象咨询，以获得访谈对象对某个问题的观点和评价	低	低	低	否
德尔菲法	一种综合专家观点并促成所有人达成一致的方法，通常需要独立分析和表决投票	中	中	中	否
情景分析	在想象和推测的基础上，对可能发生的未来情景加以描述。可以通过正式或非正式的、定性或定量的手段进行	中	高	中	否

风险评估方法	说明	影响因素			是否提供量化输出
		资源与能力	不确定性的性质与程度	复杂性	
检查表法	参照以前的风险清单或相关资料，提供一系列典型的需要考虑的不确定性因素，逐一检查对照	低	低	低	否
预先危险分析（PHY）	一种简单的归纳分析方法，其目标是识别风险以及可能的教育活动、业务过程、教学设施或系统的危险情况	低	高	中	否
失效模式和效应分析（FMEA）	一种识别失效模式、机制及其影响的方法	中	中	中	是
危险与可操作性分析（HAZOP）	一种综合性的风险识别过程，用于明确可能偏离教育政策目标的偏差，并可评估偏离的危害程度	中	高	高	否
危害分析与关键控制点法（HACCP）	一种系统的、前瞻性及预防性的方法，通过测量并监控那些应处于政策规定界限内的具体特征来确保政策的制定和执行过程的安全性	中	中	中	否
结构化假设分析（SWIFT）	一种激发团队识别教育政策风险的方法，通常在引导式的研讨活动中使用，并可用于风险分析与评价	中	中	任何	否
风险矩阵	一种将教育政策风险后果分析和可能性分析相结合的方法	中	中	中	是
人因可靠性分析（HRA）	主要关注教育政策执行效果中人为因素的作用，用于评价人为错误对教育政策目标的影响	中	中	中	是
以可靠性为中心的维修（RCM）	一种基于可靠性的分析方法，用于教育政策完善或改进策略。特点是满足各种要求前提下，获得教育政策完善或改进的最小成本	中	中	中	是

风险评估方法	说明	影响因素			是否提供量化输出
		资源与能力	不确定性的性质与程度	复杂性	
压力测试	在极端情境下（最不利的情形下），评估教育政策风险，提供应对策略的方法	中	中	中	是
保护层分析	也称故障分析，它可以对教育政策内部风险控制措施及其效果进行评价	中	中	中	是
业务影响分析	分析重要风险影响教育政策执行的方式，同时明确如何对这些风险进行应对	中	中	中	否
潜在通路分析	一种用于识别政策方案设计错误的技术。潜在通路是指能够导致非期望的措施或抑制政策效果的措施，并且这些措施具有潜在性，不容易被察觉	中	中		否
风险指数	可以提供一种有效的划分教育政策风险等级的工具	中	低	中	是
故障树分析	始于不良事项（顶事项）的分析并确定该事件可能发生的所有方式，以逻辑树形图的方式进行展示	高	高	中	是
事件树分析	运用归纳推理方法将各类初始风险事件的可能性转化为可能发生的结果	中	中	中	是
因果分析	综合运用故障树分析和事件树分析，并宽容时间条件限制	高	中	高	是
根原因分析	对发生的某一项具体损失进行分析，以理解造成损失的原因及如何改进政策措施，从而避免未来出现类似的情况	中	低	中	否
决策树分析	对于教育政策决策问题的细节提供了一种清楚的图解说明	高	中	中	是

风险评估方法	说明	影响因素			是否提供量化输出
		资源与能力	不确定性的性质与程度	复杂性	
蝶形图分析	一种简单的图形描述方式，分析了风险从潜在危害发展到后果的各类途径，并可审核风险控制措施。可以看成分析事项起因的故障树和分析后果的事件树两种方法的结合	中	高	中	是
层次分析法	定性与定量分析相结合，适合于多目标、多层次、多因素的复杂教育政策的决策	中	任何	任何	是
在险值法（VaR）	基于统计分析基础上的风险度量技术	中	低	高	是
均值—方差模型	将政策收益与政策风险相平衡的一种分析方法	中	低	中	是
资本资产定价模型	用于分析教育经济、资源分配等政策中资本风险与收益的关系	高	低	高	是
FN 曲线	通过区域块来表示风险，并可进行风险比较，可用于教育政策制定或对已经在执行阶段的政策进行改进	高	中	中	是
马尔可夫分析	通过分析引发教育政策风险的因素变量的现时变化来预测这些变量未来变化情况的一种预测方法	高	低	高	是
蒙特卡罗模拟分析	用于确定系统内的综合变化，该变化产生于多个输入数据的变化，其中每个输入数据都有确定的分布，而且输入数据与输出结果有明确的关系	高	低	高	是
贝叶斯统计及贝叶斯网络	一种统计程序，利用先验分布数据来评估结果的可能性，其推断的准确程度依赖于先验分布的准确性。贝叶斯网络通过捕捉那些能产生一定结果的各种输入数据之间的概率关系来对原因及效果进行模拟	高	低	高	是

第二节　智库咨询类风险评估方法

智库咨询类的风险评估方法突出的特征，就是需要通过沟通、访谈、交流等方式获取教育政策利益相关者对于某一个具体问题的观点和评价。这些方法在理论和操作层面都比较容易理解，但在这些方法的实施过程中，能否有效地沟通才是方法运用成功的关键之处。这些风险评估方法主要包括：头脑风暴法、结构化/半结构化访谈法、德尔菲法、检查表法、根原因分析和结构化假设分析（SWIFT）。

一、头脑风暴法

头脑风暴法又被称为智力激励法、智暴法、自由思考法或 BS 法（Brainstorming）。应用于风险评估过程，头脑风暴法是指激励一群知识渊博的人员就一个具体的议题畅所欲言，开展集体讨论，以发现潜在的风险、准则、决策或应对办法等。[①] 头脑风暴法应用在很多的领域，甚至有些人把头脑风暴法等同于任何形式的小组讨论，这是对头脑风暴法的精髓理解不深刻而造成了误解。[②]

（一）概述

头脑风暴法由美国 BBDO 广告公司的亚历克斯·奥斯本（Alex Osborne）首先提出。"头脑风暴"最早是精神病理学上的用语，指精神病患者的精神错乱的状态，如今其含义已经转化为无限制的自由联想和讨论。头脑风暴法是一个团体试图通过聚焦成员自发提出的观点，以便为一个特定问题找到解决方法的讨论技巧。理解头脑风暴法的关键在于——它是一个过程，目的是产生新的观点，方式是通过在讨论中设定一系列的、

---

① 参见《风险管理　风险评估技术》（GB/T27921-2011），中国国家标准出版社 2012 年版，第 15 页。

② 参见周小桥：《项目管理工具系列谈之十三——头脑风暴法：识别项目风险》，《项目管理技术》2006 年第 7 期。

具有激励性的规则。头脑风暴法可分两种形式：直接头脑风暴法和质疑头脑风暴法。前者是专家群体决策，尽可能激发创造性，产生尽可能多的新观点。后者是对前者提出的设想、方案逐一质疑，分析其现实的可行性等。

（二）适用范围

头脑风暴法可以和其他风险评估方法组合使用，也可以单独使用来激发风险评估过程中涉及想象力的环节。例如，头脑风暴法可以用来发现深层风险原因的讨论，也可以用作某一风险后果形态的具体判定，或是充分发挥专家意见在风险识别阶段提供定性分析等。

（三）优势和局限

头脑风暴法的优点在于：第一，它可以充分激发参与者的想象力，有助于发现新的风险和全新的风险应对方案等；第二，参与者可以是教育政策的利益相关者，有助于利益相关群体间观点的表达和全面沟通；第三，速度快、效率高、易于开展。头脑风暴法的局限性在于：第一，参与者要对讨论的内容较为熟悉且知识、技术等方面大体上在同一个水平，否则可能无法相互启发或提出有效结果；第二，由于头脑风暴法提出的新观点较为分散，因此在保证结果全面性的基础上很难保证系统性；第三，特殊情况下，会导致一些持有重要观点的人沉默，而其他人成为讨论的主角；第四，实施成本较高，要求参与者具备较高的素质，同时还可以方便地在同一个时间聚集在同一个地点。

（四）遵循的原则

头脑风暴法在操作时需要遵循一些原则：一是平等原则。每个参与者在讨论期间都是平等的，不应该存在上下级的区别，也不存在权威。必须鼓励所有参与者放下包袱、开放思想毫无顾忌地发表自己的观点。头脑风暴法的效果对讨论环境和氛围敏感。如果让部分参与者感到拘束，表达观点时瞻前顾后，就很难产生创造性的想法。因此，讨论的组织者要尽可能营造平等的氛围，消除上下级界限和权威差异，鼓励参与者放开身心地参与其中。二是无评判原则。参与者的每个观点都应该得到尊重，在头脑风暴法的讨论中不存在错误的观点。换言之，在讨论中禁止参与者对他人的观点进行评价。这样规定的目的，一方面为了节约脑力资源，另一方面也是为了避免在评价过程中因争论而导致跑题。三是追求数量原则。头脑风暴阶段，追求的是新观点的数量而不是质量。数量越多产生适配想法的可能性就越大。换言之，头脑风暴法是用新观点的数量来换质量。如果纠结于某一个新观点的质量和成熟度，势必降低产生新观点的速度和讨论的效率。例如，应用头脑风暴法来对教育政策风险进行识别时，很显然追求数量更能满足风险识别的全面性要求。四是及时记录原则。在讨论过程中，应该及时记录已经产生的新观点，并借助黑板、显示屏等工具呈现在所有参与者面前，便于参与者回顾与相互激发。此外，及时记录也可保证不会遗漏，这对于教育政策风险识别过程尤为重要。

（五）方法的实施

1. 输入与输出

头脑风暴法的输入是召集一个专家或利益相关者团队。这些专家或利益相关者应该对被评估的教育政策相关的教育活动、业务过程等较为熟悉。头脑风暴法的输出是定性的描述或清单，具体取决于该方法所应用的风险评估过程的具体阶段。例如，在教育政策风险识别阶段，运用头脑风暴法输出的可能是识别出的教育政策风险清单或政策内部风险控制措施等。

2. 实施步骤

（1）确定讨论主题和参与者

在讨论前，要将主题、想要达到的预期目标明确、具体地表述出来。头脑风暴法的讨论时长一般在30—60分钟之间，时间过短参与者可能达不到头脑兴奋的状态，时间过长又容易产生疲惫感。由于每次讨论时长限制，所以主题要高度聚焦。确定讨论主题后，可以确定讨论的参与者，一般在10人左右。人数太少不利于信息交流和思维启发，人数太多则不容易控制，每人充分表达的时间也不足，还容易产生边缘人。参与者一般有三类，主持人一名、记录人一名和普通参与者若干。如果参与者相互认识，那要尽可能使参与者在地位、职称和学识等方面平等；如果参与者相互不认识，那无须相互介绍，即可平等地开展讨论。

（2）讨论前的准备

在讨论的准备阶段，有两方面主要的工作：一是，参与者的组织。确保所有参与者知晓讨论的时间、地点和主题，必要时可以提前预发讨论材料。二是，讨论场地的准备。需要准备黑板、显示屏等呈现记录的显示设备，便于及时记录和呈现参与者的观点。在场地中不要出现干扰或分散人们注意力的物品，确保参与者在舒适的环境里集中思考。另外，圆形的会议座次安排更适合开放、平等的讨论氛围，因而更有利于头脑风暴的进行。[①]

（3）明确规则

为了确保头脑风暴的讨论顺利进行，需要制定并宣布讨论规则，同时要求参与者必须遵守。首先，讨论规则的制定要依据头脑风暴的原则。例如，参与者平等的身份、拒绝评论他人观点等。其次，要规定讨论纪律保证所有参与者的脑力都高度聚焦。例如，参会者不可以私下小规模讨论；不得影响他人的发言和思考；发言要简明扼要、直抒主题；积极参与，不做旁观者和边缘人。

（4）进行讨论

头脑风暴的讨论开始时，一般由主持人简单介绍讨论主题、讨论目标，然后参与者打开思维，开始头脑风暴。在参与者发表观点时，为了提高效率可以规定最长发言时间。同时，记录人员要及时记录每个参与者发表的观点，呈现在显示设备上，方便所有参与者回顾与相互启发。在讨论期间，主持人要把握好节奏，保证所有参与者的讨论围绕主题展开，不跑题、不超时、不违反规则。同时，主持人还要积极地调动讨论气氛，激发参与者的灵感，以便使其尽可能地多提出具有创新性的观点。

（5）总结归纳

在头脑风暴讨论结束后，可以由部分参与者将在讨论过程中提出的新观点进行整理、分析和归纳。例如，将相似的观点进行归类合并，形成

---

① 参见彭雨婷：《达沃斯金融创新头脑风暴》，《21 世纪经济报道》2015 年 9 月 14 日。

简单的讨论报告。报告的形式要根据头脑风暴的目标确定。如果是用来讨论教育政策风险识别的讨论，那报告的形式就可以是风险描述或风险清单。此外，在总结和归纳观点时一定要细致和认真，不要漏掉观点，对于需要删除的观点要慎之又慎。

二、结构化/半结构化访谈法

从社会科学研究方法的角度看，访谈法属于调查研究方法的范畴，并大量应用于各个领域，是质化取向研究的重要研究方法之一。在教育政策风险评估领域，结构化/半结构化访谈法也可以用于风险识别、风险分析和风险评价等子过程。

（一）概述

在结构化访谈过程中，访谈者会根据事先准备好的提纲向访谈对象提出一系列预设的问题，通过访谈对象对这些问题的回答，获取其对某个问题的看法。[①] 半结构化访谈与结构化访谈类似，只是在访谈过程中除了提问事先准备好的问题之外，还可以围绕访谈主题进行更加自由和开放的对话，以探讨可能出现的问题。

（二）适用范围

结构化/半结构化访谈是为风险评估实施者提供数据来实施风险评估过程的有效方式，并且适用于教育政策风险评估的各个子过程或某一具体目标数据的获取。如果说头脑风暴的优点是聚集众人，在短时间内获得专家或利益相关者对于某一主题的观点，那结构化/半结构化访谈法的形式就正好相反。特别是参与者很难聚集在一起，或者小组内难以进行自由讨论活动时，结构化/半结构化访谈就是一种较好的选择。通常情况下，结构化/半结构化访谈法主要用于教育政策风险识别或者评估处于执行期的教育政策中风险控制措施的效果等。

---

① 参见张曾莲：《风险评估方法》，机械工业出版社 2017 年版，第 36 页。

（三）优势和局限

结构化／半结构化访谈的优势在于：第一，使人们有时间专门考虑某个问题；第二，通过一对一的沟通可以使双方有更多的机会来对某个问题进行深入的思考；第三，与只有部分人员参与的评估方法相比（如头脑风暴法），结构化／半结构化访谈法可以让更多的教育政策利益相关者参与到风险评估过程中。结构化／半结构化访谈法的局限性在于：第一，通过这种方法获取利益相关者观点所花费的时间成本较多；第二，访谈对象存在观点偏激的可能性，因为没有通过讨论的方式对这些偏见予以消除和澄清；第三，观点的创新性不足，因为缺乏多人相互激发的机会。

（四）遵循的原则

结构化／半结构化访谈法在实施中要遵循一些原则：一是，提问主题明确原则。由于结构化／半结构化访谈法是两个人之间的交流互动，一问一答，所以访谈者的提问一定要明确。第一时间让访谈对象明晰问题，这样才能快速进入访谈过程。二是，第三者回避原则。营造轻松友好的访谈氛围对结构化／半结构化访谈法非常重要。访谈双方之间只有相互感觉愉悦、没有隔阂才能提高互动效率，减少因沟通不畅而导致的访谈误差。通常情况下，有第三者在场时，会引起访谈对象潜意识里的不平等，进而回避一些敏感性信息，导致访谈内容出现偏差。三是，记录互动兼顾原则。结构化／半结构化访谈法对访谈者的要求较高，除了具备一些沟通交流的技巧之外，既要及时记录访谈对象的观点，又要时刻关注与倾听，把握访谈节奏与主题。

（五）方法的实施

1.输入与输出

结构化／半结构化访谈法的输入主要有三个方面：一是，明确访谈目标；二是，从教育政策利益相关者中选出被访谈对象；三是，准备访谈提纲或主题清单。结构化／半结构化访谈法的输出是教育政策利益相关者对访谈主题的观点和评价。

2. 实施步骤

（1）结构化／半结构化访谈前的准备

首先，应该确定访谈提纲、访谈对象名单和资料、访谈目标等，还要准备一些备选的或后续问题，用来补充说明和追问。其次，组织访谈者的集中培训。培训内容主要是关于访谈技巧，以及统一访谈结果的形式等。最后，访谈预约。访谈者与访谈对象预约访谈的时间、地点等。在进行访谈预约时，访谈者要向访谈对象表达清楚访谈的目标、时长以及结果处理方式等，必要时可以将相关材料提前发送给访谈对象。

（2）结构化／半结构化访谈过程

访谈者向访问对象介绍访谈的目的，然后可以开始按照访谈提纲进行提问。在提问过程中，访谈者要把握好节奏，控制好时间分配，按顺序提问。提问时要注意语言体系应该不带有主观色彩，以免诱导访谈对象。考虑答复时应具有一定的灵活性，以便有计划地使访谈对象尽可能地表达其真实观点。当访谈对象的回答较为模糊、宏观或前后矛盾时，访谈者需要及时和访问对象确认和澄清。访谈过程中，还需要及时地记录访谈对象的观点。

（3）结构化／半结构化访谈结果的处理

访谈结束后，访谈者需要对访谈记录进行整理和分析，也可以借助质性分析的工具对访谈结果进行处理。在处理过程中，发现有漏掉的问题或者质疑之处等，还可以通过电话、E-mail 等方式与访谈对象沟通进行补充访谈。如有必要，还可以将整理后的访谈结果发送给访谈对象，由其进行最终确认。最后按照访谈目标和输出格式的要求进行调整并输出结果。

三、德尔菲法

德尔菲法是在一组专家中取得可靠共识的技术，其基本特征是专家单独、匿名表达各自的观点，同时随着方法的开展，他们有机会了解其他专家的观点。德尔菲法被广泛地应用在很多领域，也被用来开展教育政策风险评估。当德尔菲法用于教育政策风险评估时，参与者就不一定非要是专家的身份，也可以是教育政策的利益相关者。由于德尔菲法又被称为专家意见法，所以本书行文中提及的专家事实上是指代参与者。

（一）概述

德尔菲法和头脑风暴法关系密切，事实上很多人倾向于使用德尔菲法来称呼头脑风暴法，认为头脑风暴法是德尔菲法的一种特殊形式。[①] 但事实上，德尔菲法与头脑风暴法是两种不同的方法，虽然德尔菲法的起源与头脑风暴法密不可分——美国兰德公司针对头脑风暴法的常见问题，在头脑风暴法的基础上设计了头脑咨询法，进而创立了德尔菲法。

德尔菲法的根本特征是参与者独立地、匿名地表达观点，相互之间不交流讨论，只能通过调查人员沟通。通过让参与者填写问卷等形式，集结观点，整理分析后共享给所有参与者，周而复始，并最终协商出共识。我们可以把这些特征总结归纳成以下几点：一是匿名性。参与者之间不需要认识和交流，他们之间的互动交流完全是通过匿名通讯的方式进行。在每一轮结果集结前并不公开他人观点，充分发挥每个参与者的独立思考。二是重复性。不断重复参与者观点收集、分享、反馈过程。在多轮的重复中，使参与者的观点逐渐一致，进而取得共识。三是统计性。德尔菲法在实施中需要一个中心节点，对参与者的观点进行集结、统计、分析和处理。四是可控性。对参与者每轮反馈观点的主题、时间、形式和其他因素方面要可控。五是收敛性。体现在见解不同的观点数量和问题每轮逐次减少。

（二）适用范围

无论是否需要取得参与者的共识，德尔菲法都可以用于教育政策风险评估的任何子过程。当然，那些需要取得共识的环节德尔菲法尤为适用。例如，在自建教育政策风险准则时，由于风险准则是教育政策风险的大小判定的依据，所以需要尽可能地取得教育政策利益相关者的共识，这时运用德尔菲法就非常适合。

（三）优势和局限

德尔菲法的主要优点包括：第一，由于专家在表达观点时是匿名的，

[①]　参见李存建：《风险评估——理论与实践》，中国商务出版社 2012 年版，第 280 页。

因此更有可能表达出那些不受欢迎的观点；第二，所有专家的观点都获得相同的重视，因为匿名通讯过程避免了占主导地位和话语权的问题；[1] 第三，易于开展，所有专家不需要在时间和空间上同步。德尔菲法主要的局限性包括：第一，观点传递是通过书面形式，所以可能会出现专家文字能力不足，以致观点表达不清晰的情况；第二，部分专家出于自尊心的考虑而不愿意修改自己原来并不合适的观点；第三，德尔菲法比较费时、费力，特别是时间成本较高。

（四）遵循的原则

德尔菲法在实施中要遵循一些原则：一是，匿名制原则。避免参与的专家相互知道对方的身份，这种匿名不仅体现在不主动公开专家身份信息上，还体现在分享反馈上一轮专家观点时将带有鲜明个人特色的话题体系或可能透露专家身份的信息加工处理。二是，问题合理原则。组织者要将问题按照合理的次序和方式呈现给专家，以引起专家的兴趣和注意力。问题的内容避免出现交叉或耦合的情况。另外，每轮问题的数量不宜超过25 个，具体的数量要视问题的复杂程度而定。三是，重视观点集结分析。组织者应该对专家的观点进行细致的整理与分析，避免出现误解或合并错误的情况。因为某一轮出现偏差，之后各轮通讯集结观点只能越偏越远。四是，观点收集标准化原则。通常情况下，专家的观点通过问卷或调查意见表等形式返回给组织者。无论什么形式，一般都应该包括以下内容：调查的意义和目的；德尔菲法的简介；填表说明；问题；回答的方式、体例、格式、篇幅；返回的期限与联系方式等。

（五）方法的实施

1. 输入和输出

德尔菲法的输入是为专家达成共识所需要的一系列资源，输出是专家对讨论的主题达成的共识观点。

---

[1] 参见刘光富、陈晓莉：《基于德尔菲法与层次分析法的项目风险评估》，《项目管理技术》2008 年第 1 期。

2. 实施步骤

（1）组成专家团队

按照应用于教育政策风险评估子过程的具体要求，组建利益相关者团队。根据目标和待解决问题的数量、复杂程度等因素可以组建多个团队，但每个团队中成员的人数一般不宜超过 20 人。[①]

（2）制作调查表

通常调查表可以设计成半结构化的方式，向专家表明调查的目的、方式、内容和返回要求。必要时，还可以把相关问题的背景资料与调查表一起发送给专家作为参考。

（3）专家表达观点并返回

专家根据材料要求，针对调查表中的问题以书面形式表达自己的观点，并按照调查表中的要求，按时将调查表返回给组织者。

（4）分析汇总观点

组织者将各位专家第一轮答复的观点进行分析、对比和汇总，可以用图表等形式进行辅助，再次分发给各位专家，让专家比较自己的观点和他人的异同，然后修改自己的观点，并重新作出自己的答复。在这个过程中，一定不能透露秉持每个观点的专家身份信息。

（5）循环以上过程并得出结论

经过多轮的循环过程，各个专家的观点趋于收敛并直到每一个专家不再改变自己的观点为止。对专家的观点进行综合处理，按照教育政策风险评估各子过程的要求输出结果。

四、检查表法

检查表（Check-lists）法又称为检查单法、对照表法或分项检查法，是根据安全检查表，识别检查对象并给出分数以确定风险程度和风险等级的方法。在风险评估领域，特别是对教育政策风险评估而言，检查表法的应用非常广泛。

---

① 参见范道津等：《风险管理理论与工具》，天津大学出版社 2010 年版，第 38 页。

（一）概述

检查表是危险、风险或控制故障的清单。这些清单通常是凭借经验或以前的风险评估结果进行编制的。它是一种多路思维的方法，风险评估的组织者或实施者可根据清单中待检查的项目，就一个方面、一个类型或一个阶段，逐条思考判断。这样的思维方式，不仅有利于系统、周密地思考问题，也有利于较深入地发掘问题和有针对性地提出更多可行的设想。

检查表法起源于哈佛大学，当时是为了有效地把握发明创造的目标和方向、促进想象的形成而提出的。检查表法在实际解决问题的过程中，根据需要创造的对象，先列出有关的问题，然后逐项加以讨论、研究，从中获得解决问题的方法和创造发明的设想。在第一次世界大战期间，英国军队使用检查表法明显地改善了许多兵工厂的工作。他们首先提出要思考的主题，然后就主题提出一系列问题。例如：它为什么是必要的（Why）？应该在哪里完成（Where）？应该在什么时候完成（When）？应该由谁完成（Who）？究竟应该做些什么（What）？应该怎样去做它（How）？这种方法后来被人们逐渐充实发展，并引入了为避免思考问题时发生遗漏的"5W2H"（又加入了 How much）检查法，最后逐渐形成了现在意义上的检查表法。

（二）适用范围

有学者认为检查表法是几乎适用于各种类型和场合的创造活动，因此将它称作"创造技法之母"。[①] 在风险评估领域，检查表法最适合用来进行识别风险或评估控制效果。它可以用于评估教育活动、教育产品和教育过程中的风险，也可以与其他风险评估方法一起组合使用。其中最主要的用途是检查在运用了识别新风险或新问题的更富想象力的方法和技术之后，是否还存在遗漏的风险或问题。

（三）优势和局限

检查表法的优点包括：第一，简单明了。非专业人士也可以使用，事

---

① 参见张曾莲：《风险评估方法》，机械工业出版社 2017 年版，第 10 页。

实上这点非常重要，因为很多教育政策的利益相关者并不是我们通常意义上定义的"专家"。有些教育政策的利益相关者有可能是小学生或教育背景复杂的学生家长等，这时检查表法的优势尤为明显。第二，检查表如果编制精良，可将各种专业知识纳入其中。第三，有助于确保常见的风险不会被遗漏。检查表法的局限性包括：第一，检查表法只能用于定性的分析；第二，由于有据可循，所以可能会限制风险识别过程中的想象力；第三，往往基于已经识别或观察到的情况，不利于发现以往没有被识别或观察到的情况。

（四）方法的实施

1. 输入与输出

检查表法的输入是某一特定教育政策相关的信息及专业知识。例如，可以选择或编制一个（最好是经过验证的）检查表。检查表法的输出结果取决于应用该结果的风险评估的阶段。例如，输出结果可以是一个教育政策风险清单或政策内部风险控制措施清单。

2. 实施步骤

以风险识别为例，运用检查表法之前要确定风险识别的范围和业务过程。

（1）组建团队

针对风险识别的范围和业务过程，选择利益相关者，组建一支成员数量适宜、具备一定的专业知识背景和技能的小组。

（2）检查表的编制

工作团队针对风险识别范围和业务过程所设计的具体活动或项目，凭借以往的经验或项目中所遇到过的风险，形成检查项目的模板和问题清单。如果是首次运用检查表法，还可以使用类似的政策或其他机构类似的检查表。编制的检查表要征询专家或对政策、活动、项目熟悉的利益相关群体的意见，以便对检查项目进行修订和完善。选择参考检查表时，检查表的系统性和结构化要充分覆盖政策范围，最好经过实践检验。自编检查表时，在尽可能确保项目全面性的基础上，突出重点。另外，检查表中对于项目的描述要简单明了，层次清晰，直观易懂。

（3）检查实施

运用检查表进行风险识别。在识别过程中要对检查结论详细如实地描述和记录，如注明日期、活动项目、所参考的文件、判断栏等。针对判断结论可用提前策划的符号进行标注。如认为风险存在就用"√"，不存在就用"×"，不确定就用"—"等。

五、根原因分析

根原因分析（Root Cause Analysis，RCA）又称为根本原因分析、损失分析（Loss Analysis），是一项结构化的问题处理方法。它不仅关注问题的表征，还可以逐步找出问题的根本原因并加以解决。[①] 根原因分析是一个系统化的问题处理过程，包括确定和分析问题原因，找出问题解决办法，并制定问题预防措施。在对教育政策风险进行评估的过程中，根原因分析能够帮助教育政策决策者或风险评估实施者发现教育政策的问题的症结所在，并找出根本性的解决方案。

（一）概述

所谓根原因，就是导致我们所关注的教育政策风险事件发生的最基本的原因。对于某一个教育政策风险而言，应对政策风险的方法可能不止一种，这些各不相同的解决之法，对于教育政策利益相关者来说可能有不同程度的资源需求。因为这种关联性的存在，就需要有一种最为有利的方案，能够快速、妥善地解决问题。因此，只顾解决表面原因而不管根本原因的"治标不治本"的策略成为一种普遍选择。然而，选择这种急功近利的问题解决办法，无法避免问题的复发，其结果是教育政策决策者不得不一而再、再而三地重复应对同一个教育政策的问题，累积成本惊人。根原因分析重点关注三点：一是问题，即发生了什么？二是原因，即为什么发生？三是措施，即什么办法能够阻止问题再次发生？

---

① 参见《风险管理　风险评估技术》（GB/T27921-2011），中国国家标准出版社 2012 年版，第 44 页。

（二）适用范围

根原因适用的范围非常广泛，侧重于安全的根原因分析主要用于与教育活动相关的事故调查和师生健康、安全等领域；侧重于故障的根原因分析主要用于可靠性及维护有关的领域；侧重于活动的根原因分析主要用于教育教学和人才培养相关活动；侧重于过程的根原因分析主要用于教育组织或机构的运行。作为上述领域的综合体，侧重于系统的根原因分析主要用于各种复杂的综合性教育政策的风险评估过程。

（三）优势和局限

根原因分析的优点包括：第一，让合适的专家在环境下工作；第二，使用结构化的分析方式；第三，分析各种可能的假设；第四，及时记录并给出最终的建议。根原因分析的局限性体现在：第一，对专家的水平要求较高，就特定的教育政策风险事件而言，寻找特定的专家难度较大，有时甚至找不到所需的专家；第二，关键数据收集难度大，有可能在严重的事故中损坏或不可重复；第三，团队可能没有足够的时间或资源来充分评估；第四，因为是针对根源性问题提出建议，所以有时建议的可执行性值得商榷。[1]

（四）方法的实施

1. 输入与输出

根原因分析的输入数据主要是从教育政策风险事件中采集而得的资料和证据。分析中也可以考虑其他类似事故的数据。另外，输入数据还包括为了测试具体假设而得出的结果等。根原因分析的输出主要有：记录收集的资料及证据；分析假设；归纳出的最有可能造成事故或损失的根源性原因；改进的建议。

2. 实施步骤

根原因分析通常包括四个步骤：第一步，明确问题。界定问题，明确

---

[1]　参见杨俊等：《基于根本原因分析法对医疗设备使用风险的探究》，《中国医学装备》2014 年第 1 期。

相关的条件和可能的因素。第二步，组建团队。根据问题组建专家团队，专家应该具备和特定问题相关度较高的专业知识水平。第三步，分析原因。首先，描述并界定特定问题的可能原因。为了挖掘根本原因及其影响，可能需要预先进行假设，并对假设进行定量或定性的验证。然后，通过统计分析工具或结构化分析方法评估最有可能的根本原因。结构化分析方法包括但不局限于失效模式和效应分析、故障树分析、鱼骨图、帕累托分析法等。第四步，确定解决方案并给出建议。

六、结构化假设分析

（一）概述

究其起源，结构化假设分析法（Structure "What if" Technique，缩写成 SWIFT）是作为比危险与可操作性分析更简单的替代方法而提出的。它是一种系统的、团队合作式的研究方法，利用引导员在讨论活动中的一系列"提示"词或短语来激发参与者展开讨论。引导员和团队使用标准的"假设分析"式短语以及提示词，来筛查某个可能存在的偏差对系统、组织或业务的影响方式。因此，结构化假设分析兼有智库咨询类和情景分析类风险评估方法的特征。

（二）适用范围

结构化假设分析起源于对化工及石化工厂危险的研究。现在结构化假设分析已经广泛地应用于各种系统、组织、程序、业务及设备组件的风险评估活动中。在教育政策风险评估过程中，结构化假设分析可以轻松地建立教育政策风险清单和风险应对方案，所以我们可以用它来进行教育政策风险识别和风险评价，或者用来分析风险应对后教育政策变化的后果及新产生的政策风险。

（三）优势和局限

结构化假设分析的优点主要包括：第一，结构化假设分析非常适合用于和环境、情况、组织或教育活动等紧密相关的教育政策风险评估过程；

第二，该方法对团队的准备工作要求较低；第三，速度较快，同时重大危险及风险在讨论活动中就可以很快暴露出来；第四，结构化假设分析强调以"系统为导向"，参与者可以分析某一个政策风险对整个教育政策的影响，而不是就政策风险而分析政策风险；[①] 第五，可用来识别教育政策过程中的风险及教育政策改进的机会，通常用来识别促进政策改进成功可能性的措施；第六，教育政策的制定者、决策者和执行者都可以参与到结构化假设分析中来，通过对教育政策风险的假设分析和对后果严重性的识别，增强其责任感。结构化假设分析的局限性主要包括：第一，对引导员的要求较高，需要引导员满足经验丰富、能力较强、工作效率高并熟悉教育政策等条件和能力的要求。第二，如果参与讨论的成员缺乏足够的经验或提示系统不够全面，那么有些教育政策风险或风险引发的负面后果可能就无法被识别。第三，结构化假设分析某些时候不擅于揭示引发教育风险复杂、详细、深层次的原因。

（四）方法的实施

1. 输入和输出

结构化假设分析有两方面的输入：一方面，要对待评估的教育政策涉及的利益相关者、教育活动、业务过程等重要环境信息进行严格的界定。引导员应通过对教育政策利益相关者群体访谈等方式，全面了解教育政策的情况，包括政策出台的背景、政策文本、政策制定过程中的相关记录和资料等。一般来说，可以把政策主要措施或执行过程等划分成节点或关键阶段以便于开展分析过程。另一方面，要收集整理经过认真挑选的利益相关者的观点，最大可能反映利益相关者的主流观点。

结构化假设分析的输出是一个教育政策风险列表，记录了针对不同等级风险的行动或任务。这些任务可以作为风险应对方案选择的参考依据。

2. 实施步骤

（1）准备阶段

在开始讨论活动之前，引导员需要准备一份相关的词语或短语提示

---

① 参见孙红萍：《企业智力资本管理"结构化假设"探讨》，《企业经济》2005 年第 10 期。

单。该清单可以基于一系列标准的词语或短语，也可以是为便于对教育政策进行综合分析而制作的词语或短语。所有讨论参与者就位后，引导员告知讨论的目的、内容、背景等信息。

（2）引导并讨论阶段

引导员要求参与者提出并讨论已知的政策风险、以往的经验和事件、已知和现有的控制措施、监管要求和限制措施等。第一步，引导员使用"假设分析"语境规定下的短语及提示词以形成问题，从而达到引导讨论的目的。"假设分析"语境规定包括"要是……怎么办……"、"如果……会发生……"、"某人或某事会……"、"有人或有事曾经……"等。其目的是激发讨论团队对教育政策某一个风险进行识别，探讨潜在的情景、原因、后果以及影响等。第二步，总结这个被识别出的政策风险，分析现有的控制措施。第三步，引导员与团队确认被识别出的教育政策风险及其原因、后果和预期控制的描述，并形成记录。第四步，在引导员的引导下团队分析控制措施是否充分有效。如果未达到满意的效果，团队应继续讨论可以采取的控制措施。第五步，继续执行第一到第四步，以实现对所有风险的识别与分析。在这个循环中，引导员利用提示单来监督讨论并建议团队推进讨论进程。在讨论中，可以使用一些定量或半定量的方法来对识别出的风险进行等级划分，以确定风险应对优先级别。

（3）总结输出阶段

组织者对引导和讨论过程中的记录进行处理。由于在引导和讨论循环中的每一个步骤都有确定的讨论任务和结果，所以很容易形成风险列表、风险清单或风险应对措施列表等输出。

第三节　情景分析类风险评估方法

情景分析类的风险评估方法突出的特征就是需要通过假设情景，充分利用人的想象力去预测和分析风险。这些方法在使用过程中，情景假设固然重要，但关键还是侧重于对风险可能性、后果严重程度和风险措施等方面的分析。情景分析类的风险评估方法主要包括：情景分析、压力测试、业务影响分析、故障树分析、事件树分析、决策树分析和因果分析。

一、情景分析

情景分析（Scenario analysis）也称为戏剧分析、场景分析、方案分析或脚本法。情景分析的实质是向前展望和倒后推理相结合，即构造出多种未来情景（向前展望），然后确定从未来可能出现的各种情景到现在之间必须经历哪些关键的事件（倒后推理）。情景分析通过把风险事件引发可能性聚焦于几个有限的情景，缩小不确定性的范围，从而使我们有据可循。

（一）概述

情景分析是指通过假设、预测、模拟等手段，对未来可能发生的各种情景以及各种情景可能产生的影响进行分析的方法。[①] 情景分析起源于美国的蓝德公司，可追溯到曼哈顿项目，通过计算机模拟，蓝德公司科学家们预测了一枚原子弹的效果。1960 年，蓝德公司的国防和战略规划权威赫尔曼·卡恩（Herman Kahn）以应对敌对国军事战略和行动为目的，编写专著《论热核战争》，书中提及情景分析，此方法开始为社会公众广泛得知。1967 年卡恩和维纳（Anthony & J. Wiener）合著《2000 年：思维的框架》一书，该书成为情景分析历史的里程碑，卡恩也被誉为"情景分析之父"。荷兰皇家壳牌集团（Royal Dutch Shell）于 20 世纪 60 年代末首先使用这种计划进行战略规划并获得巨大成功，情景分析从此名声大振。

情景分析是对事物所有可能的未来发展态势进行描述。这既包括对各种态势基本特征的定性和定量描述，同时还包括对各种态势发生可能性的描述。该方法是根据发展趋势的多样性，通过对系统内外相关问题的分析，设计出多种可能的未来前景，然后用类似于撰写电影剧本的手法，对系统发展态势作出情景与画面的描述。虽然未来总是不确定的，但情景分

---

① 参见《风险管理　风险评估技术》（GB/T27921-2011），中国国家标准出版社 2012 年版，第 18 页。

析使我们能够"预见"未来，从而对未来的不确定性有一个直观的认识。尽管情景分析无法穷尽未来所有情景发生的可能性，但可以促使组织考虑诸如最佳情景、最差情景和期望情景等特殊情景的状况，有助于组织提前对未来可能出现的情景进行准备。

（二）适用范围

情景分析可用来帮助教育政策决策者决策并规划整个政策的未来走向，也可用来评估执行期的教育政策风险。它在风险评估过程的三个子过程中都可以发挥作用。情景分析可以用来预计威胁和机会可能的发生方式，并且适用于各类风险，包括长期风险和短期风险。在周期较短及数据充分的情况下，该方法可以从现有的情景中推断出可能出现的情景。对于周期较长或数据不充分的情况，该方法的有效性更依赖于合乎情理的想象力。对某一个教育政策风险而言，如果预测政策执行后积极后果和消极后果的分布存在较大的差异，情景分析的效果就更为显著。

（三）优势和局限

情景分析的优点是对于未来变化不大的情况能够给出比较精确的预测结果。情景分析的局限性包括：第一，在存在较大不确定性的情况下，有些情景可能不够现实；第二，在运用情景分析时，主要的难点涉及数据的有效性以及分析人员和决策者预测现实情景的能力；第三，如果将情景分析作为决策工具，则其不足之处在于所用情景可能缺乏充分的基础数据，预测的结果可能具有一定程度的偏离；第四，情景分析可能无法识别那些未来可能出现但现在看起来鲜有发生或不切实际的结果。

（四）遵循的原则

情景分析在使用过程中需要注意以下几点：一是，明确环境信息。在应用情景分析法时，需要充分了解教育政策的环境信息，尽可能考虑将来会出现的各种状况和环境因素，特别是对政策执行影响较大的关键因素。二是，定性分析和定量分析相结合。情景分析在定量分析中嵌入了大量的定性分析，以指导定量分析的进行，所以情景分析是融合了定量与定性的风险评估方法。三是，需要较强的主观想象力。情景分析的主要假设就是承认人在未来发展中的能动作用，其中分析未来发展中决策者的群体意图和愿望是情景分析中的一个非常重要的方面。因此，在情景分析过程中需要与决策者之间保持畅通的信息交流。四是，承认结果的多种形态。未来的发展是多样化的，有多种可能的发展趋势，预测结果也必然是多维的。第五，多学科交叉。情景分析是一种对未来研究的思维方法，它所使用的技术大都来源于统计学、决策学、运筹学、信息科学和数据科学等，重点在于如何有效地获取和处理来自不同学科的最新理论并使之交融在一起，为风险评估所用。

（五）方法的实施

1. 输入和输出

情景分析的必要前提是组建一支专家团队，其成员了解教育活动和政策相关变化的特征，同时需要具备丰富的想象力，可以有效预见未来发展。另外，掌握现有变化的文献和数据也很必要。[1] 情景分析的输出是识别并描述未来可能发生的各类情景及发展趋势，并针对各类情景制定相应的应对措施。

2. 实施步骤

（1）确定分析主题

确定情景分析的目的和任务，包括涉及的时间范围、具体对象、区域等信息。

（2）组建团队

根据确定的主题特点和利益相关者，确定情景分析的专家团队。专家团队不仅要包括对数据和信息敏感的分析人员，还要包括教育政策的制定者、决策者和执行者等利益相关者。团队中也可以加入一些教育系统以外的相关者，从而使分析可以跳出教育政策本身。团队的构成还要综合考虑成员的观点和经验、专业背景、文化程度、职位职称等因素。

---

① 参见饶伟：《基于情景分析的项目风险识别方法研究》，《理论观察》2012 年第 1 期。

（3）关键影响因素（风险）的选择

情景分析中所谓的影响因素就是指影响未来发展趋势的因素，可以理解成造成未来情景变化的主要风险事件和原因。影响因素的状态改变着未来的发展趋势和方向，对影响因素进行分析的步骤如下：第一步，影响因素的选择。明确影响因素究竟影响待分析政策的哪个方面或阶段，这个问题由之前的分析主题来确定。第二步，若干个（如十个）主要影响因素的提炼。可以运用头脑风暴等团队讨论方法先提出影响因素，然后在团队观点的基础上进行提炼商讨，确定若干个主要的关键因素。第三步，关键影响因素的形成。即便提炼到十个影响因素，按照最好的情景、最差的情景和预期的情景的组合也可能产生 30 种可能的方案，所以还需要对影响因素进行进一步的凝练。例如，可以运用德尔菲法等把影响因素缩小到五个以内，并进行重要性排序。

（4）方案的筛选

得到关键因素后，将确定的关键因素进行具体的描述和组合。要对最好的情景、最差的情景和预期的情景具体描述，以形成多个初步未来情景的描述方案，并对其筛选。通常，可以用发生概率和重要性程度两个角度作为横纵坐标，对方案进行归类，如图 2-1。其中 A 区域的方案有较高的发生概率和较弱的重要程度，比较适合稳健类型的教育政策。B 区域的方案在重要性上和发生概率上都具有较大优势，如果方案预测准确，应该是非常成功的教育政策。C 区域的方案因为概率和重要程度双低所以经常被忽略，但有时候也会带来意想不到的效果。D 区域的方案虽然重要程度高但发生概率低，所以也不太容易受到政策决策者的青睐。对方案进行筛选也是非常关键的步骤，需要和政策紧密相关的利益相关者或智囊团队参与，进一步将方案数量压缩到五个以内。筛选方案时，B 区域的方案肯定是首选，但对未来的预测充满了不确定性，所以大部分时候 B 区域的方案数量很少，甚至空缺，这时候筛选的中心就会向左下方倾斜，即图 2-1 中的阴影区域。① 当然有一些教育政策方案更偏重重要性，这时候 D 区域的方案也可能成为重点考虑的对象。

___
① 参见李存建：《风险评估——理论与实践》，中国商务出版社 2012 年版，第 277 页。

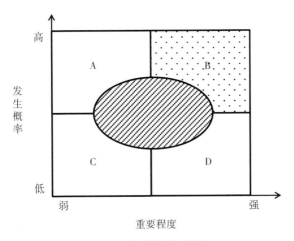

图 2-1 方案筛选二维图

（5）模拟演习

模拟演习就是按照方案的规划来模拟未来的情景，以判定方案的精确性。操作中，需要根据方案数量组建不同的小组。小组成员由各方案的利益相关者和记录人员组成。每个情景方案要详细地描绘和阐述，且充满可读性和故事感，尽量让每个人读起来可以身临其境。小组成员需要根据自己的想象，检验方案及其内部一致性，列举可能出现的问题并讨论出对策。信息记录人员负责记录小组讨论的结论，并反馈给组织者。

（6）检验并识别规划

在这个步骤里，组织者可以用图形化的形式来呈现情景故事内在驱动因素的关联，以此进行系统检验。在上述结论的基础上，激发组织变革，识别早期风险的征兆信号，设计从现在到未来的行动规划以完成教育政策方案的制定或改进。

二、压力测试

压力测试是确保系统稳定性的一种测试方法，通常在系统正常运作范围之外进行，以考察其功能极限和隐患。压力测试和情景分析有一些相似性，从某种角度可以认为压力测试是情景分析的一种特殊形式。压力测试和在险值法也有一些关联——在金融领域，压力测试是新巴塞尔协议

(New Basel Accord) 中与在险值模型 VaR (99%, X) 对应的概念, 即对于置信度 99% 以外突发事件的测试。

(一) 概述

压力测试是指在极端情境下评估系统运行的有效性, 及时发现问题, 制定改进措施, 防止出现重大损失事件。[①] 例如, 假设某地区适龄儿童人数突然激增 30%, 对于学校容纳学生人数极限进行分析; 或是假设某高校校园招聘会会场人数突然高出场地容纳量的 20%, 对于高校学生管理、安全保卫和应急措施有效性的压力分析等。

压力测试大致可分为敏感度分析和情景分析。敏感度分析是利用某一特定风险变量或一组风险变量, 将变量在组织者所认定的极端变动的范围内变动, 分析其对于政策执行结果的影响。这一分析方法的优点在于容易了解风险变量在可能的极端变动中, 对于政策执行的总影响效果及边际效果。极端情景设计分为两种: 历史情景分析和假设性情景分析。历史情景分析是利用某一个相关的教育政策执行过程中曾经发生的剧烈变动, 评估对现有政策会产生什么影响。假设性情景分析是在历史情景分析基础上, 另建立对于每个风险变量可能产生的极端事件, 使得压力测试更具完整性。

(二) 适用范围

压力测试广泛应用于各行业的风险评估中, 尤其是与金融相关的领域, 所以非常适合对教育经济、教育投资和教育资源分配等相关的政策进行风险评估。

(三) 优势和局限

压力测试的优点包括: 第一, 它关注非正常情况下的风险情形, 是普通风险评估方法的有益补充; 第二, 压力测试可以呈现不同风险之间的相互关系; 第三, 加强对极端情形与潜在危机的认识, 可以预防重大教育政策风险事件的发生。压力测试的局限在于它不能取代一般的风险评估方

---

① 参见张曾莲:《风险评估方法》, 机械工业出版社 2017 年版, 第 58 页。

法，只能作为评估过程中的有利补充。频繁的压力测试不能解决教育政策中的一般风险。此外，压力测试的效果取决于组织者是否可以构造合理、清晰、全面的极端情景。

（四）方法的实施

1. 输入与输出

压力测试的输入包括：界定分析的对象；召集相关的专业人员；设想、模拟或试验可能出现的极端情景。压力测试的输出为对潜在风险因素的认识和预防风险的措施建议。

2. 实施步骤

（1）假设情景

将某教育政策的执行结果或政策中设计的教育活动流程设为分析对象，假设分析对象可能会发生哪些极端情景。极端情景是指非正常情况下，发生概率很小，但一旦发生后果十分严重的情景。假设极端情景时，不仅要考虑相似政策或业务流程出现过的历史教训，还要考虑以往不曾出现但将来可能会出现的情景。

（2）评估情景

评估极端情景发生时风险控制措施是否有效，并分析对政策目标的影响、可能造成的重大损失或灾难性后果。

（3）制定措施

根据评估的结果制定风险控制措施，进一步完善教育政策决策方案或政策改进建议。

三、业务影响分析

（一）概述

业务影响分析（Business Impact Analysis，BIA）又称为业务影响评估、经营影响分析，旨在分析干扰性风险因素对组织运营的影响方式。①

---

① 参见高维：《风险评估与业务影响分析的区别与联系》，《计算机安全》2011 年第 4 期。

同时，识别组织是否具有必要的风险管理能力。例如，制定或改进某个促进民办教育发展的政策时，可能需要考察对于民办学校日常的教学活动中存在哪些风险，与公办学校相比是否具备一些风险预警或防控措施等。

业务影响分析需要就以下问题达成一致共识：一是，识别组织的关键运行过程及其临界状态、职能、相关资源，以及部门、业务之间的关键依存关系。二是，干扰性事项对组织重要运行目标的实现会产生怎样的影响。三是，如何应对干扰因素的影响，以及如何使组织恢复到约定的运行水平。

（二）适用范围

业务影响分析可以用来确定干扰性因素的危害性以及干扰过程，还可以确定相关资源（如人、设备、信息、技术等）的恢复时间，以确保目标的持续实现。同时，业务影响分析有助于确定运行过程、内外各部门、业务流程以及信息流等相关因素之间的互动关系。

（三）优势和局限

业务影响分析的优点包括：第一，达成对关键过程的认识，使组织有能力继续实现其既定的目标；第二，达成对资源的认识；第三，有机会重新界定组织的运行方式，以增强组织的灵活性。业务影响分析的局限体现在：第一，那些参加与完成调查问卷或讨论活动的参与者可能缺乏某些相关的知识；第二，小组气氛可能会影响到关键过程的全面分析；第三，对恢复要求有简单化或过于乐观的期望；第四，有时难以获得组织及活动的足够信息。

（四）方法的实施

1. 输入与输出

业务影响分析的输入包括：第一，承担分析并制订计划的小组；第二，关于目标、环境及运行和组织的相互依存关系；第三，有关组织活动及运行的详情，如运行过程、辅助资源、与其他组织的关系、内外部业务及利益相关者；第四，关键过程或业务失败造成的损失；第五，事先准备的调查问卷；第六，组织相关部门的受访者及／或计划联系利益相关者名单等。业务影响分析的输出主要包括：第一，关键过程及相关依存关系的优先性清单；第二，因关键过程失败而带来的损失及运行过程影响的记录；第三，用于被识别的关键过程的辅助资源；第四，关键过程的故障时间范围，以及相关职能的恢复时间范围。

2. 实施步骤

通过使用调查问卷表、访谈、结构化讨论活动或综合运用上述三种方法，可以开展业务影响分析，识别关键过程。进而分析这些过程失败可能产生的影响，确定必要的恢复时间范围及辅助资源。关键的步骤包括：根据脆弱性分析，确定组织的关键过程和输出结果；确定在干扰规定的时期内对被识别的关键过程造成的损失及运行影响；识别关键利益相关者之间的相互依存关系；确定现有资源及干扰过后继续以最低允许水平运行所需的基本资源；确定目前使用或计划开发的代替性程序；根据被识别的结果以及职能部门的关键成功因素，确定各过程的可容忍故障时间；确定组织恢复运行所需时间；确认关键过程的现期准备水平。

四、故障树分析

故障树分析（Fault Tree Analysis，FTA）又称为事故树分析，是一种用树形图表示系统可能发生的某种事故与导致事故发生的各种因素之间逻辑关系的方法。[①] 故障树分析广泛应用在公共政策分析领域，作为风险评估的图形化方法之一，它可以直观地呈现教育政策风险事件及其原因。

（一）概述

故障树分析是用来识别和分析造成特定不良事件（称作顶事件）的可能因素的技术。造成故障的原因因素可通过归纳法进行识别，也可以将特定的事故与各层原因之间用逻辑门符号连接起来并用树形图进行表示。树形图描述了原因因素及其与风险事件的逻辑关系，如图2–2。故障树分析遵循从结果找原因的原则，将政策风险形成的原因由总体到部分按树枝

---

① 参见范道津等：《风险管理理论与工具》，天津大学出版社 2010 年版，第 46 页。

形状逐级细化。它既可以用作定性分析，也可以在计算机技术的辅助下用作定量分析，是一种有效分析和评价复杂政策风险的方法。

1961 年美国贝尔电话研究所的沃森（H.A. Watson）在研究导弹发射控制系统的安全性时首先提出了故障树分析方法。随后，门斯（A.B. Mearns）等人改进了这项技术，成功地预测了导弹发射意外事故。波音公司进一步发展了故障树分析技术，使之与计算机运算相结合。在美国原子能委员会进行的核电站危险性评价中，大量使用故障树分析方法进行概率危险性评价，1974 年发表了《WASH-1400 研究报告》，引起世界各国关注，从此故障树分析并被迅速推广到各领域中。[①]

（二）适用范围

故障树可以用来对风险事件（顶事件）的潜在原因及途径进行定性分析，也可以在掌握原因事项概率的相关数据之后，定量计算重大风险事件的发生概率。故障树可以在教育政策制定阶段使用，用来识别政策潜在的风险事件及原因，以便在不同的政策方案中进行选择。故障树也可以在教育政策执行阶段使用，用来分析当重大的风险事件发生时，引起这些风险事件的原因何在。另外，也可以识别重大风险事件发生的方式和导致重大风险事件的各种路径的相对重要性。

（三）优势和局限

故障树分析的优点包括：第一，它提供了一种系统、规范的方法，同时有足够的灵活性，可以对各种因素进行分析；第二，运用简单的"自上而下"方法，可以关注那些与顶事件直接相关因素的影响；第三，故障树分析对具有许多界面和相互作用的分析系统特别适用。故障树分析的局限包括：第一，如果基础事件具有较高的不确定性，计算出顶事件的发生概率的不确定性也较高；第二，有时很难确定顶事件的所有重要途径是否都包括在内；第三，故障树只是一个静态模型，无法处理时序上的相互关系；第四，故障树只能处理二进制状态；第五，虽然定性故障树可以包括

---

① 参见杨太华：《基于故障树方法的项目安全风险分析》，《系统管理学报》2009 年第 10 期。

人为错误，但一般来说，各种程度或性质的人为错误引起的故障不易全部穷举在内；第六，分析人员对教育政策相关的活动、业务流程等信息必须非常熟悉，具有丰富的实践经验。

（四）故障树的图形方法

故障树的形状看似一株倒置的树，其中的事件一般都是故障事件。在故障树的每个分支中，上层故障事件是下一层故障事件的结果，下层事件是引起上一层故障事件的原因。事件间的逻辑关系用逻辑门表示。因此，把作为结果的上层事件称作逻辑门的输出事件，而把作为原因的下层事件称作输入事件。如图 2-2，是针对某省加强小学食堂管理政策进行风险评估时的部分故障树示例图。

位于故障树最上部的事件叫作顶事件，一般为造成严重后果的事件或事故，是故障树分析研究的对象。位于故障树各分支末端的事件叫作基本事件，它们是造成顶事件发生的最初始的原因。位于故障树顶事件与基本事件之间的各层事件称为中间事件，它们是造成顶事件发生的原因，又是基本事件造成的结果。

故障树的各种事件的内容记在事件符号之内。常用的事件符号包括：矩形符号，表示需要进一步分析的故障事件，如顶事件和中间事件；圆形符号，表示作为基本事件的故障事件；房形符号，表示作为基本事件的正常事件，并非分析研究和采取措施的对象；菱形符号，表示当前不能进一步分析或认为没有进一步分析必要的省略事件；椭圆形符号，是一种条件事件符号。

故障树的邻近两层事件之间用逻辑门相连接。对于任一上层故障事件，作为其发生原因的下层事件可能有两个或两个以上，即对应于每个输出事件有多个输入事件。输出事件和输入事件之间的逻辑关系有逻辑与、逻辑或及逻辑非等。逻辑"与门"表示全部输入事件都发生则输出事件才发生；逻辑"或门"表示只要有一个或一个以上输入事件发生则输出事件就发生。当故障树比较复杂时，用转移符号可省去重复的部分，或把故障树的一部分画在别处，使故障树变得简明、清晰。转移符号分为转入符号和转出符号，成对出现的转移符号应有相同的编号。

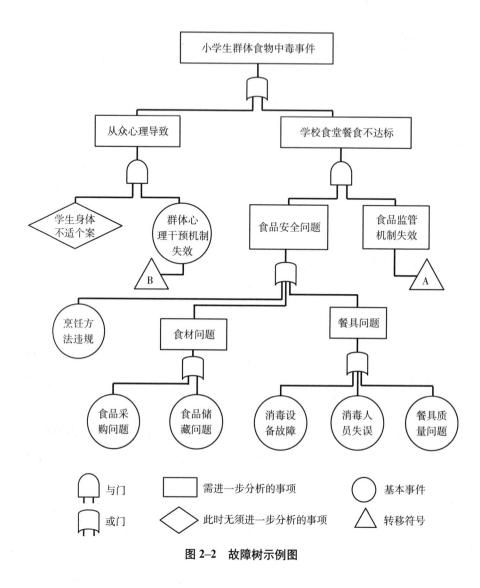

图 2-2 故障树示例图

（五）方法的实施

1. 输入与输出

对于定性分析，故障树分析需要掌握与教育政策相关的信息，引发教育政策风险事件的原因，以及政策内外部风险控制措施失效的方式等；对于定量分析，需要掌握故障树中的各基本事件的发生几率或失效的可能性。故障树分析的输出包括：一是，顶事件发生方式的示意图，并可显示各路径之间的相互关系；二是，最小分割集合清单（单个故障路径），并说明每个路径的发生概率；三是，顶（风险）事件发生的概率。

2. 实施步骤

第一步，确定分析的教育政策和需要分析的政策风险事件（顶事件）。第二步，从顶事件入手识别造成顶事件的直接原因或失效模式。第三步，调查原因事件，对每个原因或失效模式进行分析，以识别造成故障的原因。第四步，分步骤识别每层的事件，自上而下地分析，直到进一步的分析不能产生任何成效为止。第五步，如果是定性分析，按故障树结构进行简化，确定各基本事件的结构重要度。如果是定量分析，明确各基本事件的发生概率，计算顶事件概率，计算出概率重要度和临界重要度。除了估算顶事件发生的可能性之外，还要识别那些形成顶事件独立路径的最小分割集合，并计算它们对顶事件的影响。

五、事件树分析

事件树分析（Event Tree Analysis，ETA）是常用的一种归纳推理分析方法，它起源于决策树分析，按事故发展的时间顺序由初因事件开始推论可能的后果，从而实现对危险源的辨识等功能。

（一）概述

事件树分析是一种利用图形来进行演绎的时序逻辑分析方法，着眼于事故的起因，即初因事件。一起事故的发生，可能是许多事件相继发生的结果。其中，一些事件的发生以另一些事件首先发生为条件，也就是说在事件发生的顺序上，存在着因果逻辑关系。[1] 事件树分析就是利用这种时序归纳的原理，以初因事件为起点，按照事故的发展顺序，在发生与不发生（成功或失败，正常或故障，安全或危险等）两种可能性交替的情况下，分阶段、分步骤地进行分析，逐步向结果的方向推进，直到达到系统故障或事故为止。所有分析过程用树枝状图表示，因此称为事件树，如图 2–3。

---

[1]　参见李存建：《风险评估——理论与实践》，中国商务出版社 2012 年版，第 297 页。

从事件树可以看出最后的事故是一系列风险发展传递的结果，如果中断这种发展传递的过程就有可能避免事故发生。因此，可以在事故发展的各阶段采取可能措施，控制事件的可能性状态，减少危害状态出现的概率，增大安全状态出现的概率，从而把事件发展过程引向安全的发展路径。采取在事件不同发展阶段阻截事件向危险状态转化的措施，最好在事件发展前期实现，从而产生阻截多种事故发生的效果。但有时因为技术原因无法控制，这时就要在事件发展中后期采取控制措施了。显然，在各条事件发展路径上都采取措施，才是我们追求的最佳策略。

（二）适用范围

事件树分析适合对多阶段实施或多重风险控制措施的教育政策进行风险评估。一方面，它可以定性地了解整个风险事件的动态变化过程，对初因事件之后可能出现的情景进行分析，同时也可以分析各种风险控制措施对风险事件控制的结果。另一方面，它还可以定量计算出各阶段的概率，最终了解事故发展过程中各种状态的发生概率。同时，还可以用于分析风险控制措施的可接受性等。

需要指出的是，事件树分析是从决策树分析逐渐演化而来，对于可能带来损失或收益的初因事件建立模型。但是，在追求最佳收益路径的情况下，更经常使用决策树建立模型。[1]

（三）优势和局限

事件树分析的优点包括：第一，用简单的图形方式给出了初因事件之后的全部潜在情景；第二，它能说明时机、依赖性，以及在故障树模型很烦琐的"多米诺效应"；第三，它清晰地体现了事件的发展顺序，而属于静态分析的故障树是无法实现的。事件树分析的局限性包括：第一，为了将事件树分析作为综合评估的组成部分，一切潜在的初因事件都需要进行识别。这就需要借助其他方法（如危险与可操作性分析、预先危险分析

---

[1] 参见杜振国：《基于动态事件树的安全风险分析方法》，《科学技术与工程》2011年第8期。

等）来协助，但总是有可能错过一些重要的初因事件。第二，事件树只分析了某个系统的成功与故障状况，很难将延迟成功或恢复事件纳入其中。第三，任何路径都取决于路径上以前分支点处发生的风险事件，因此要分析各可能路径上的众多从属因素。然而，一旦某些从属因素被忽略就会导致风险评估的结果过于乐观。

（四）遵循的原则

在运用事件树分析的过程中，要关注以下几点：第一，在确定和识别可能导致教育政策风险事件的初因事件和系统事件时，要有效地利用安全检查表、巡视结果、未遂事件，以及相关领域类似风险事件的历史资料等。第二，选择初因事件时，重点应该放在对教育政策目标实现影响较大、造成的损失较大或发生频率高的事件上。对初因事件应进行分类和整理，对于可能导致相同事件树的初因事件要划为一类，然后分析各类初因事件的严重性，优先作出严重性最大的初因事件的事件树。第三，在根据事件树分析结果制定对策时，要优先考虑事故发生概率高、影响范围大的事件。

（五）方法的实施

1. 输入与输出

事件树分析的输入主要有三个方面：一是，相关初因事件的清单；二是，关于应对、障碍和控制及其失效概率的信息；三是，了解初因事件程度加剧的过程。事件树分析可能的输出包括：对潜在问题进行定性描述；对各类事件的发生概率或频率，以及事件的发生序列、各类事件的相对重要性估算结果；降低政策风险的建议和措施清单；建议措施效果的定量评价。

2. 实施步骤

（1）确定初因事件

事件树分析是一种系统研究作为风险源的初因事件如何与后续事件形成时序逻辑关系，而最终导致事故的方法。正确选择初因事件十分重要，确定初因事件的方法主要有两种：一是根据教育政策方案设计、系统危险性评价或事故经验等确定；二是根据系统重大故障或故障树分析，从其中间事件或初始事件中选择。

（2）判定安全功能

教育政策涉及的教育活动或对教育政策自身而言都存在一些风险控制措施，所以这些安全功能的措施也需要进行判定。常见的安全功能如：校园安全事故条例、校园食品安全管理条例、校园防火应急机制、校园踩踏事故应急演练措施等。

（3）绘制事件树

从初因事件开始，按事件发展过程自左向右绘制事件树。用树枝代表事件发展路径。首先考察初因事件一旦发生时最先起作用的安全功能，把可以发挥功能的状态画在上面的分支，不能发挥作用的画在下面的分支。然后依次考察各种安全功能的两种可能状态，把发挥功能状态（又称为成功状态）画在上面的分支，把不能发挥功能的状态（又称为失败状态）画在下面的分支，直到到达系统故障或事故为止。示例见图2-3。

初因事件	风险事件	安全措施A	安全措施B	安全措施C	事故序列描述	
高校化学实验室爆炸	发生火灾	值班人员手动报警	火警系统自动激活	消防喷淋系统启动	结果	频率

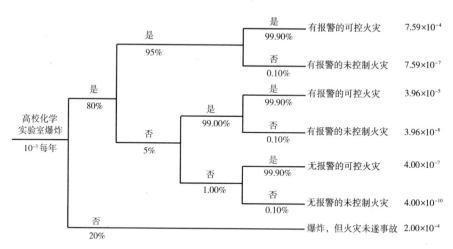

图2-3　某高校实验室安全管理条例事件树分析示例图

（4）简化事件树

在绘制事件树的过程中，可能会遇到一些与初因事件或与事故无关的安全功能，或者其功能关系相互矛盾、不协调的情况，需要运用相关专业知识予以辨别，然后从树枝中去掉，即构成简化的事件树。另外，在绘制事件树时，要在每个树枝上写出事件状态，树枝横线上面写明事件过程内容特征，横线下面注明成功或失败的状态说明。

（5）事件树的定性和定量分析

事件树的定性分析在绘制事件树的过程中就已经进行了。绘制事件树必须根据事件的客观条件和事件的特征作出符合科学性的逻辑推理，用与事件有关的专业知识确认事件可能的状态。因此，绘制过程就是对每一个发展过程和事件发展的路径作出可能性分析的过程。事件树绘制完成后，可以确定发生事故的路径的类型以及预防事故对策。

事件树的定量分析是指根据每一个事件的发生概率，计算各种路径的事故发生概率，比较各个路径概率值的大小，作出事故发生可能性序列，确定最易发生事故的路径。一般地，当各事件之间相互统计独立时，其定量分析比较简单。当各事件之间相互统计不独立时（如共同原因的故障、顺序运行等），则定量分析变得非常复杂。

六、决策树分析

决策树分析法（Decision Tree Analysis，DTA）是指分析每个决策或处于自然状态的事件时，都引出两个或多个事件和不同的结果，并把这种决策或事件的分支画成图形。这种图形很像一棵树的树干，所以称为决策树分析法。[①]

（一）概述

决策树分析是在充分考虑不确定性的情况下，以序列方式表示决策的选择和结果。与事件树类似，决策树开始于初因事件或是最初决策，考虑随后可能发生的事件及可能作出的决策，它需要对不同路径和结果进行分析。运用决策树分析时，从初因事件或最初决策开始，假设继续项目A，而不是项目B，则会衍生出下一层的项目。随着两种假设的继续，不同的事件会发生，同时需要作出不同的可预见性决定，并用树形呈现。事

---

① 参见李存建：《风险评估——理论与实践》，中国商务出版社 2012 年版，第 308 页。

件发生的可能性能够与路径最终结果的成本或用途一起进行估算。有关最佳决策路径的信息是富有逻辑性的，考虑各条路径上的条件概率和结果值可以产生最高的期望值。决策树显示了采用不同选择的风险逻辑分析，同时给出每个可能路径的预期值的计算结果。

（二）适用范围

在教育政策风险评估领域，决策树分析法主要用于教育政策决策，因为其本身就可以把教育政策方案由一个决策图来简单地呈现。决策树分析法本质上是一种预测模型，通过严密的逻辑推导和逐级逼近的数据计算，从决策点开始，按照所分析问题的各种发展的可能性不断产生分支，并确定每个分支发生的可能性大小以及发生后导致的损益值，计算出各分支的损益期望。然后根据损益期望值作出最适合的教育政策决策。决策树分析使纷繁复杂的决策问题变得直观和简明，有助于教育政策决策者在充满不确定性的情况下，选择最佳的教育政策方案。

（三）优势和局限

决策树分析的优点主要是对于决策问题的细节提供了一种清晰的图解说明。同时，能够计算到达一种情形的最优路径。决策树分析的局限性在于对复杂的教育政策略显无力。过于庞大的决策树由于复杂度高，不容易与他人交流，所以对于这类政策为了能够用树形图表示，有过于简化分支的可能性。

（四）决策树的图形方法

决策树的构成有五个要素，分别是：决策结点、方案枝、状态节点、概率枝和结果节点。决策结点通常用"□"表示，在该点表示决策者必须作出某种选择。方案枝是从决策点向右引出的若干条支线（也称为树枝线），每条支线代表一个方案。在每个方案枝的末端画一个"○"，成为状态节点（也称为机会点），从状态节点引出若干条直线，每条直线表示一种自然状态，成为概率枝。每一条概率枝实际就代表了一个条件结果，在概率枝上标出这种自然状态出现的概率值，在概率枝末端标出该条件的损益期望值，即注明在结果节点（通常用"△"表示）的最右端。如果问题只需要一级决策，在概率枝末端画出结果节点表示终结；如果问题需要多级决策，则用决策结点代替结果节点，重复上述步骤继续画出决策树。方案分支上画双竖线"‖"，代表按照对比各方案的损益期望值大小，进行剪枝优选，以表明舍弃。图2-4的案例是某省要出台促进基础教育发展的政策，政策中涉及对基础教育投资有两种基本方案。假设甲方案成功的正面效应是80%、负面效应是20%，正面效应可以解决10万适龄人口入学问题，失败则会延缓30万适龄人口的入学问题；乙方案成功的正面效应和负面效应相等，都是50%，正面效应可以解决20万人口的入学问题，失败会延缓25万人口的入学问题。以这个案例为基础，绘出决策树分析示例图2-4。

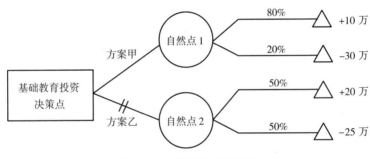

图 2-4　决策树分析示例图

方案甲的损益期望值 = 10×80% +（−30×20%）= 2 万

方案乙的损益期望值 = 20×50% +（−25×50%）= −2.5 万

选择：方案甲的损益期望值大于方案乙

剪枝：在方案乙枝上画"‖"，表明舍弃

（五）方法的实施

1. 输入与输出

决策树分析的输入包含各个决策点的方案计划，各决策的可能后果和可能影响决策的偶然事件。决策树分析的输出包括显示可以采取不同选择的风险逻辑分析，以及每一个可能路径的预期值计算结果。

2. 实施步骤

决策树分析通常包含五个步骤：第一步，明确决策问题，确定备选方案。对要决策的问题应该有清晰的界定，并列出在不同决策点时所有可能的备选方案。第二步，根据决策问题和备选方案绘出决策树图形。第三步，确定并注明各种可能出现的概率和损益期望值。第四步，计算每一种备选方案的决策变量值。第五步，应用敏感性试验对决策分析的结论进行测试。

七、因果分析

因果分析（Cause and Consequence Analysis，CCA），是国标技术中列出的结合了故障树分析和事件树分析的一种风险评估技术。然而，在风险管理或其他领域经常有学者将其与特征要因分析方法（Cause and Effect Analysis/Diagram）混淆，因为它们英文命名有很高的相似度。特征要因分析又称为鱼骨图、特性因素图，是由日本管理学家石川馨于 1953 年首先提出，所以还被称为石川图。[1] 特征要因分析也经常被风险评估所采用，但并未列入国标技术的 32 种标准方法中。因此，我们还是将研究聚焦于国标技术中所列的因果分析方法。

（一）概述

因果分析综合了故障树和事件树分析。它开始于关键事件，同时通过结合"是/否"逻辑来分析结果。因果分析可识别出所有相关的原因和潜在结果，包括故障可能发生的条件。因果分析可应用于教育政策风险评估的任何阶段，可适用于处于教育政策过程各阶段的政策分析。可以定性使用，也可以定量使用。最初，因果分析是作为关键安全系统的可靠性工具而开发出来的，可以让人们更全面地认识故障。这点和故障树很相似，它用来表示造成关键事件和故障逻辑。但是，通过对时序故障的分析，它比故障树的功能更强大。这种方法可以将时间延滞因素纳入结果分析中，而这也是事件树分析无法实现的。

---

[1]　参见张曾莲：《风险评估方法》，机械工业出版社 2017 年版，第 55—56 页。

（二）适用范围

因果分析可用于分析教育政策风险在关键事件之后可能的各种路径。如果进行量化，该方法可估算出某个关键事件过后各种不同结果发生的概率。由于因果分析中的每个序列是子故障树的结合，所以因果分析也可作为一种建立大型故障树的工具来使用。

（三）优势和局限

因果分析综合了事件树和故障树分析的优点。而且由于可以分析随时间发展变化的事件，因果分析克服了事件树和故障树两种技术的局限，提供了系统的全面视角。因果分析的局限性是该方法的构建过程要比故障树和事件树更为复杂，同时在定量过程中必须处理依存关系。

（四）方法的实施

1. 输入和输出

因果分析的输入包括与教育政策风险及其风险控制措施失效、故障情景相关的各类数据。因果分析的输出可以用图形来呈现，既可以说明教育政策风险失控的原因，也可以说明结果。通过对引起关键事件特定条件发生的概率的分析，可以估算出各潜在结果发生的概率。

2. 实施步骤

图 2-5 是一个典型的因果分析过程。进行因果分析的步骤包括：第一步，识别关键事件，关键事件类似于故障树的顶事件及事件树的初因事件。第二步，绘制并验证关键事件的故障树。第三步，确定需要考虑条件的顺序。这种顺序指的是逻辑顺序，例如事件发生的时序或因果顺序等。第四步，建构不同条件下的结果路径。这个步骤类似于事件树，但事件树路径的划分被表示为贴有使用特定条件的栏；如果各条件栏的故障为独立故障，则可以计算各故障的发生概率。要做到这一点，首先要确定条件栏内每个输出结果的概率（符合条件的情况下，使用相关的故障树）。通过将各次序条件的概率相乘，可以确定特定结果的任一次序的概率，该次序条件结束于上述特定结果。如果一个以上的次序最终有相同的结果，那么各次序的概率应该相加。如果某个序列中各条件的故障存在依存关系，那

么必须在计算前对依存关系进行分析。

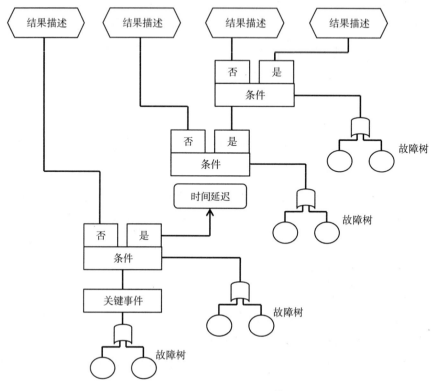

图 2-5　因果分析示例图[①]

第四节　效能分析类风险评估方法

　　效能分析类的风险评估方法关注于教育政策执行后的效果与教育政策目标之间的关系，或者不同的教育政策方案成本／收益分析，以及教育政策方案设计时，内部的风险控制措施是否可以有效地应对政策风险事件的发生等方面。这些风险评估方法主要包括：危险与可操作性分析（HAZOP）、失效模式和效应分析（FMEA）、危害分析与关键控制点法（HACCP）、人因可靠性分析（HRA）、以可靠性为中心的维修（RCM）、

---

① 　参见范道津等：《风险管理理论与工具》，天津大学出版社 2010 年版，第 52 页。

潜在通路分析（SCA）。

一、危险与可操作性分析

危险与可操作性（Hazard and operability，HAZOP）分析，是一种对规划或现有业务过程、组织体系的结构化分析技术。该技术被广泛应用于人员、设施、环境或组织所面临的风险，并借助专家团队提供解决方案和风险应对建议。

（一）概述

危险与可操作性分析是一种基于危险和可操作性研究的定性技术，它的特征是对过程、程序或系统等的每个步骤是否能实现设计意图或运行条件提出质疑，进而识别过程、程序或系统的失效模式、失效原因及后果。[1] 该方法通常由一支具备不同科学背景的专家团队通过多次讨论来具体实施。专家团队通过考虑当前结果与预期的结果之间的偏差以及环境条件等因素，来分析失效模式和可能的原因。

（二）适用范围

危险与可操作性分析最初被应用于化学工艺系统的风险评估中，目前已经被拓展到很多其他风险评估领域。就教育政策风险评估而言，危险与可操作性分析可以处理由于政策方案设计缺陷所造成的各种形式的教育政策执行效果与政策目标之间的偏差。危险与可操作性分析通常在教育政策方案决策的时候使用，也可以应用于已经处于执行期的教育政策的改进，虽然政策改进的成本显著高于前者。

（三）优势和局限

危险与可操作性分析的优点包括：第一，可以对教育政策进行彻底而系统的分析；第二，借助专家团队，可以处理较为复杂的教育政策；第三，

---

[1] 参见张曾莲：《风险评估方法》，机械工业出版社2017年版，第72页。

可以输出解决方案和风险应对策略；第四，有机会对人为错误的原因及结果进行深入的分析。危险与可操作性分析的局限性包括：第一，该方法比较耗时，分析成本较高；第二，解决方案主要关注教育政策自身对于风险的控制措施；第三，专家团队的讨论可能会集中在设计细节上，容易忽略外部环境；第四，对专家团队的专业水平和学科组成有较高的要求。

（四）方法的实施

1. 输入与输出

危险与可操作性分析的输入数据，包括有关教育政策方案的设计、教育活动或业务过程的细节、教育政策自身的风险控制措施以及教育政策目标等。危险与可操作性分析的输出以专家团队讨论活动的记录和总结为主，主要包括：使用的引导词、政策效果偏差、政策风险事件可能的原因、处理所发现问题的改进方案以及改进的负责方等。对于任何无法纠正的教育政策效果偏差，需要对引发这种偏差的政策风险进行更细致的分析。

2. 实施步骤

危险与可操作性分析可以依据教育政策方案的设计流程或相关教育活动、业务过程的时序进行评估，检查是否存在偏离教育政策目标的效果偏差、潜在的原因以及偏差可能造成的影响。这种分析需要通过使用合适的引导词来实现，引导词需要针对某个特定的教育活动或业务过程，也可以使用涵盖各类偏差的通用词。类似的引导词有"过早"、"过高"、"过多"、"过长"、"错误方向"、"错误目的"、"错误行动"等。危险与可操作性分析的一般步骤是：确定分析的目标和对象；组建专家团队；建立一系列关键引导词；组织专家团队开展讨论；整理讨论记录，归纳结论并输出结果。

二、失效模式和效应分析

失效模式和效应分析（Failure Mode and Effect Analysis，FMEA）是一种用来确定潜在失效模式及其原因的分析方法。具体来说，通过实行失效模式和效应分析，可以在政策设计阶段或政策执行之前发现政策风险，从而及时改进和完善政策方案。

（一）概述

失效模式和效应分析是用来识别系统或组件是否达到设计意图的方法，广泛应用在风险分析和风险评价中。从本质上说，失效模式和效应分析是一种归纳的方法，其特点是从最小组件或模块的故障开始逐级分析原因、影响和应对措施，通过分析系统内部各个组件或模块的失效模式，推断其对于整个系统的影响。失效模式和效应分析的重点在于考虑如何才能避免或减少损失。此外，失效模式、效应和危害度分析（Failure Mode and Effect and Criticality Analysis，FMECA）拓展了 FMEA 的使用范围。虽然国标技术中没有把 FMECA 列入 32 种风险评估的方法，但 FMECA 可以对每种被识别的失效模式进行排序，所以将这两种方法联合使用效果更好。[①]

（二）适用范围

失效模式和效应分析最早是由美国宇航局（NASA）提出的一套分析模式，目前世界许多汽车生产商和电子制造服务商都已经采用这种模式进行设计、生产管理和质量监控。失效模式和效应分析通常是定性或半定量的，在可以获得实际故障概率的情况下也可以进行定量研究。

就教育政策风险评估而言，失效模式和效应分析通常用来识别政策的功能模块中潜在的政策风险，也可以用来识别教育政策执行时人为错误导致的风险及影响。教育政策中的组件或者功能模块，可以理解成具体的某项政策措施。整个教育政策可以视为由多个这样的组件或功能模块构成的系统。失效模式和效应分析可以在教育政策制定阶段和执行阶段使用，但推荐在制定阶段使用。

（三）优势和局限

失效模式和效应分析的优点包括：第一，可以广泛适用于人为、设备和系统的失效模式分析；第二，可以识别组件或模块失效模式、原因和对系统的影响，同时用可读性较强的形式呈现出来；第三，通常使用在政策

---

① 参见罗小芳：《FMEA 方法改进及其在技术创业风险管理中的应用》，《运筹与管理》2015 年第 8 期。

设计阶段，从而降低了执行阶段政策改进的成本。失效模式和效应分析的局限性包括：第一，只能识别单个失效模式，无法同时识别复合失效模式；第二，除非得到充分控制，否则分析较为耗时，评估成本较高；第三，对于复杂、多目标的教育政策来说，分析的难度非常大。

（四）方法的实施

1. 输入与输出

失效模式和效应分析需要输入与教育政策相关的充分信息，包括：教育政策涉及的教育活动或业务过程的流程图；了解过程中每一步或政策功能模块的子目标；可能影响政策执行的过程及环境的详细信息；对特定教育政策风险的掌握。失效模式和效应分析的输出结果是失效模式、失效机制及对各个功能模块（组件）影响的清单。

2. 实施步骤

失效模式和效应分析主要分为四步：第一步，确定分析的对象和目标。第二步，组建专家团队。第三步，将教育政策分解成功能模块并进行分析。这些分析包括：各教育政策功能模块出现的明显故障方式是什么？造成这些失效模式的具体机制？故障可能产生的影响？损失是否有破坏性或灾难性？故障如何监测？第四步，确定故障改进的建议和实施方案。

三、危害分析与关键控制点法

（一）概述

危害分析与关键控制点法（Hazard Analysis and Critical Control Point，HACCP）作为一种科学、系统的方法，为识别各种流程中风险并采取必要的控制措施提供了一个分析框架。它的特征是以避免系统可能出现的危险，维护系统的可靠性和安全性为目标。危害分析与关键控制点关注的重点是预防，而不是依赖系统运行中的监测。[①]

① 参见李耘：《从 COSO 风险内控理论谈我国 HACCP 体系建设》，《农业质量标准》2008年第 10 期。

（二）适用范围

危害分析与关键控制点法是 20 世纪 60 年代由美国 Pillsbury 公司与美国宇航局和美国陆军研究所共同开发的，主要用于航天食品中的风险管理方法。经过多年的发展与完善，危害分析与关键控制点法非常适用于食品安全、校园卫生和医疗、校园传染病控制等相关的教育政策的风险评估。

（三）优势和局限

危害分析与关键控制点法的优点包括：第一，结构化的过程提供了质量控制以及识别和降低风险的归档证据；第二，重点关注流程中预防风险和控制风险的方法及可能性；第三，鼓励在整个流程中进行风险控制，而不是依靠运行的监测；第四，可以识别由人为错误引发的危险及控制措施。危害分析与关键控制点法的局限性体现在：要求识别风险并认识它们作为输入数据的意义；需要确定系统的风险控制措施；部分分析需要借助其他风险评估技术才能实现。另外，如果等待控制参数超过了规定限值时才采取行动，可能已经错过了最佳控制时机。

（四）方法的实施

1. 输入与输出

应用危害分析与关键控制点法需要了解教育政策涉及的教育活动或业务的流程，以及一切可能影响到教育政策目标实现的危险因素的信息。危害分析与关键控制点法的输出是归档记录，包括危险分析工作表及 HACCP 计划。危险分析工作表包含：流程中某个步骤可能引入、控制或加剧的危害；危险是否会带来严重的风险；对严重性作出的判断；各种危险可能的预防措施；该步骤能否使用监测或控制措施。

2. 实施步骤

需要指出的是，危害分析与关键控制点法通常不会单独使用，因为它不是一个单独运作的系统。危害分析与关键控制点法在实施时需要注意以下七个原则：一是，进行危害分析，识别潜在的危害及已经存在的预防性措施；二是，确定关键控制点（Critical Control Point，CCP）；三是，确定关键限值；四是，建立一个系统以监测关键控制点的控制情况；五是，在监测结果表明某特定关键控制点失控时，确定应采取的纠正策略；六是，建立审核程序；七是，对于每一步都要实施记录和归档。

四、人因可靠性分析

1950 年，美国 Sandia 实验室的希曼·威廉姆斯（Heman Williams）和珀迪·梅格斯（Purdy Meigs）在对复杂武器系统的可行性研究中首次提出人因可靠性分析（Human Reliability Analysis，HRA）。该方法是针对复杂系统中的"人"的因素进行分析的主要工具。

（一）概述

人因可靠性分析关注的是人的因素对系统绩效的作用，可以用来评估人为错误对系统造成的影响。[1] 应用于教育政策风险评估领域，该方法聚焦的是教育政策的制定者、决策者和执行者对于教育政策目标的影响。很多教育政策风险都是由人的因素引发的，尤其是对于决策时间有限的教育政策而言。某些情况下，人的行为是唯一能够避免重大教育政策风险的手段。例如，学校食堂的食品安全问题、学校校车的安全驾驶问题等。人因可靠性分析的重要性在很多安全事故中都得到了证明。在这些事故中，人为错误导致了一系列灾难性后果。这些灾难性的后果向人们敲响警钟——不要一味地进行那些只关注环境、场馆和设备的风险评估，而忽略了人为错误这种诱因，人为错误也可能引发极其严重的灾难性事故。

人因可靠度是人因可靠性分析的主要指标，它是指在规定的最小时间限度内（如果有时间规定要求），在系统运行中的任一阶段，由人成功完成任务或工作的概率。这种定义将人与普通的物理组件等量齐观，与传统的可靠性分析手段有很大的相似性。1994 年，柯万（B. Kirwan）提出人因可靠性分析的主要目标在于正确评估由于人为错误导致的风险，寻

---

[1]　参见《风险管理　风险评估技术》（GB/T27921-2011），中国国家标准出版社 2012 年版，第 30 页。

求降低人为差错影响的方式，通过某种方式来获取人因可靠度。在实际应用中，找出人因可靠度并不是最终的目标，最终目标应该是寻找导致人因可靠性退化的诱因，并有针对性地加以控制。因此，对人因可靠性的分析就转向了人为错误的分析。经过多年发展和完善，人因可靠性分析技术经历了三代更替，日趋稳定而成熟，被广泛应用于风险评估的各个领域。

（二）适用范围

人因可靠性分析可以定性或定量地使用。如果定性使用，人因可靠性分析可以识别潜在的人为错误及其原因，降低人为错误发生的可能性；如果定量使用，人因可靠性分析可以为故障树分析（FTA）或其他类似的风险评估方法中有关人为因素引发的风险提供基础数据。

（三）优势和局限

人因可靠性分析的优点包括：第一，该方法提供了一种正式的机制，将人为错误置于教育政策风险评估的过程中；第二，对人为错误的专项分析有利于降低政策风险发生的可能性和后果的严重程度。人因可靠性分析的局限性包括：第一，人的复杂性和多变性导致很难确定那些简单地失效模式和概率；第二，很多人为活动，包括教育活动，无法简单地进行"通过/失效"二进制判断；第三，人因可靠性分析较难处理由于教育政策措施不得利或决策不当造成的政策部分失效。

（四）方法的实施

1.输入和输出

人因可靠性分析的输入主要有三个方面：一是，明确教育政策中措施的功能或涉及的业务流程；二是，实际发生及有可能发生的各类危害、经验和控制措施；三是，有关人为错误及其量化的专业知识。人因可靠性分析的输出包括：可能发生的错误清单以及减少损失的方法；错误模式、错误类型、错误原因及结果；错误引发的风险的定性或定量评估结果。

2. 实施步骤

① 问题界定：计划调查 / 评估的流程（功能）中有哪些类型的人为活动？

② 任务分析：如何执行特定业务（任务）？为了完成业务（任务）需要哪些资源？

③ 人为错误分析：业务（任务）执行失败的原因是什么？可能出现什么错误？怎样补救错误？

④ 表达方式：怎样将这些错误或业务（任务）执行失败与环境、硬件、软件联系在一起，从而对教育政策某一人为因素引发的风险的可能性进行估算？

⑤ 筛查：有不需要细致量化的错误或业务（任务）吗？

⑥ 量化：人为错误和业务（任务）失败发生的可能性多大？

⑦ 影响程度评估：哪些错误或业务（任务）是最重要的？

⑧ 错误应对：如何提高人因可靠性？

⑨ 记录与输出：有关人因可靠性分析的详细应该记录在案。

在实践中，人因可靠性分析会分步骤进行，某些步骤有时会同步进行。由于人因可靠性分析的实施步骤较多，我们用图 2-6 来呈现整个过程。

五、以可靠性为中心的维修

（一）概述

以可靠性为中心的维修（Reliability Centered Maintenance，RCM）是一种识别确定故障管理策略的方法，目的是有效或高效地实现各类设备必要的安全性、可用性及运行经济性。现在，以可靠性为中心的维修已经成为广泛用于各行业并经过验证而被普遍接受的风险评估方法。以可靠性为中心的维修提供了一种决策过程，可以根据设备的安全、运行及经济结构，识别出设备使用且有效的预防性维修要求和退出机制，结束这个过程后，最终可以对执行维修任务或采取其他操作的必要性作出判断。

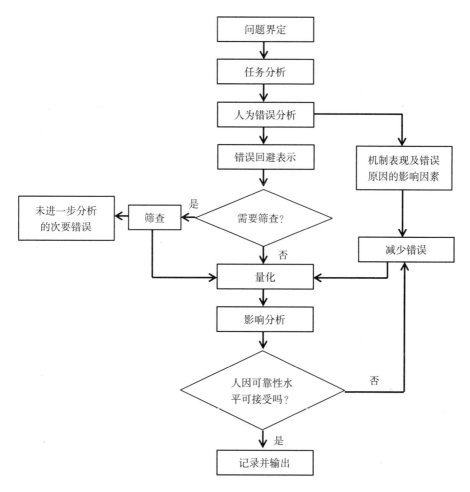

图 2-6　人因可靠性分析实施步骤图①

（二）适用范围

以可靠性为中心的维修是由美国联合航空公司的诺兰（Stan Nowlan）和希普（Howard Heap）于 1978 年首先提出的，主要用来制定有形资产功能管理的最佳策略，并对资产的故障后果进行控制。它是目前国际上流行的用以确定设备预防性维修工作、优化维修制度的系统工程方法，也是很多发达国家军队及工业部门制定军用装备和设备预防性维修大纲的首选

① 参见张曾莲：《风险评估方法》，机械工业出版社 2017 年版，第 32—33 页。

方法。①

就教育政策风险而言，以可靠性为中心的维修非常适合用来对与资产、经济、安全和环境相关的教育政策开展风险评估。一切任务都离不开人员及环境安全，也离不开运行及经济问题。但是，分析的标准取决于分析对象的性质。例如，学校教室内的电化教学设备我们更关注它们是否可以高效和易于使用，而幼儿园儿童活动室设备我们更关注它们的安全和防护。以可靠性为中心的维修将分析故障可能产生的对安全、环境、经济或运行等方面的影响，有利于管理者和决策者进行有效的管理和控制。

（三）优势和局限

以可靠性为中心的维修的优点是所有资产的功能、故障都要进行系统的分析和确认。进而，明确各种可能故障造成的影响以及影响方式。与其他维修规划方法不同，该方法全面考虑了资产维修的各种方式。以可靠性为中心的维修的局限性体现在该方法分析复杂、工作量大，必要时需要借助计算机来完成分析。

（四）方法的实施

1. 输入与输出

成功运用以可靠性为中心的维修需要了解设备、系统结构、运行环境、设备可能的故障以及故障的结果。以可靠性为中心的维修的输出是维修任务的界定，如计划性恢复、计划性替换、非预防性维修等。这项分析还可能带来其他实施行为，包括：重新设计、调整运行或维修程序、额外培训等。

2. 方法的实施

以可靠性为中心的维修的步骤为：启动和规划；功能故障分析；任务选择；实施；不断完善。以可靠性为中心的维修和风险密切相关，因为它采用的就是风险评估的基本步骤。在某些情况下，通过执行维修任务可以

---

① 参见李晓明：《以可靠性为中心的维修的经济效益评估模型》，《工业工程管理》2005 年第 6 期。

消除潜在的故障或降低其频率或结果的影响，而风险识别关注的正是这种情况。以可靠性为中心的维修的风险分析，首先估算无须维护下的各种故障的频率。然后，通过选择各失效模式，使用故障管理策略来进行风险评价。整个过程应做大量的记录，以供将来参考、检查所用。

六、潜在通路分析

（一）概述

潜在通路分析（Sneak Circuit Analysis，SCA）是一种用来识别系统设计错误的分析方法。潜在状态不是因组件故障产生的，而是一种可能会抑制预期功能，或引起风险事件的潜在硬件、软件或集成状态。[①] 这些状态的特点是具有随意性，在最严格的标准化系统检查中也很难检测出来。潜在状态可能会引起教育政策执行不畅、部分政策功能无法执行、政策执行滞后，甚至引发严重的风险事故。

（二）适用范围

潜在通路分析在发明时，是作为一种发现非故意电路路径故障的有效工具。随着技术进步，该方法被发展完善，从而应用在风险评估很多领域。目前，潜在通路分析的应用早已经超出了电路分析的范畴，可以用其分析任何软、硬件问题。具体到教育政策话语体系中，所谓的意外路径，就是政策设计的漏洞，给政策"投机者"以机会。例如，政策的利益相关者没有按照政策设计者或决策者规划的方式获得了教育资源，但并未违反政策的相关规定，这种"投机倒把"的方式就是该政策的意外路径。潜在通路分析还可以将几种分析工具，例如故障树、失效模式和效应分析、可靠性分析等整合到一项分析中，从而节约风险评估时间和项目成本。

---

① 参见《风险管理　风险评估技术》（GB/T27921-2011），中国国家标准出版社 2012 年版，第 36 页。

（三）优势和局限

潜在通路分析的优点包括：第一，潜在分析有利于分析者识别政策方案设计上的错误；第二，与 HAZOP（危险与可操作性分析）一起使用时通常会得到最佳结果；第三，非常适用于处理那些有多重目标的复杂教育政策。潜在通路分析的缺点包括：第一，由于该方法是从电路等环境中移植出来的，所以对于一些政策可能存在不适配的情况；第二，使用效果依赖于是否可以建立起正确的网络树。

（四）方法的实施

1. 输入与输出

潜在通路分析是一种独特的设计过程，因为它利用不同的工具，如网络树、网络森林等来识别具体的问题。网络树和网络森林是对系统进行的拓扑分组。每个网络树代表一种次级功能，并显示了可能影响次级功能输出的所有输入数据。将那些特定的网络树结合起来，就构成网络森林。一个合适的网络森林就是潜在通路分析的输入数据。潜在通路分析的输出是系统内的意外路径。在特定情况下，意外路径诱发不良功能或抑制预期目标的实现。

2. 实施步骤

潜在通路分析的实施通常包含四个步骤。第一步，为潜在通路分析做数据准备；第二步，以数据准备为基础，构建网络树和网络森林；第三步，对所有网络树进行分析和评估；第四步，根据分析识别意外路径（包含潜在路径、潜在时序、潜在表述和潜在标识等），给出最终的建议和报告。

第五节　控制模拟类风险评估方法

控制模拟类的风险评估方法多采用假设、估算、模拟等方式对风险进行识别、分析和评价。这些方法关注风险特征和属性的同时，也关注系统内部风险控制措施的效果。控制模拟类的风险评估方法主要包括：保护层分析（LOPA）、风险指数、蝶形图分析、在险值法（VaR）和层次分析法。

一、保护层分析

（一）概述

保护层分析（Layer of Protection Analysis，LOPA）是由事件树分析发展而来的一种风险分析技术。所谓的保护层，就是指系统内部的风险控制措施。作为辨识和评估风险的半定量工具，保护层分析是沟通定性分析和定量分析的重要桥梁与纽带。保护层分析可以估算与不期望事件或危险情景相关的风险，并将风险与风险准则比较，以确定现有的风险控制措施是否合适。[①]

（二）适用范围

保护层分析可以定性使用，简单分析现有的风险措施。保护层分析也可以定量使用，它耗费的时间比一般的定量分析少，能够聚焦后果严重或高频率的风险事件，尤其擅长识别、揭示事故场景的初因事件及深层次原因。该方法集中了定性和定量分析的优点，用于较复杂事故场景效果甚佳。在风险评估中一般在定性的危害分析（如 PHA、HAZOP、检查表等）完成之后，对得到的结果中过于复杂、危险的部分再进行保护层分析。

（三）优势和局限

保护层分析的优点包括：第一，它与大多数输出结果为定量类型的风险评估方法相比，需要更少的时间和资源，但又比定性的风险评估方法主观判断上更严格；第二，它有助于识别并将资源集中在最关键的保护层上；第三，它专注于识别那些缺乏充分风险控制措施的系统；第四，它关注最严重、最关键的后果。保护层分析的局限性体现在：第一，保护层分

---

① 参见李娜等：《保护层分析方法研究及其在风险分析中的应用》，《石油与天然气化工》2013 年第 12 期。

析每次只能分析一个因果对和一个情景，无法分析风险或控制措施之间的相互影响；第二，量化的风险可能没有考虑到普通模式的失效；第三，保护层分析并不适合单独应用在过于复杂的情景。

（四）方法的实施

1. 输入与输出

保护层分析的输入主要包括：第一，有关政策风险的基本信息；第二，有关现有或建议风险控制措施的信息；第三，原因事件和初因事件的概率、保护层概率、结果措施及风险准则。保护层分析可以给出需要进一步采取的风险控制措施，以及这些控制措施在降低教育政策风险方面效果的建议。

2. 实施步骤

保护层分析可以通过专家团队按照下列步骤依次实施：第一步，识别不良结果的初始原因，并查找有关概率和结果的数据；第二步，选择一个因果对；第三步，识别现有的保护层，同时对它们的效力进行分析；第四步，识别独立保护层；第五步，估计每个独立保护层失效的概率；第六步，保护层的综合影响，并与风险准则进行比较，以确定政策风险是否需要加强保护。

二、风险指数

（一）概述

风险指数（Risk indices）是对风险的半定量测评，是利用顺序尺度记分法得出的估算值。[1] 风险指数可以用来对使用相似风险准则的一系列风险进行比较。尽管风险指数法在风险评估中有着较为广泛的应用，但它主要还是用于风险分析子过程。此外，风险指数虽然可以获得量化的结果，但其本质上还是一种对风险进行分级和比较的定性方法，使用"指数"命名完全是为了便于操作。

---

[1] 参见张曾莲：《风险评估方法》，机械工业出版社 2017 年版，第 78 页。

（二）适用范围

如果充分理解教育政策，可以用指数对政策涉及的教育活动或业务过程中的风险进行分级。指数允许将影响风险等级的一系列因素整合为单一的风险等级数字。风险指数还可以作为一种范围划定工具用于各种类型的风险界定。该方法可以根据风险水平划分政策风险，以便确定哪些风险需要更深层次的分析，以及是否有必要进行定量评估。

（三）优势和局限

风险指数的优势在于，它提供了一种有效划分风险等级的工具，使影响风险等级的多种因素整合到对风险等级的分析中。风险指数的局限性在于，如果过程（模式）及输出结果未得到很好的确认，那么分析的结果可能毫无意义，甚至可能被误解和误用。另外，风险指数法在很多情况下缺乏一个基准模型。这个基准模型是用来确定风险因素的单个尺度是线性的、对数的还是某个其他的形式。因此，风险评级的信度建议根据相关数据进行检验。

（四）方法的实施

1.输入与输出

风险指数的输入数据来源于对教育政策的分析数据，或者对教育政策背景宽泛的描述等。这要求必须很好地把握教育政策风险的各种来源，以及可能的风险和可能影响到的对象、范围等。故障树、事件树和一般的决策分析工具都可以用来为风险指数提供输入数据。风险指数的输出结果是与特定来源有关的一系列数字（综合指数），并可以与其他来源计算的指数，或者按相同方式建模得到的一系列指数进行比较。

2.实施步骤

首先是理解并描述政策系统。一旦相关信息得到确认，就要对各功能模块确定得分，再将这些得分结合起来，以提供给综合指数作为输入。例如，在任意一个政策环境中，风险来源、途径及引发方式等都将被赋值评分。同时，对风险要素（例如概率和后果严重程度等）和增加风险的要素也要赋值评分。可以设计合适的指数模型对各因素的得分进行加减乘除的运算。严格地说，将数学公式用于顺序得分是无效的，因此一旦评分系统得以建立，必须将该模型用于已知系统，以便确认其有效性。确定指数通常采用迭代方法，在分析人员得到满意的确认结果之前，可以尝试多种系统对得分进行综合处理。

三、蝶形图分析

（一）概述

蝶形图分析（Bow-tie Analysis，BTA）是一种简单的图解形式，用来描述并分析某个风险从原因到结果的路径。[①] 该方法可视为分析事件起因（由蝶形图的结代表）的故障树和分析事件结果的事件树这两种方法的结合。但是，蝶形图关注的重点是在风险形成路径上存在哪些风险控制措施及其效果。在构建蝶形图时，要从故障树和事件树入手，借助头脑风暴法等类似的讨论活动绘制图形。

（二）适用范围

蝶形图分析通常被用来呈现风险的一系列可能的原因和后果。如果风险评估的目标更关注的是确保每个故障路径都有控制措施，那么就可以使用蝶形图来进行分析。当引起故障的路径清晰而独立时，蝶形图分析就非常有价值。与故障树相比，蝶形图分析通常更容易理解。因此，在对复杂的教育政策风险进行分析时，蝶形图分析可以促进参与者更好地沟通。

（三）优势和局限

蝶形图分析的优点包括：第一，用图形清晰地表示风险和路径，便于理解；第二，关注的是为了达到预期目标或减缓风险的影响而设置的风险控制措施；第三，可用于期望的结果；第四，使用较为简单，不需要较高的专业知识水平。蝶形图分析的局限性包括：第一，无法描述当多种原因

---

① 参见王旭：《基于 bow-tie 的保护层分析法在风险分析中的应用研究》，《青岛理工大学学报》2015 年第 11 期。

同时发生并产生结果时的情形；第二，可能会过于简化复杂情况，尤其是
在试图量化呈现的时候。

（四）方法的实施

1. 输入与输出

蝶形图分析的输入主要是教育政策风险的原因、结果和风险控制措
施等。蝶形图分析的输出是一个简单的"蝴蝶"形状的图表。图表说明了
主要的故障路径和风险控制措施的分布，见图 2-7。

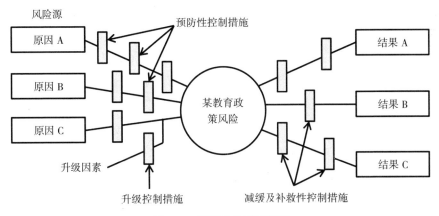

图 2-7　蝶形图分析示例图

2. 实施步骤

蝶形图分析的实施步骤如下：第一步，识别需要分析的具体风险，并
将其作为蝶形图的中心结；第二步，列出造成结果的原因；第三步，识别
由风险源到事故的传导机制；第四步，在蝶形图左侧的每个原因与风险之
间画线，如果有某些因素可以有效地抑制风险的发生，则用条形框列出
这些控制措施；第五步，识别那些可能造成风险升级的因素并呈现在图形
上，如果有某些因素可以控制风险升级，则用条形框列出这些控制措施；
第六步，在蝶形图的右侧，识别不同的潜在后果，并以风险为中心与结果
画线相连；第七步，如果某些因素可以有效控制风险结果的升级，则用条
形框列出这些控制措施。在路径独立、结果可能性已知的情况下，可以对
蝶形图进行一定程度的量化，估算并数字化呈现控制效果。如果条件不符
合，可以用故障树及事件树来进行定量分析。

四、风险矩阵

（一）概述

风险矩阵（Risk matrix）是用于识别风险和对风险进行优先排序的有效工具。风险矩阵可以直观地显现组织风险的分布情况，有助于管理者确定风险管理的关键控制点和风险应对方案。[①] 一旦教育政策的风险被识别，就可依据其对教育政策目标的影响程度和发生的可能性等维度来绘制风险矩阵。

（二）适用范围

风险矩阵通常作为一种筛查工具来对风险进行排序。分析者可以根据风险在矩阵中所处的区域，确定哪些风险需要更细致的分析，或者哪些风险应该优先应对。风险矩阵也可用于促进风险评估参与者之间的沟通与理解，特别是风险评估的实施者、教育政策决策者和风险评估的组织者之间的沟通，因为风险等级的构建方法应该与决策者的风险偏好保持一致。

（三）优势和局限

风险矩阵最大的优点是简单易用。另外，风险矩阵将教育政策风险全部以图形化的方式直观呈现，便于将风险快速地划分为不同的重要水平。风险矩阵的局限性包括：第一，必须设计匹配具体情况的矩阵，因此很难有一个适用于所有教育政策环境的通用模型。第二，风险矩阵的主观色彩较强，不同的实施者（团队）之间的风险等级划分标准可能会存在差异，从而导致结果存在明显不同。第三，无法对风险进行累计叠加。

（四）方法的实施

1. 输入与输出

风险矩阵法的输入数据为教育政策风险发生的可能性与后果严重程

[①] 参见《风险管理　风险评估技术》（GB/T27921-2011），中国国家标准出版社 2012 年版，第 29 页。

度的评估结果。对风险发生可能性的高低、后果严重程度的评估有定性、定量等方法。定性方法直接用文字描述如"极低"、"低"、"中等"、"高"和"极高"等。定量方法是对风险发生可能性的高低、后果严重程度用具有实际意义的数量描述。如选择用等级标度可以为任何数量的点。常见的是 3、4 或 5 个等级点，对各等级点定义时要避免含混不清，见表 2–3 和表 2–4。①

表 2–3　风险矩阵：风险发生可能的评价标准示例

定量方法一	评分	1	2	3	4	5
定量方法二	一定时期发生的概率	10% 以下	10%—30%	31%—70%	71%—90%	90% 以上
定性方法	文字描述一	极低	低	中等	高	极高
	文字描述二	一般情况下不会发生	极少情况下发生	某些情况下发生	较多情况下发生	常常会发生
	文字描述三	今后 10 年内可能发生 1 次	今后 5—10 年内可能发生 1 次	今后 2—5 年内可能发生 1 次	今后 1 年内可能发生 1 次	今后 1 年内至少发生 1 次

表 2–4　风险矩阵：风险对目标影响程度评价标准示例

定量方法一	评分	1	2	3	4	5
定量方法二	招生规模缩减	1% 以下	1%—5%	6%—10%	11%—20%	20% 以上
定性方法	文字描述一	极轻微	轻微	中等	重大	灾难性
	文字描述二	极低	低	中等	高	极高

---

① 参见《风险管理　风险评估技术》(GB/T27921-2011)，中国国家标准出版社 2012 年版，第 29—30 页。

定性方法	文字描述三	教学运行	几乎不受影响	轻度影响	中度影响	严重影响	重大影响
		学校声誉	负面消息在学校内部流传，学校声誉几乎没有受损	负面消息在当地局部流传，学校声誉轻微损害	负面消息在某区域流传，学校声誉中等损害	负面消息在全国流传，对学校声誉造成重大损害	相关部门进行调查，公众关注，学校声誉受到无法弥补的损害
		校产投资	较低的财务损失	轻微的财务损失	中等的财务损失	重大的财务损失	极大的财务损失

风险矩阵的输出是对各类风险的等级划分，或是确定了重要性水平并且分级的教育政策风险清单。

2.实施步骤

对风险发生可能性的高低和后果严重程度进行定性或定量评价后，依据评价结果绘制风险矩阵。绘制矩阵时，一个坐标轴表示风险结果等级，另一个坐标轴表示风险可能性等级，如图 2-8 所示。

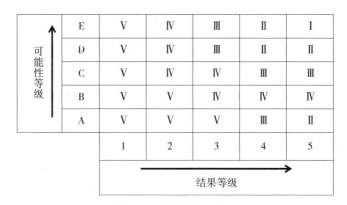

图 2-8　风险矩阵示例图

五、在险值法

（一）概述

在险值法（Value at Risk，VaR）又被称为风险价值或在险价值法，多用于金融领域。在险值是指在一定的置信水平下，某一金融资产（或投资组合）在未来特定的一段时间内最大可能的损失。[①] 与传统的风险度量方法不同，在险值法完全是基于统计分析基础上的风险度量技术。利用在险值法可以比较全面地描述和评估风险。许多度量方法只能用来度量一类资产的风险或一类特定的风险，而在险值法不依赖个别风险的特性或受资产种类的限制，具有较强的普适性。

（二）适用范围

在险值法起源于摩根大通公司，起初被设计用来计算市场风险，随后被逐步引入信用风险管理领域。目前，在险值法已经被世界金融机构广泛用于衡量金融风险的大小，因此该方法非常适合用来分析教育经济类政策的风险。在险值法也可以用于投资组合之中，决策者可以通过在险值法来判断投资组合中哪笔交易对投资组合的风险暴露起到了对冲效果，从而优先把新的投资投向该交易。在险值法还可以用来衡量学校或者教育机构现金流和盈利风险，也就是所谓的现金流在险值和收益在险值。

（三）优势和局限

在险值法的优点包括：第一，过程和结果简单明了，非专业背景的群体也可以通过在险值法对风险进行评估；第二，可以预先估算风险，区别于事后衡量风险的方法；第三，不仅能计算单个金融工具的风险，还能计算由多个金融工具组成的投资组合风险。在险值法的局限性体现在：第一，过分依赖统计数据和模型，当数据不足时难以支持可信赖的 VaR 模型；第二，在险值法主要关注的是市场风险，单纯依靠该方法可能会忽略其他风险；第三，VaR 值表明的是一定置信度内的最大损失，但并不能排除高于 VaR 的损失发生的可能性；第四，在险值法描述的是正常市场环境下的情况，但市场瞬息万变，在极端情况下在险值法可能会失效。所以使用在险值法时，建议结合其他风险评估方法评估极端情形，例如情景分析、压力测试等。

---

① 参见张曾莲：《风险评估方法》，机械工业出版社 2017 年版，第 82 页。

（四）方法的实施

1. 输入与输出

以参数法计算在险值为例，仅需要将市价、当前头寸面临的风险和风险数据三种数据相结合，因此比较容易操作。在险值法可以给出特定持有期内一定置信水平下资产组合面临的最大损失，有效描述了资产组合的整体市场风险状况。

2. 实施步骤

参数法利用资产组合的价值函数与市场因子间的近似关系、市场因子的统计分布（方差—协方差矩阵）简化 VaR 的计算。参数法的主要计算步骤包括：第一步，列出各种风险因素；第二步，对投资组合中所有金融工具的线性风险进行映射；第三步，汇总不同金融工具的风险；第四步，估计风险因子的协方差矩阵；第五步，计算总体投资组合风险。

六、层次分析法

层次分析法（Analytic Hierarchy Process，AHP）是美国运筹学家匹兹堡大学的托·萨蒂（T.L. Saaty）于 20 世纪 70 年代中期提出的一种系统分析方法。这是一种将与决策有关的元素分解成目标、准则、方案等一系列层次结构，在此基础上进行定性和定量分析，以确定多目标、多方案优化决策问题中各个指标权重的决策方法。[1]

（一）概述

在进行风险评估时，我们经常面临有相互关系、相互制约的多重因素构成的复杂的教育政策，而且教育政策风险评估经常缺少定量数据。层次分析法为类似的问题提供了一种解决思路，它的特点是在对复杂决策问题的本质、影响因素及内在关系等进行深入分析的基础上，利用较少的定量信息使决策的思维过程数学化，从而为多目标、多准则或无结构特性的复杂决策问题提供简单的决策方案，尤其适合对决策结果难以直接计

---

[1] 参见范道津等：《风险管理理论与工具》，天津大学出版社 2010 年版，第 89 页。

量的情况。

（二）适用范围

层次分析法以其系统性、灵活性、实用性等特点，非常适合用于多目标、多准则、多层次、多因素的复杂教育政策风险评估时的决策，特别是在风险重要性排序、风险准则构建和风险应对策略的选择等方面。与其他风险评估方法相比，在教育政策目标相对复杂且缺少必要数据的情况下层次分析法更为适用。

（三）优势和局限

层次分析法可以较好地体现定性与定量相结合的理念。在决策过程中，决策者直接参与决策过程，其定性思维过程被数字化、模型化，而且还有助于保持思维过程的一致性。层次分析法的局限性主要表现在：第一，很大程度上依赖人们的经验，主观因素的影响很大。层次分析法至多只能排除思维过程中严重的非一致性，却无法排除决策者个人可能存在的严重片面性；第二，层次分析法比较、判断过程较为粗糙，不能用于精度要求较高的决策问题。

（四）方法的实施

1. 输入与输出

层次分析法的输入是对任意两因素的相对重要性进行比较判断，给予量化。通常情况下，可以结合德尔菲法或头脑风暴法一起完成。层次分析法的输出是各种方案相对于总目标的重要性排序。

2. 实施过程

层次分析法大体上可以分为四个步骤：第一步，建立递阶层次结构模型；第二步，构造出各层次中的所有判断矩阵；第三步，层次单排序及一致性检验；第四步，层次总排序及一致性检验。后面两个步骤在整个过程中需要逐层进行。

第六节　统计预警类风险评估方法

统计预警类风险评估方法最大的特点就是都以统计学的相关理论、数据模型等为基础。这些方法中的大部分都可以提供量化的风险评估输出结果，主要包括：均值—方差模型、FN 曲线、马尔可夫分析、贝叶斯统计及贝叶斯网络、预先危险分析（PHA）、蒙特卡罗模拟分析和资本资产定价模型。

一、均值—方差模型

（一）概述

均值—方差模型（Mean-Variance Model）是组合投资理论和投资实践的基础，由美国经济学家马克维茨（Harry Markowitz）提出，所以又称为 Markowitz 模型。[①] 在金融投资领域，很多风险投资者都要面对两个核心的问题——预期收益与风险。他们期望尽可能高的收益率和尽可能低的不确定性。如何测定组合投资的风险与收益，在平衡这两项指标的基础上进行资产分配就成为他们关注的焦点。均值—方差模型可用于这类问题的分析，从所有投资方案中选择一个最优的组合，使收益和风险这两个看似相互制约的指标达到最佳平衡。

（二）适用范围

有很多教育政策的内容涉及教育资源的分配，这些资源包括人力、物力、财力、时间、空间、信息和技术等。对这类政策进行风险评估时，一个经常要面对的问题就是资源分配和风险之间的平衡问题，此时均值—方差模型就成为可以选择的评估方法之一。另外，均值—方差分析模型也适用于对教育经济相关的政策风险进行评估。

[①]　参见《风险管理　风险评估技术》（GB/T27921-2011），中国国家标准出版社 2012 年版，第 50 页。

（三）优势和局限

均值—方差模型通过数理方法描绘出资产组合选择的最基本、最完整的框架，具有开创性，是目前投资理论和投资实践的主流方法。该模型的局限性在于没有考虑到收益的非正态分布，而多数实证研究表明某些金融产品的收益率不一定服从正态分布。另外，该方法计算复杂，特别是运用在多个项目投资组合问题时计算量更为庞大。

（四）方法的实施

1. 输入与输出

均值—方差模型的输入是预期收益率及各项目的风险概率信息。均值—方差模型的输出是在给定收益率下的最小风险组合或预定风险下的最大收益组合。

2. 实施步骤

均值—方差模型如下所示：

目标函数：$\min \sigma^2 (R_P) = \sum\sum x_i x_j \mathrm{cov}(R_i, R_j)$，其中 $R_P = \sum x_i R_i$

限制条件：$\sum x_i = 1 x_i \geq 0$，$i = 1,2,\cdots,n$

其中 R_P 为组合收益，R_i 为第 i 个投资项目的收益，$x_i x_j$ 为第 i、j 个投资项目的比例，$\sigma^2(R_P)$ 为组合投资方差（组合总风险），$\mathrm{cov}(R_i, R_j)$ 为两个投资项目的协方差。这个函数式表明，在限制条件下如何使组合风险 $\sigma^2(R_P)$ 最小，可通过拉格朗日目标函数求得。其经济学意义是，投资者可预先确定一个期望收益，通过函数可以确定投资者在每个投资项目上的投资比例，使其总投资风险最小。不同的期望收益就有不同的最小方差组合，这就构成了最小方差集合。

二、FN 曲线

（一）概述

FN 曲线（FN Curves）表示的是人群中有 N 个或更多的人受到影响的累计频率（F），通常用来呈现风险分析结果。很多风险都具有轻微结果高概率或是严重后果低概率的特点，FN 曲线用区域块来表示风险，而不是用表示后果和概率的组合的单点表示风险。[①] 在大多数情况下，FN 曲线输出的是出现一定严重后果的频率。从本质上说，FN 曲线并不是纯粹的风险评估技术，而是一种表现风险结果的方法。它可用于风险评估过程中的风险呈现，或者作为风险评估某个子过程的风险输出形式。

（二）适用范围

FN 曲线最初用于核电站的风险评价中，其采用死亡人数 N 与事故发生频率 F 之间关系的图形表示，目前被广泛用于社会风险接受准则的制定。因此，FN 曲线可用于教育政策方案设计或用于对教育政策方案进行风险评估，特别适合那些涉及社会稳定、校园基建、校园安全等内容的教育政策。另外，FN 曲线还可用来比较风险，可以将风险与 FN 曲线规定的标准相比，或者将风险与历史数据相比等。

（三）优势和局限

FN 曲线是一种有效描述风险信息的技术，用易于理解的形式来呈现风险事件频率和后果的信息。决策者可通过 FN 曲线更有效地作出风险排序和应对策略决策。同时，FN 曲线适用于具有充分数据且环境类似情况下的风险比较。FN 曲线的局限性是，它无法说明影响范围或事件结果，而只能说明受影响的群体数量或人数。另外，它也无法识别引发伤害的方式，而且对实施者的专业水平和熟练程度有一定的要求。

（四）方法的实施

1. 输入与输出

FN 曲线的输入数据包括：第一，特定条件下，风险的发生可能性和后果的信息；第二，定量风险分析的数据结果，例如校园火灾造成一定数量的伤亡学生的可能性；第三，历史记录及定量风险分析中得出的数据，例如某省近十年来发生火灾并死亡的人数记录。FN 曲线的输出是可与现有风险决策准则进行比较的一个风险区域。

---

① 参见张曾莲：《风险评估方法》，机械工业出版社 2017 年版，第 150 页。

2. 实施步骤

首先，将现有的数据绘制在图形上。例如，以伤亡学生人数作为横坐标，以事故发生频率为纵坐标。由于数值范围大，两个轴通常都离不开对数比例尺。FN 曲线可以使用过去损失的真实数据进行统计上的建构（统计 FN 曲线），或者通过模拟进行计算（理论 FN 曲线）。使用的数据及假设意味着这两类 FN 曲线可传递不同的信息。一般来说，理论 FN 曲线适用于对于政策方案设计进行分析，而统计 FN 曲线适用于对政策现有的风险控制措施进行分析。两种归纳法可能非常耗时，因此将两种方法综合运用较为常见。然后，实证数据将形成已准确掌握的学生伤亡人数，以及通过外插法或内插法提供其他专家观点的定量风险分析。需要指出的是，对于低频率事故的分析，可能需要收集较长时间跨度范围内的数据。

三、马尔可夫分析

马尔可夫分析（Markov Analysis）又称为马尔可夫转移矩阵法，是指在马尔可夫过程的假设前提下，通过分析随机变量的现时变化情况来预测这些变量未来变化情况的一种预测方法。[①]

（一）概述

如果事物每次状态转移只与相关联的前一个状态有关，与过去的状态无关，则称这种无后效应性的状态转移过程为马尔可夫过程。马尔可夫是一位数学家，他在 20 世纪初发现，一个系统的某些因素在转移中，第 n 次结果只受第 $n-1$ 次结果的影响，即只与当前所处的状态有关，与以前的状态都无关。所以他引入了"状态转移"的概念。所谓状态是指客观事物可能出现或存在的状态，状态转移是指客观事物由一种状态转移到另一种状态的概率。马尔可夫分析主要围绕"状态"这个概念以及状态间的转移展开。

---

① 参见《风险管理　风险评估技术》（GB/T27921-2011），中国国家标准出版社 2012 年版，第 53 页。

（二）适用范围

马尔可夫分析通常用来分析那些存在时序关系的各类状况的发生概率，可用于对复杂的教育政策中不确定性事件及其状态改变的定量分析。马尔可夫分析是一种定量分析技术，可以分析不连续的（利用状态间变化的概率）或者连续的（利用各种状态的变化率）数据。虽然马尔可夫分析可以手动进行，但是该技术的性质决定其更适合借助于计算机程序。[①]

（三）优势和局限

马尔可夫分析的主要优点是，能计算出教育政策未来执行时可能处于的各种状态的概率。马尔可夫分析的局限性包括：第一，假设状态变化的概率是固定的；第二，所有事件在统计上具有独立性，因此未来状态独立于一切过去的状态，除非两个状态紧密相连；第三，需要了解状态变化的各种概率；第四，有关矩阵运算的知识，对实施者水平和能力要求较高；第五，计算机结果很难与非专业人员进行沟通。

（四）方法的实施

1. 输入与输出

马尔可夫分析的关键输入数据如下：第一，教育政策或教育政策功能模块可能处于各种状态的清单，例如，教育政策部分功能处于良性运行状态、无法运行状态或低效能状态等；第二，状态的可能转移；第三，某种状况到另一种状况的变化率，通常由不连续事件之间的变化概率来表示，或者连续事件的故障率（λ）或维修率（μ）来表示。

马尔可夫分析的输出结果是处于各种状态下的概率。因此，可以估算出故障概率及／或可用度等参数。

2. 实施步骤

为了说明马尔可夫分析的实施步骤，我们以一个简单的教育政策为例，假设这个政策的主要内容是每周上报各地教育信息并汇总统计。执行后仅存在三种状态：正常运行状态（S_1）——政策运行基本符合预期；低

---

① 参见张曾莲：《风险评估方法》，机械工业出版社 2017 年版，第 146 页。

效能运行状态（S_2）——政策未能完全发挥作用，政策的部分措施或在部分地区无法实施；故障运行状态（S_3）——政策执行严重受阻，各地均无法实施，政策处于停滞状态。每周，政策都会处于这三种状态中的某一种。表2–5说明了政策下周处于各种运行状态（S_i）的概率。

表2–5　马尔可夫矩阵示例表

		本周的状态		
		S_1	S_2	S_3
下周的状态	S_1	0.95	0.3	0.2
	S_2	0.04	0.65	0.6
	S_3	0.01	0.05	0.2

表2–5称为马尔可夫矩阵，每列数值之和为1，因为它们是每种情况一切可能结果的总和。这个教育政策的执行状态可以用马尔可夫图来表示，见图2–9。其中，圆圈代表状态，箭头代表相应概率的转移。

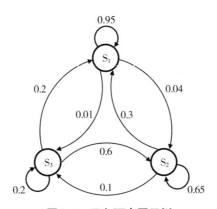

图2–9　马尔可夫图示例

从某个状态返回自身的箭头通常并不绘出，但是为了完整性也呈现在图中。

设P_i代表该教育政策处于状态i（i可以是1、2或3）的概率，那么需要解决的方程包括：

$$P_1 = 0.95P_1 + 0.30P_2 + 0.20P_3$$

$$P_2 = 0.04P_1 + 0.65P_2 + 0.60P_3$$

$P_3 = 0.01P_1 + 0.05P_2 + 0.20P_3$

这三个方程并非独立方程，所以无法解出三个未知数。因此，下列方程必须使用，同时上述方程中有一个可以弃用。

$1 = P_1 + P_2 + P_3$

状态 1、2 和 3 解出的概率分别为 0.85、0.13 和 0.02。所以得出的结论是：教育政策在 85% 的时间里可以充分发挥作用；13% 的时间里未能发挥全部作用；2% 的时间里处于停滞且无法执行的状态。

四、贝叶斯统计及贝叶斯网络

贝叶斯统计学是由英国学者贝叶斯（Thomas Bayes）提出的一种系统的统计推断方法。与传统的统计理论不同，贝叶斯统计未假设所有的分布参数为固定值，而是设定这些参数是随机变量。[①] 如果将贝叶斯概率视为某个人对某个事件的信任程度，那么就容易理解了。相比之下，古典概率取决于客观数据。由于贝叶斯方法是基于对概念的主观解释，因此它为决策思维和建立贝叶斯网络（或称为信念网、信念网络等）提供了依据。

（一）概述

贝叶斯统计的前提是任何已知（先验）信息可以与随后的测量（后验）数据相结合，在此基础上去推断事件的概率。而贝叶斯网络是基于概率推理的数学模型，使用图形模式来表示一系列变量及其概率关系。网络中的节点表示随机变量，节点间的有向边代表了节点间的相互关系，这里母节点是一个直接影响另一个子节点的变量，用条件概率表达关系强度，没有父节点的用先验概率进行信息表达。贝叶斯统计的基本表达式是：

$P(A|B) = \{P(A)P(B|A)\}/\sum P(B|E_i)P(E_i)$

式中，事件 A 的概率为 $P(A)$，在事件 B 发生的情况下，A 的条件概率表示为 $P(A|B)$，E_i 为第 i 个事件。表达式的最简化形式为：

$P(A|B) = \{P(A)P(B|A)\}/P(B)$

---

① 参见钱正培、贺学强：《公司信用风险研究的贝叶斯方法》，《兰州学刊》2010 年第 9 期。

（二）适用范围

贝叶斯网络对于解决复杂系统中由不确定性和关联性引起的故障有较大的优势，因此广泛应用在多个领域中。近年来，随着计算软件的蓬勃发展，贝叶斯统计及贝叶斯网络的运用非常普及。对于任何需要利用结构关系和数据来预测未知变量的场合都可以使用贝叶斯统计。贝叶斯网络也可以用来认识因果关系，以便了解问题域并预测风险控制措施的效果。

（三）优势和局限

贝叶斯统计的优点是仅需要先验知识，推导式证明也非常容易理解，提供了一种利用客观信念解决问题的机制。贝叶斯统计的局限性体现在：第一，对于复杂系统，确定贝叶斯网络中所有节点之间的相互作用是相当困难的；第二，贝叶斯统计需要众多条件概率知识，这通常需要专家来判断提供，因此必须借助其他方法来获得这些信息。

（四）方法的实施

1. 输入与输出

贝叶斯方法的输入数据包括：界定系统变量；界定变量间的因果关系；确定条件及先验变量；增加证据；进行信念更新；获取后验信念。贝叶斯方法会产生大量的输出结果，其中最有意义的就是获得点估算结果的数据分析以及置信区间。

2. 实施步骤

我们以图 2–10 所示的贝叶斯网络为例，来呈现贝叶斯方法的过程。借助于确定的先验概率，计算节点 C 和节点 D 的条件概率（见表 2–6、2–7 和 2–8）。其中 Y 表示正值，N 表示负值。

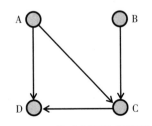

图 2–10　贝叶斯网络示例图

表2-6 节点 A 与节点 B 的先验概率

$P(A=Y)$	$P(A=N)$	$P(B=Y)$	$P(B=N)$
0.9	0.1	0.6	0.4

表2-7 在明确节点 A 与节点 B 的情况下节点 C 的条件概率

A	B	$P(C=Y)$	$P(C=N)$
Y	Y	0.5	0.5
Y	N	0.9	0.1
N	Y	0.2	0.8
N	N	0.7	0.3

表2-8 在明确节点 A 与节点 B 的情况下节点 D 的条件概率

A	B	$P(D=Y)$	$P(D=N)$
Y	Y	0.6	0.4
Y	N	1.0	0.0
N	Y	0.2	0.8
N	N	0.6	0.4

为了确定 $P(A \mid D=N, C=Y)$ 的后验概率，首先要计算出 $P(A, B \mid D=N, C=Y)$。使用了贝叶斯规则，可以确定 $P(D \mid A, C) P(C \mid A, B) P(A) P(B)$，如表2-9所示。同时，最后一栏表示正态概率，其和为上列得出的1（结果四舍五入）。

表2-9 在明确节点 C 与节点 D 的情况下节点 A 和节点 B 的后验概率

A	B	$P(D \mid A, C) P(C \mid A, B) P(A) P(B)$	$P(A, B \mid D=N, C=Y)$
Y	Y	$0.4 \times 0.5 \times 0.9 \times 0.6 = 0.110$	0.4
Y	N	$0.4 \times 0.9 \times 0.9 \times 0.4 = 0.130$	0.48
N	Y	$0.8 \times 0.2 \times 0.1 \times 0.6 = 0.010$	0.04
N	N	$0.8 \times 0.7 \times 0.1 \times 0.4 = 0.022$	0.08

要得出 $P(A \mid D=N, C=Y)$ 的所有值必须求和。表2-10表明，$P(A=N)$ 的先验概率已经从0.1增加到后验的0.12，此变化比较小。同理，

通过计算可以得知，$P(B \mid D=N, C=Y)$ 已从 0.4 增加到 0.56，这个变化就较为明显了。

表 2–10　在明确节点 C 与节点 D 的情况下节点 A 的后验概率

$P(A=Y \mid D=N, C=Y)$	$P(A=N \mid D=N, C=Y)$
0.88	0.12

五、预先危险分析

（一）概述

预先危险分析（Primary Hazard Analysis，PHA）也称初始危险分析，是广泛用于涉及安全事项的风险评估方法。通常情况下，在相关的活动开始之前，特别是在活动的设计阶段，对系统存在危险类别、出现条件、事故后果等进行概略地分析，尽可能评价出潜在的危险。[①] 预先危险分析本质上是一种归纳分析方法，其目标是识别危险以及可能给特定活动、设备或系统带来损害的危险情况及事件。

（二）适用范围

从命名上就可以得知预先危险分析主要用在活动之前。就教育政策风险评估而言，由于在政策方案形成早期相关的信息和数据较少，所以使用预先危险分析经常成为进一步评估风险的前奏。预先危险分析可以为进一步的分析提供信息基础，特别适合涉及教学设备、校园建设和校园安全的教育政策风险的初步识别。另外，当所用的信息或数据很少，其他风险评估无法使用时，也可以使用预先危险分析对教育政策进行风险识别。

（三）优势和局限

预先危险分析的优点体现在两方面：一是，它可以在教育政策相关信息和数据非常有限的条件下使用；二是，可以在教育政策风险评估的早期

[①]　参见张曾莲:《风险评估方法》，机械工业出版社 2017 年版，第 86 页。

实现对政策风险的初步评估。预先危险分析的局限性表现在只能提供初步的信息，它不够全面也无法提供有关风险及最佳风险预防措施方面的详细信息。

（四）方法的实施

1. 输入与输出

预先危险分析的输入包括：被评估的教育政策的相关信息；可获得的教育政策风险设计的细节数据。预先危险分析的输出包括：危险和风险清单；包括控制措施、设计规范或更详细评估的请求等多种形式的建议。

2. 实施步骤

预先危险分析实施起来非常简单，通常情况下通过分析以下因素来编制危险和教育政策风险清单：使用或涉及的材料；使用的设备；运行环境；布局；教育政策各功能模块之间的分界和衔接等。对风险事件及可能性可以进行定性分析，以识别那些需要进一步评估的政策风险。

六、蒙特卡罗模拟分析

蒙特卡罗模拟法（Monte Carlo simulation）又称为统计模拟法、随机模拟法或随机抽样技术等，它是在 20 世纪 40 年代中期为了适应原子能事业发展而发展出的方法。传统的经验方法由于不能逼近真实的物理过程，很难得到满意的结果，而蒙特卡罗方法由于能够逼真地模拟实际物理过程，故解决问题的方案与现实状况吻合度非常高。[①]

（一）概述

蒙特卡罗模拟法以概率和统计理论方法为基础，使用随机数（或更常见的伪随机数）来解决很多计算问题的方法，是预测和估算失事概率的常用方法之一。该方法的主要思路是按照概率定义，某事件发生的概率可以用大量试验中该事件发生的频率估算。因此，可以先对影响其失事概率

---

① 参见范道津等：《风险管理理论与工具》，天津大学出版社 2010 年版，第 106 页。

的随机变量进行大量随机抽样，获得各变量的随机数。然后将这些抽样值一组组的代入功能函数，确定系统失效与否。最后，统计失效次数，并计算出失效次数与总抽样数的比值，从而求得失事概率。

数学家冯·诺依曼（John von Neumann）用驰名世界的赌城摩纳哥（Monte Carlo）来命名这种方法，为它蒙上了一层神秘色彩。事实上在这之前，蒙特卡罗方法就已经存在。1777 年，法国数学家蒲丰（George-Louis Leclerc de Buffon）提出用投针实验的方法求圆周率 π，这被认为是蒙特卡罗方法的起源。

（二）适用范围

蒙特卡罗模拟通常用来评估各种可能结果的分布及值的频率。具体来说，该方法主要用来模拟传统解析模型的不确定性的分布，或者对解析技术不能解决的问题进行概率计算。对教育政策风险评估而言，可以用来评估与某教育政策相关的教育活动的周期、收益、人力投入、进度预测或预测教育政策运行中断状况等。

（三）优势和局限

蒙特卡罗模拟的优点包括：第一，从理论上讲，该方法适用于任何类型分布的输入变量；第二，模型便于开发，并可根据需要进行拓展；第三，实际产生的任何影响或关系都可以进行表示，包括微妙的影响；第四，敏感性分析可以用于识别较强或较弱的影响；第五，模型便于理解，因为输入数据与输出结果之间的关系是透明的；第六，提供了一个结果准确性的衡量；第七，辅助计算的软件便于获取且成本较低。

蒙特卡罗模拟的局限性包括：第一，结果准确性取决于可执行的模拟次数，当然随着计算机运行性能的提高，这个问题越来越不明显；第二，依赖于能够代表参数不确定性的有效分布；第三，大型复杂的模型可能对建模者的能力和水平提出较高挑战，所以很难使全部利益相关者参与其中；第四，由于抽样效率的限制，该方法对于严重后果且低概率的风险事件预测效力不足。

（四）方法的实施

1. 输入与输出

进行蒙特卡罗模拟分析时，需要构建一个可以很好地描述系统特征的模型。模型中各变量的输入数据需要依据其分布随机产生。为此，均匀分布、三角分布、正态分布和对数正态分布经常被使用。

蒙特卡罗模拟的输出结果可能是单个数值，也可能是表述为概率或频率分布的结果。一般来说，蒙特卡罗模拟可以用来评估可能出现的结果的整体分布，或者是以下分布的关键测评：一是，期望结果出现的概率；二是，在某个置信概率下的结果值。对输入数据与输出结果之间关系的分析，可以说明目前正在发挥作用的因素的相对重要性。

2. 实施步骤

蒙特卡罗模拟的实施步骤如下：第一步，确定尽可能准确代表所分析系统特性的模型或算法。第二步，用随机数将模型运行多次，产生模型（系统模拟）输出。模型以方程式的形式提供输出参数与输出之间的关系；第三步，在每一种情况下，计算机以不同的输入运行模型多次并产生多种输出。这些输出可以用传统的统计方法进行处理，以提供均值、方差和置信区间等信息。

七、资本资产定价模型

（一）概述

资本资产定价模型（Capital Asset Pricing Model，CAPM）是由美国学者夏普（William Sharpe）、林特尔（John Lintner）、特里诺（Jack Treynor）和莫辛（Jan Mossin）等人于 1964 年在资产组合理论和资本市场理论的基础上发展起来的，主要研究证券市场中资产的预期收益率与风险资产之间的关系，以及均衡价格是如何形成的。它是现代金融市场价格理论的支柱，广泛应用于投资决策和公司理财领域。①

---

① 参见《风险管理　风险评估技术》（GB/T27921-2011），中国国家标准出版社 2012 年版，第 51 页。

（二）适用范围

资本资产定价模型从方法的命名上就能推算出，这项技术主要用于与资本、资产和价格等因素相关的风险评估。通常可以使用在对与教育经济、资产和资源分析相关的教育政策的风险评估过程。使用资本资产定价模型，可以估算出各种宏观经济变化对教育资产、资本和教学成本等因素的影响。

（三）优势和局限

资本资产定价模型是金融市场价格理论的经典模型，作为第一个不确定性条件下的资产定价的均衡模型，具有重大的历史意义。在教育活动中，政府和教育行政管理部门经常需要面对教育资源的分配问题，教育政策作为有效的管理工具也经常涉及教育资源的分配、平衡、监督和评估，如何能够把教育资源科学合理地加以分配，把"钱"花在"刀刃"上？这个问题是所有教育政策决策者和研究者长期关注的问题。教育资源的投入与产出的过程充满了不确定性，而资本资产定价模型的实质就是讨论资本风险与收益的关系，应用领域的现实意义决定了它的最大的优势。当然，资本资产定价模型由于其严格的理论假设和对现实环境的高度抽象，也在一定程度上影响和限制了其应用范围和效果。

（四）方法的实施

1. 输入与输出

资本资产定价模型的输入数据主要包括预期的回报率和无风险收益等相关信息，还有对当前市场背景的宽泛描述。资本资产定价模型说明了单个资本投资组合的期望收益率相对风险程度之间的关系。

2. 实施步骤

资本资产定价理论认为，一项投资所要求的必要回报率取决于三个因素：第一，无风险回报率，例如将用于投入教育活动的资金用于银行存款或国债投资等；第二，市场平均回报率；第三，投资组合的系统风险系数，即 β 系数。β 系数是某一投资组合的风险程度与市场投资项目（如某一教育活动或项目）的风险程度之比。

资本资产定价模型的表达式为：

$$E(R_i) = R_f + (R_m - R_f)\beta_i$$

其中，$E(R_i)$ 表示投资组合的期望收益率，R_f 是无风险资产的回报率，R_m 是市场平均回报率，β 是投资组合 i 的 β 系数。β 系数越大，系统性的风险越高，要求的回报率也越好；反之，β 系数越小，要求的回报率越低。

本章首先对教育政策风险评估方法的特点进行归纳和分类，进而对方法的适用度和选择策略进行论述。然后按照智库咨询、情景分析、效能分析、控制模拟和统计预警五个分类对国标技术中列出 32 种方法进行逐个的探讨。这些方法起源于不同的年代和学科，大部分方法都不是为风险评估而专门发明创造的。例如，德尔菲法和头脑风暴法等已经广泛地使用在几乎所有的团体讨论中；危险与可操作性分析起源于化学分析；还有相当多的方法的起源都与美国曼哈顿计划密不可分等。这些方法被列入到国标技术中，是风险评估技术的研究者和实施者在长期的风险评估实践中探索和总结的结果。在本章中，我们尽可能地结合教育政策的案例，将这些方法的适用范围、优缺点和实施步骤等概要式地呈现出来。接下来我们将研究聚焦在教育政策风险评估过程中。

第三章　教育政策风险识别

教育政策风险识别是整个风险评估过程中的第一个步骤，也是非常关键的步骤。只有科学、全面、系统地将教育政策中的风险识别出来，才能有的放矢地对这些风险进行分析和评价，进而提供教育政策风险应对策略以支撑教育政策决策和改进。本章首先对教育政策风险识别的概念、任务、原则、内容和输出进行探讨，然后再以师范生免费教育政策为例，进行案例研究，以呈现教育政策风险识别的完整过程。

第一节　教育政策风险识别概述

在明确教育政策环境信息后，就可以开始实施教育政策风险评估过程。而作为风险评估过程的第一个步骤，教育政策风险识别的重要性不言而喻。如何科学地对教育政策风险识别进行界定？它的任务是什么？在对教育政策风险进行识别的过程中应该遵循什么原则和角度？对这些基础性问题的回答是进行教育政策风险识别实践活动的前提。

一、教育政策风险识别的概念

国标术语中对风险识别的定义为：发现、列举和描述风险要素的过程。[①]

---

① 参见《风险管理术语》（GB/T23694-2013），中国国家标准出版社 2013 年版，第 3 页。

对于教育政策风险识别而言，就是发现、列举和描述教育政策风险要素的过程。在这个阶段，需要教育政策风险评估的主体（组织或个人）对特定的教育政策面临的及潜在的政策风险加以判断、归类和鉴定风险性质等。

国标术语中对风险识别还有两个注解：

注1：风险识别包括对风险源、事件及其原因和潜在后果的识别。

注2：风险识别可能涉及历史数据、理论分析、专家意见、有见识的意见，以及利益相关者的需求。

以这两个注解为参照，我们可以进一步诠释教育政策风险识别概念的外延。首先，教育政策风险识别的主要任务有三个，分别是：识别教育政策风险源、识别教育政策风险事件、识别教育政策风险事件的潜在后果。其次，教育政策风险识别的过程是一个强交互性过程。无论是借助信息分析（历史数据、理论分析等）还是借助特定群体（专家、有见识的人或组织、利益相关者等），都需要通过资料和观点的互动才能实现对教育政策风险的识别。

二、教育政策风险识别的原则

（一）教育政策风险识别的全面性

在对教育政策进行识别的过程中，一个重要的原则是风险识别的"全面性"。全面性是指尽可能全面、完整、系统地将教育政策风险识别出来，并将其列入教育政策风险清单。全面性之所以重要是因为教育政策风险识别过程中未被识别的政策风险将不会进行后续的风险分析，当然也就不可能进入风险评价的范围。在教育政策风险识别过程中所遗漏的风险对教育政策而言可能意味着潜在的影响。在特定的条件下，一旦这种潜在的风险引发教育政策风险事件，将失去对教育政策风险的控制。为了保证教育政策风险识别的全面性，我们可以参照风险识别概念的外延，运用适合的教育政策风险识别方法，从历史数据、理论分析、专家意见、有见识的意见，以及利益相关者的需求等多方面进行考察。

（二）教育政策风险识别的重点性

在对教育政策进行识别的过程中，另一个重要的原则是识别的"重点性"。对一个具体的教育政策而言，可能存在一定数量的影响目标实现的教育政策风险，这些风险对教育政策目标的影响程度也会有很大的差别。因此，在对教育政策风险进行识别时，必须平衡"全面性"和"重点性"之间的关系。在坚持全面性的基础上，突出识别重点的教育政策风险——关注对教育政策目标有较大影响的教育政策风险。同时，我们还要特别关注两种极端情况的教育政策风险：一是，发生的可能性较低，一旦发生其后果极为严重的教育政策风险；二是，发生的可能性较高，但是每次发生后果严重程度较低的教育政策风险。此外，我们在对教育政策风险特征进行分析的时候已经提及，不要忽视那些极易累积和传递，会造成较大社会影响的教育政策风险。

三、教育政策风险识别的角度

我们已经探讨了教育政策风险识别的概念、原则，同时也在第二章梳理了适合教育政策风险识别的方法。然而，在开展教育政策风险识别的具体实施中，我们应该遵循一个什么样的线路才能保证教育政策风险识别的科学完整又重点突出呢？这涉及如何对教育政策风险进行分类的问题。

（一）从教育政策系统的角度

我们跳出风险评估过程本身，回到教育政策过程中，把教育政策看成是处于特定政策环境中的系统。根据系统理论，我们可以把教育政策风险分为来自教育政策内部的风险和来自教育政策外部的风险，从内外两个角度对教育政策风险进行识别。（见图 3–1）

图 3–1　教育政策风险识别角度图

1. 来自教育政策系统内部的风险

我们对来自教育政策系统内部的风险进行识别时，结合教育政策的特点，可以从两个角度来进行识别，分别是按教育政策过程和按教育政策利益相关者。

（1）按教育政策过程识别

我们在第一章已经探讨过教育政策过程。教育政策的过程性很明显，一般可以划分为教育政策制定和教育政策执行两个大的子过程。在此基础上我们将这两个大的子过程层层细分，并遵循最末一级子过程进行教育政策风险的识别（见图3-2）。教育政策制定过程可以细分为教育政策问题的确认、教育政策议程、教育政策规划、教育政策决策与合法化四个子过程。其中教育政策规划是政策制定过程的核心，因为它的目标定位、体系程序和方法技术直接关系到教育政策产出的质量和水平。教育政策的执行过程可以细分为政策执行、政策评估、政策调整与改进和政策终结四个子过程。通过这种对教育政策过程层层细分的方法，可以使得教育政策风险识别逐层过滤，不容易忽略每一个细枝末节，从而能够更加有效、精确地将教育政策风险一一辨识出来。

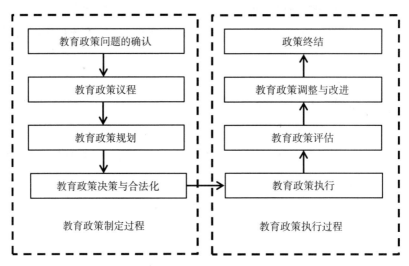

图3-2 教育政策过程分解图

（2）按教育政策利益相关者识别

无论在风险评估技术中，还是在教育政策过程中，利益相关者都被频繁地提及。国标术语中对利益相关者的定义为：可以影响、被影响或自认为会被某一决策或行动影响的个人或组织。[①] 就教育政策而言，直接参与或间接影响教育政策的主要利益相关者有：教育政策的决策者、执行者、政策对象、政策机构的智囊，以及公众媒体等。

决策者是教育政策的主要参与者，他们在政策制定过程中占主导地位，直接关系到教育政策本身的质量。执行者是教育政策执行阶段的主要参与者，是教育政策具体的实施者，教育政策能否按照政策目标的设计发挥既定的效果，在很大程度上取决于执行者对教育政策的贯彻和操纵。政策对象是教育政策的实施对象，即受到教育政策规范、制约和影响的社会成员。教育政策调整或规范的是在教育活动中人的行为以及人与人之间的关系，其本质是教育资源的配给。受到教育政策约束或利益损害的群体必然形成对教育政策执行的阻力，因此教育政策效果与政策对象的态度密切相关。政策机构的智囊是指教育政策研究组织，又被称为"智库"，它已经发展成为现代公共决策的一个不可或缺的组成部分。"智库"发展的成熟程度甚至可以用来衡量一个国家公共决策水平的高低。公众媒体虽然不直接参与教育政策过程，但是通过间接的方式影响以上所列出的直接相关者。公众媒体可以通过各种信息传播渠道使教育政策问题被政府部门认定，或者通过舆论力量表达对教育政策的认可和接受程度。教育政策主要利益相关者的关系见图3-3，我们在对教育政策风险进行识别时，可以按照政策利益相关者的不同群体依次进行，从而提高风险识别的精确性和完整性。

2. 来自教育政策系统外部的风险

对于来自教育政策系统外部的风险，我们也可以理解成是来自教育政策环境的风险。管理学中的环境理论可以在这方面给我们以启发，即应当将组织置于它所处的环境中研究问题，而环境又包含组织的内部环境和外部环境。或者运用我们更为熟悉的系统理论，如果把教育系统看成一个大的系统，那对于教育政策而言它就是外部环境。然而，教育系统仅是整个社会的一个子系统，这时候对于教育政策而言，除了教育系统以外的其

---

① 参见《风险管理术语》（GB/T23694-2013），中国国家标准出版社 2013 年版，第 2 页。

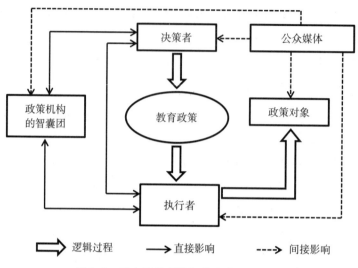

图 3-3　教育政策利益相关者关系示意图

他社会系统就成了更为间接影响的外部环境。我们在对教育政策风险进行识别的过程中，不能将内部和外部环境孤立起来分析，而是要将它们视为一个整体，系统地识别教育政策风险。

具体而言，对于来自教育系统环境的风险，重点关注教育方针、组织架构、教育行政管理部门之间的隶属关系以及处于教育系统内部机构之间的关系等方面；对于来自其他社会系统环境的风险，重点关注政治制度、经济发展、文化现象、社会价值观趋向等方面。

（二）从教育政策风险属性的角度

除了按照教育政策系统的角度对教育政策风险进行识别外，还可以从教育政策风险属性的角度对其进行识别。在教育政策风险的属性中，比较重要的属性有引发风险的原因、影响对象、可承受程度、影响范围和责任主体等。

1. 按教育政策风险引发的原因识别风险

我们在第一章的时候讨论过，教育政策风险给政策带来的大部分结果是负面的。这些负面的效果有可能由不同类型的原因引发，因此可以按照这些类型来进行教育政策风险的识别。首先，我们可以将教育政策风险分为自然风险和人为风险。自然风险指的是由于自然界不可抗力而引起的自然灾害所导致的物质损失和人员伤亡。例如，地震高发地区可能会引发校舍倒塌的安全风险。人为风险是由人们的行为及各种政治、经济活动引起的风险，人为风险又可以分为行为风险、政治风险、经济风险、技术风险。

行为风险是由于个人或组织的行为不当、过失及故意行为而造成的风险。例如，校车司机由于心理、生理健康状况等个人因素，可能导致引发校车安全事故的风险。经济风险是由于经营管理不善、市场预测失误、价格波动、汇率变化、需求变化和通货膨胀等原因引起的风险。例如，物价增长速度过快而学生营养餐补助额度调整不及时可能会引发学生餐食质量下降的风险。政治风险是由于政局、政策的变化引起的风险。例如，我国高校毕业生从"统包统分"转向"自主择业"，可能引发大学生毕业即失业的风险。技术风险是由于科学技术发展的负面效应引发的风险。例如，随着计算机和打印机的发展与普及，学生使用纸笔书写的机会和时间越来越少，引发学生书写能力与水平下降的风险。

2. 按教育政策风险影响对象识别风险

当教育政策风险发生时，必然有它波及或影响的对象，所以按照影响对象的分类也可以作为教育政策风险识别的角度。通常，我们按照风险影响的对象把风险分为财产风险、人身风险和责任风险。

财产风险是指财产风险损失承担者遭受的财产被损坏、毁灭与贬值的风险。例如，如果中小学布局调整不合理，校舍选址没有综合考虑地质特征，可能引发洪水、泥石流等冲毁校舍的风险。人身风险是指由于人的疾病、伤残、死亡给家庭、机构、学校等带来的损失。例如，如果学校对于学生体育运动器材或设施管理制度不健全，学生在运动时就有可能受到伤害，这种情况就归属于人身风险。责任风险是指个人或组织的行为违背了法律、合同或者道义的规定，给他们造成经济损失或人身伤害的风险。例如，某些幼儿园园长责任意识不强，放任师德有缺陷的教师或保育员肆意妄为，引发幼儿园虐童事件，给儿童造成身体和心理的伤害，这种情况就可以归属为责任风险。

3. 按其他角度识别风险

事实上，对政策风险的分类可能有很多种角度。除了上述的几个角度，还可以按照承受程度分为可承受风险和不可承受风险；按照风险波及的范围可分为局部风险和全局风险；按照风险的承认责任的主体还可以分为国家风险、地方风险、学校风险和个人风险。

可承受风险是指预期的风险事故的最大损失程度在个人或组织的承受能力的最大限度之内。不可承受风险与可承受风险正相反，是指预期的风险事故的最大损失程度超过了个人或组织的承受能力的最大限度。局部风险是指某一局部范围内存在的风险。全局风险是指一种涉及全局、范围和规模很大的风险。国家风险是指由国家教育行政主管部门作为风险承担者的风险，地方风险是指地方教育行政主管部门作为风险承担者的风险，学校风险是指学校在进行教育活动中遇到的由学校承担的风险，个人风险是指由学生、教师或其他教育活动相关群体里的个体承担的风险。

我们对风险进行科学分类的目的是为了在教育政策风险识别过程中有角度可依，但这种分类不具有唯一性。换言之，同一个风险可以归为不同的分类。无论采用哪种角度，在对教育政策进行风险识别时始终要瞄准教育政策目标，同时兼具重点性和整体性。

第二节　教育政策风险识别的内容

通过对教育政策风险识别概念的梳理，我们已经明确了在教育政策风险识别阶段的主要任务，即识别教育政策风险源、识别教育政策风险事件和识别教育政策事件的潜在后果。我们以这三个任务为基础，将其分解为六个具体的教育政策风险识别内容。

一、识别引发教育政策风险的潜在事件

风险的特征之一就是事件性，教育政策风险也不例外，所有教育政策风险都是由教育政策风险事件所触发的。[1] 因此，在教育政策风险评估

---

① 　参见尹贻林等：《公共政策的风险评价》，科学出版社 2012 年版，第 43 页。

阶段就要尽可能地识别可能发生的潜在事件。识别可能发生的潜在事件是教育政策风险识别过程中的中心任务，是风险评估过程的开端，也是实施风险分析和风险评价的必要前提。

在国标术语中，风险识别阶段的三个任务里，对于事件的识别是核心。只有识别了事件，风险源、发生的原因和潜在的后果才有具体的指向。也只有首先识别了事件，才能针对特定的事件去识别风险源、发生的原因和潜在的后果。需要指出的是，在识别引发教育政策风险的潜在事件的过程中，要时刻注意与教育政策目标之间的相互关系，以作为判定事件的重要程度的参考标准。

二、识别教育政策风险源

本书在第一章和第二章的论述中都多次提及风险源，按照国标术语的定义，风险源是可能单独或共同引发风险的内在要素。[①] 另外，术语还对风险源进行了注解——风险源可以是有形的，也可以是无形的。风险源的识别对于风险评估过程来说也非常重要，因为通过对风险源的分析可以更好地理解风险的性质，对判定风险发生的几率和后果的严重程度都具有重要的参考价值。

对于教育政策风险识别而言，风险源可能是人或组织，例如教育政策影响的某一类目标群体、政策执行者、媒体公众；也可以是场所或机构，例如在某教育政策影响范围内的各级各类学校、学生宿舍、食堂、实验室等；还有可能是无形、抽象的事物，例如校园文化、学习风气、教师的价值观、校长的管理水平、远程教育平台等。

在对教育政策风险源进行识别的过程中要重点关注以下两点：

（一）关注风险源识别的边界

风险源被定义为引发风险的内在要素，这不能简单地推论风险只能由内部要素引发，更不能推论由外在因素引发的风险不是"风险"。要深

---

① 参见《风险管理术语》（GB/T23694-2013），中国国家标准出版社 2013 年版，第 2 页。

刻地理解"内部要素",首先要明确我们对教育政策进行风险评估的起点。我们希望运用风险评估技术主动地识别、分析和评价政策风险,最终通过对教育政策风险进行有效干预,尽可能使教育政策实施的效果接近政策目标。我们对教育政策内部的风险源进行识别时聚焦于内部因素,因为内部因素是我们可以操控和改变的,而外部因素我们只能被动地响应。因此,对教育政策风险源的识别的边界体现了风险应对的主动性。

(二) 关注风险源与风险的关系

对于二者的关系简单的理解是:风险源是引发教育政策风险的内在因素。但实际上,国标术语对于风险源的定义还强调了风险和引发风险因素并非简单地一一对应。一方面,风险源的定义指出引发风险的内在因素可能是一种,也可能是多个因素的组合。所以我们对教育政策风险源进行识别时要辨析引发风险因素的复杂程度,即它能不能再分,有没有可能是多个因素组合构成的。另一方面,同一个内在因素也可能引发多个教育政策风险。因此,我们在对教育政策风险源进行识别时要关注风险与引发风险因素的复杂关系。

三、识别教育政策风险原因

所谓教育政策风险原因是指引发潜在教育政策风险事件的原因。在探讨教育政策风险原因识别之前,首先要辨析"风险源"和"风险原因"两个概念的区别。"原因"一词对应的英语单词是"cause",风险原因是指诱发风险事件的原因,是什么原因导致了风险事件的发生,所回答的问题是"为什么"(why);风险源中的源对应的英语单词是"source",风险源是诱发风险事件的载体,所回答的问题是"什么"(what)。例如:对某一个中学而言,风险源可能是教学楼的楼梯,风险事件是学生踩踏事故,而风险原因是课间时间过短,大量学生集中上下楼所引发。

与风险源类似,在对教育政策风险进行识别的过程中也要关注内部原因和外部原因,并将重点放在内部原因的识别上。值得注意的是,同一个风险对应的风险源和风险原因不一定都分布于内部或者外部。换言之,风险源的内部外分布与对应的风险原因的内外部分布没有必然的联系。此外，在教育政策风险评估实践中，还涉及风险"可控"与"不可控"的概念。所谓"可控"就是事件的"风险源"和"风险原因"处于组织内部，教育政策风险评估实施者可以针对风险源和风险原因制定相应的控制措施，甚至改变风险源或风险原因，从而使风险事件在可以"控制"的范围内。而所谓的"不可控"是事件的风险源或风险原因在组织外部，教育政策风险评估实施者不可能制定相应的控制措施来改变风险源或风险原因，只能根据风险发生的几率和后果的影响程度等风险评估的结果，制定风险对应策略加以应对。

四、识别后果

识别后果是指在对教育政策风险事件识别的基础上，对风险事件可能造成的后果进行识别。识别风险事件的后果可能与风险源和风险原因有关，不同的风险源、风险原因可能造成不同的后果。在对教育政策风险事件后果进行识别时，应该关注后果对教育政策目标的影响，优先识别那些对教育政策目标产生重大影响的后果。除此以外，还应该注意以下两点：

（一）关注后果的不同形态

一方面，我们在对教育政策风险事件造成的后果的识别过程中，要穷举不同种后果的可能性。因为同一个风险事件发生后造成的后果可能不是唯一的。例如，校园实验室危险品处理不当造成学生被灼伤，可能的后果是轻微可恢复伤害，或不可恢复伤害，还可能导致学生死亡等。另一方面，对同一个事件后果进行识别时，也要穷举不同的形态。例如，学校的考风考纪不严格可能造成的结果之一是学生考试作弊，但学生考试作弊的形式可能是抄书和笔记、传纸条、偷看他人答案等多种形态，识别这些后果的形态对于后期的风险应对策略有重要意义。

（二）关注后果可能引发的升级

我们在对风险的特征进行归纳和总结时，提及过风险的可变性和传递性。当一个风险事件触发时，其后果可能诱发风险性质的改变或变化成新的风险。另外，风险的传递性可能会使一个后果累积放大，在短时间内升级。这两种情况都要求我们在对教育政策风险引发的事件后果进行识别过程中，关注后果可能引起的风险升级，并对升级后的情况予以识别。

五、识别后果的影响范围和性质

在对教育政策风险后果识别的基础上，识别后果可能的影响范围。例如，识别风险事件后果的范围是局部还是整体；是教育行政主管部门还是学校；是男学生还是女学生；是本科生还是硕士研究生；是三年还是五年；是境内还是境外等。在识别后果的影响范围时，还要分析教育政策风险事件可能影响到的利益相关者，尤其是教育政策的直接利益相关者。

同时，我们还要识别教育政策风险后果的性质。我们在对风险的定义进行归纳时提及过，在确定教育政策目标以后，不确定性或者说事件可能的后果对目标有正面的影响——机会，则后果具有正面的性质；事件可能的后果对目标有负面的影响——威胁，则后果具有负面的性质。这里需要指出两点：第一，相当数量的教育政策其政策目标不止一个，这就可能出现某一个风险事件后果对其中一个目标而言是正面性质，但对另一个就是负面性质。第二，某一个风险事件可能有多个后果，其中有的后果对教育政策而言是正面性质，有的后果对教育政策而言是负面性质。

此外，教育政策风险识别过程只是"发现、辨认、描述"可能的风险后果，并不涉及对教育政策风险后果严重程度与否的判定问题。风险后果的严重程度是要通过风险分析过程来解决的。也就是说，教育政策风险识别过程是对风险后果的"定性"识别，而对后果严重程度的"定量"认识是风险分析过程中的内容。还应该注意到，在教育政策风险识别过程中，我们只是在识别风险事件的后果，并没有识别风险事件发生的可能性。可能性也不是风险识别阶段需要识别的内容，而是要通过风险分析的过程来分析解决。

六、识别控制措施

在对教育政策风险事件、风险源、风险原因、潜在后果及影响范围、性质进行识别以后，还要识别教育政策内部是否对该风险事件有控制措施。对教育政策风险控制措施的识别包括两个方面：一是，在教育政策内部该风险是否制定了控制措施？如果制定了控制措施，那控制措施的具体内容是什么？二是，对于已经制定了控制措施的风险，这个措施是否正在或可以发挥作用？当然，对于教育政策内部没有控制措施的风险，我们可以直接输出无措施即可。因为在教育政策风险识别阶段，我们要做的只是"发现、辨认、描述"，具体的控制措施的分析和制定应该交予风险分析和风险应对阶段解决。

最后，本书还是要强调教育政策风险识别一定要兼顾全面性和重点性，如果风险未被识别，它所对应的风险事件、风险源、风险原因、后果及影响范围和性质、控制措施就都无从谈起。

第三节　教育政策风险识别的输出

风险识别是教育政策风险评估的第一个子过程，这个阶段需要为风险分析阶段提供必要的信息。在完成对教育政策风险进行识别的过程后，风险评估实施者应该归纳和总结出教育政策风险描述或风险清单作为风险识别阶段的主要输出。

一、教育政策风险描述

风险描述来自于对教育政策风险识别的定义。因为教育政策风险识别过程就是对风险进行发现、确认和描述的过程，所以描述风险就成为风险识别阶段最直接的输出形式。

根据国标术语中的定义，风险描述是对风险所做的结构化表述，通常包括四个要素：风险源、风险事件、风险原因和后果。[①] 事实上风险描述的内容就是风险识别的全部内容，只是我们在输出时需要结构化地将这些内容详细地呈现。

二、教育政策风险清单

所谓清单就是以列表的形式把全部内容呈现出来的方式。教育政策风险清单就是将风险识别阶段识别出的风险、风险事件、风险源、风险原因、后果及其影响范围和性质、控制措施等以列表的方式呈现。[②]

教育政策风险清单应该覆盖对教育政策目标有影响的全部风险，以体现风险识别过程的全面性。此外，风险清单的建立还应该基于风险事件。风险事件是风险清单的中心内容。通过可能发生的风险事件来对应可能的风险名称、风险类型、风险数量等。没有或缺乏风险事件描述的风险清单是有缺陷的，它不能满足风险评估对风险应对的输入需求。表 3–1 是一张教育政策风险清单内容举例，展示了风险清单应该包含哪些主要内容。

表 3–1　教育政策风险清单示例

A	B	C	D	E	F	G		H		I	
风险名称	风险类型	风险事件	风险源	后果形态	影响范围	影响性质		风险原因		控制措施	
						正	负	内	外	有	无
风险 1											
风险 2											
……											
风险 N											

在教育政策风险清单示例表中，A 列是风险名称。我们为了将某一个风险与其他风险区别开，需要对其进行命名。命名的原则是简单易懂，简

---

①　参见《风险管理术语》（GB/T23694-2013），中国国家标准出版社 2013 年版，第 3 页。

②　参见尹贻林等：《公共政策的风险评价》，科学出版社 2012 年版，第 86 页。

单是指名称不宜过长，易懂是指看到风险名称就大体能理解这个风险的性质、后果或影响范围等。例如，将某一个教育政策风险命名为"学生培养质量风险"、"体育器材年久失修风险"、"营养餐重量不足风险"或"校车司机玩忽职守风险"等。

清单中的 B 列是教育政策风险的类型，是为了便于分析、评价和应对等对风险进行标注的分类信息。例如，"培养风险"、"就业风险"、"学校风险"或"还贷阶段风险"。从上述的举例中，我们可以发现对风险的分类是多种多样的，可以按照风险后果的类型、教育政策执行的不同阶段或者风险的责任主体等。如何对其进行分类取决于对风险进行分析、评价和应对的便利化。另外，对于风险类别可以有多列，即可以有两种或两种以上的风险分类方式。

清单中的 C 列为风险事件，D 列为风险源，E 列为风险事件的后果及形态，F 列为风险事件后果的影响范围。这些信息只要根据教育政策风险识别的结果据实填写即可。唯一要强调的是对风险事件进行描述的过程中，要体现出教育政策风险的不确定性，即要把这种不确定性描述出来。例如，"有发生学生踩踏事件的可能"、"可能有部分学生发生过敏反应"、"毕业生贷款违约率可能会高于预期"和"评职条件过于苛刻，部分教师可能会有不满情绪"等。

G 列、H 列和 I 列分别是风险事件后果的性质、风险原因和风险控制措施的信息。这三列有些相似，即都分为两个子列。我们已经在教育政策风险识别内容的部分对这三项内容进行详细的探讨，辨识风险后果影响性质的正负、风险原因的内外和控制措施的有无都有着重要的意义。这些信息也只要根据教育政策风险识别的结果据实填写即可。

事实上，本书给出的案例只是教育政策风险清单的一种示例而不是格式标准。教育政策风险清单并没有所谓的固定格式或标准格式，但在输出清单时要遵循详略得当的原则。风险清单和风险描述都是教育政策风险识别过程的输出，这两种形式一种力求提纲挈领，一种力求详尽地描述。但作为可以窥视风险识别全貌的风险清单不应该过于简化，还是要把必要的信息描述清楚。以风险事件后果的性质、风险原因和风险控制措施这三列信息为例，如果仅在下面的"正"、"负"、"内"、"外"、"有"、"无"子列划上"√",那这几乎是毫无意义的。一定要在清单内详细地对所列信息进行描述。

第四节 案例研究:师范生免费教育政策风险识别

我们已经对教育政策风险识别的定义、原则、角度、内容和输出进行了详细的探讨。接下来,我们以师范生免费教育政策为例,运用教育政策风险评估方法对该政策的风险进行识别。在第四章、第五章和第六章案例研究将会继续开展,仍以师范生免费教育政策为例,进行教育政策风险分析、风险评价和风险应对,力求将理论探讨与案例研究相结合,以展现教育政策风险评估全过程。

师范生免费教育政策是新时期我国教师教育政策的重要组成部分,也被称为公费师范生政策或新免费师范教育政策。它主要是指 2007 年 5 月国务院决定在教育部直属师范大学实行师范生免费教育以来,中央各部门围绕师范生免费教育出台的以《教育部直属师范大学师范生免费教育实施办法(试行)》为代表的一系列政策文件的总称,我们亦可将之称为师范生免费教育政策群。从广义上理解,师范生免费教育政策应包括《教育部直属师范大学师范生免费教育实施办法(试行)》颁布以来,相关政策的执行、修订、调整、反馈等政策活动及由此引发的利益相关群体的活动。具体而言,师范生免费教育政策包括《教育部直属师范大学师范生免费教育实施办法(试行)》、《教育部直属师范大学免费师范毕业生在职攻读教育硕士专业学位实施办法(暂行)》、《教育部直属师范大学免费师范毕业生就业实施办法》、《教育部办公厅关于免费师范毕业生就业相关政策的通知》、《关于完善和推进师范生免费教育的意见》、《师范生免费教育协议(2010 年版)》、各试点高校免费师范生教育硕士招生简章以及各省的相关政策。①

---

① 参见王智超:《师范生免费教育政策实施状况追踪研究》,吉林人民出版社 2013 年版,第 19 页。

师范生免费教育政策是我国教师教育政策的重要组成部分，是新时期我国教师教育模式调整的重要的基础性政策之一，对于新时期我国教师资源配置起到了重要调节作用。师范生免费教育政策从出台至今，政策内容经历了多次变迁，在不断完善中蹒跚前行。这表明政策在制定之初，对于政策过程中可能出现的问题缺少充分考虑和论证，导致政策自身风险较高。特别是在免费师范生招生、培养、就业和履约等环节上存在的风险，严重影响了政策目标的有效实现，使政策效能未能充分发挥，因此非常适合使用风险评估方法来进行政策改进。

一、师范生免费教育政策的环境信息

（一）师范生免费教育政策的背景

师范教育被称作是"教育事业的工作母机、基础和关键工程"，凸显出其在教育体系内的重要作用。[①] 世界各国普遍重视师范教育工作，师范教育的免费凸显了这一重视。我国师范教育起始于清末，在我国师范教育百余年的发展过程中，始终存在着师范教育收费与免费的变化，这种变化也与时代背景密切相关。有学者认为，免费作为一种待遇，在存废的过程中凸显了我国师范教育体制的变迁，每当采用封闭或定向师范教育体制时，师范生免费政策便会强化；每当采用开放或非定向师范教育体制时，师范生免费待遇便会弱化甚至取消。[②] 这一观点虽不全面，但对于我们考察师范生免费教育政策的背景却颇有裨益。新中国成立后，我国一直实行的是免费师范教育，这与当时高等教育免费的背景相一致。这也使得师范教育一直处于封闭式的模式之中，这种模式对于教师资源是一种保护。1985 年，《中共中央关于教育体制改革的决定》拉开了我国教育体制改革的序幕，也开启了我国高等教育收费的进程。此后，逐步实行了高等教育收取学杂费制度。但即使在这样的背景下，师范生教育作为一个特殊

---

① 参见杨颖秀、王智超：《免费师范教育政策的理想与现实冲突及建议》，《清华大学教育研究》2007 年第 3 期。

② 参见喻本伐：《中国师范教育免费传统的历史考察》，《湖北大学学报（哲学社会科学版）》2007 年第 3 期。

类别，仍然享受免费的待遇。如 1985 年《中共中央关于教育体制改革的决定》中指出："师范和一些毕业后工作环境特别艰苦的专业的学生，国家供给膳宿并免收学杂费。"1989 年，国家教委、物价局和财政部联合颁布的文件《关于普通高等学校收取学杂费和住宿费的规定》（[89] 教财字 032 号）指出："对师范院校享受专业奖学金的学生免收学杂住宿费。"1993 年，中共中央和国务院下发了《中国教育改革和发展纲要》，提出要进一步深化高等教育体制改革，改革高等学校的招生和毕业生就业制度，指出："师范教育是培养中小学师资的工作母机，各级政府要努力增加投入，大力办好师范教育，鼓励优秀中学毕业生报考师范院校。进一步扩大师范院校定向招生的比例，建立师范毕业生服务期制度，保证毕业生到中小学任教。"既明确了师范教育的重要性，也提出了要建立师范毕业生服务期制度。此时，我国高等教育收费制度已经成为社会发展的必然趋势，对所有被录取的学生实行收费上学的尝试已在全国铺开。师范教育作为特殊专业，此时并未受到波及。直到 1997 年，师范院校终于被纳入到收取学费的行列，新中国师范教育免费的历史由此终结，师范教育进入了新的发展阶段。免费师范教育的结束，标志着我国师范教育由封闭式开始向开放式转换。开放式师范教育固然可以带给师范生更多的自由选择，但也不可避免地带来一系列我们预想之外的负面影响。

免费与计划是时代的孪生产物，计划时代的结束使得免费也终于成为历史记忆。这是与时代发展相契合的必然产物。从"计划分配"到"双向选择"，中国人力资源配备通过市场的方式开启了新的春天，极大促进了受教育者的积极性和资源配置的合理性。但是，完全通过市场配置方式来进行人力资源配置也使得"教师"这样的特殊资源面临一些现实问题。过度"自由化"导致我国教师资源出现优质聚积等现象，并在十多年的时间内开始呈现出爆发式倾向，严重影响了我国义务教育的均衡发展。师范教育重回免费时代，标志着国家开始重新调整教师教育布局，是国家推动义务教育均衡发展的重要战略举措，被视为是一个重要的政策导向与制度安排。①

---

① 参见本刊评论员：《师范生免费教育：重要的政策导向与制度安排》，《教育发展研究》2007 年第 7 期。

具体而言，师范生免费教育政策的宏观背景有两个：一是我国义务教育均衡发展的需要，二是我国教育事业的快速发展的需要。

1. 我国义务教育均衡发展已经日益成为教育发展的基本需求

自 1986 年我国颁布《中华人民共和国义务教育法》以来，义务教育快速发展。义务教育普及率接近 100%，义务教育条件也不断得到完善。但随着社会的不断进步，人们对于义务教育的要求在不断提升，随之而来的义务教育均衡问题成为摆在我国教育管理者面前的一个重要课题。2005 年，教育部印发《关于进一步推进义务教育均衡发展的若干意见》（教基 [2005] 9 号），首次在国家文件中提出推进义务教育均衡发展。2006 年，新修订的《中华人民共和国义务教育法》为义务教育均衡发展提供了法制基础，但由于历史和现实各种因素，特别是经济发展的差异性，导致义务教育学校之间差距较大，主要表现为校际差异、城乡差异和区域差异。这些差异又突出表现在学校经费投入、师资水平、办学条件和教育质量上的差异，其中师资水平差异在很大程度上起到了决定性的作用。

在计划经济时代，虽然同样存在着义务教育发展不均衡的问题，但并不十分突出，而且有计划的师资调配也掩盖了这一问题的存在，人们关注的焦点还多停留在硬件设施的差异上。师范教育收费以后，计划色彩开始消退，师范毕业生可以自主择业，使得义务教育师资配置不均衡的问题立刻凸显出来。

一方面，由于各地经济差异较为明显，教师资源流动的单一性开始凸显。纵观近十年来师范生就业的基本趋势，可以发现，占据师范教育资源上层的几所部属师范大学的毕业生均将就业层次定位在高端，即东部沿海发达地区及直辖市和省会城市的高中。这种市场自发调节与人的趋利性相结合，必然会导致优质教师资源向经济发达地区过度聚积。而且，由此引发经济欠发达地区优质教师资源向经济发达地区流转的现象，客观上强化了义务教育发展过程中的不均衡现象。虽然国家在促进义务教育均衡发展过程中做了大量努力，但人们发现单纯地缩小硬件之间的差异显然不是解决问题的根本之道，教师资源宏观调控才是破解义务教育发展不均衡的关键。

另一方面，师范类院校未能有效培养合格教师的问题开始凸显。计划经济体制下，为保证教师资源的有效配置，我国在不同地域设立了不同类型的师范类院校。不同层次、规模的师范类院校的设立，免费的优惠加之计划分配，使得教师资源的分配相对维持在一个低效的公平基础上。而长期缺少竞争，使得师范类院校相对于综合类院校，综合实力较弱，甚至专业培养也并不完善。取消师范教育免费的优惠后，师范院校在招生过程中失去了对于考生报考的吸引力，导致师范教育无法吸引优质人才。与之相对应，由于教师职业繁重和生活贫苦（特别是经济欠发达地区），导致教师职业在社会职业体系中处于后端。很多师范生在毕业后没有从事教师职业，而是转行进入其他行业，使得教师资源流失。近些年，在政府的大力扶持下，教师的社会地位虽有提升，但单纯以市场方式配置教师资源，使得教育功利性思想开始挑战教师职业的崇高性，教师社会地位愈发受到社会各界的质疑。

这些问题的存在，使得我国教育公平问题日益凸显，社会各界高度关注这一问题。如何促进义务教育均衡发展，促进教育公平成为一个时代赋予师范教育的重要使命。

2. 我国教育事业快速发展，使得培养优质教师成为一种社会需求

改革开放以来，我国一直在追求教育事业的大发展。这种要求是国家发展的内在需要，也是人民群众自我发展的内在需要。经过了多年的发展，我国教育事业取得了巨大的成就，特别是在基础教育领域。教育事业的快速发展对于教育工作者提出了更高的要求，要求教育工作者无论是在教师技能、知识储备、职业精神等各方面都需要达到一定的水平。虽然改革开放以来，我国各类师范院校为我国基础教育提供了大量的教师资源，但由于优质教育资源的聚积，导致中西部等经济欠发达地区的教师水平一直较低，提升缓慢。由此引发的缺口在市场机制的调解下不但无法弥补，反而越来越大，一种结构性教师缺失成为制约我国教育发展的重要因素，由此引发了社会的广泛关注。[①]

正是在这样的背景下，自 21 世纪之初开始，有很多学者在反思我国

---

① 参见鲍东明：《师范生免费教育是尊师重教重要之举》，《中国教育报》2007 年 3 月 12 日。

师范教育改革的问题。过度理想化的改革削弱了师范教育体系，也产生了一系列的社会问题。① 国家层面也开始考虑对师范教育制度进行重要的变革。2006 年 7 月到 11 月，时任国务院总理温家宝连续四次主持召开教育工作座谈会，听取社会各界对于教育工作的意见与建议。在座谈会上，顾明远先生提出要加强教师队伍建设。② 温家宝总理也指出，国家要进一步加大对师范教育的支持力度，吸引全社会最优秀的人来当老师。③ 这时，国家已经开始谋划对教师教育实施变革。2007 年 3 月，温家宝总理在《政府工作报告》中提出，在教育部直属师范大学实行师范生免费教育，建立相应的制度。④ 使师范生免费教育成为国家层面的政策决策，相关政策决策环境已经成熟。2007 年 5 月，《国务院办公厅转发教育部等部门关于教育部直属师范大学师范生免费教育实施办法（试行）的通知》（国办发〔2007〕34 号）的发布，标志我国开始正式实行师范生免费教育。此后，相关政策陆续出台，逐渐构成了师范生免费教育的政策体系。

（二）师范生免费教育政策的目标

教育政策目标是教育政策的重要组成部分。教育政策目标是政策方案对于问题解决的未来情景的一种规范。人类对于未来社会的期许可以有三种状态：可能的未来、合理的未来和规范的未来。可能的未来是将来可能发生的社会状态，在实际未发生之前，多种可能都是存在的，具有一定的不确定性；合理的未来是以因果假设为基础，在政策制定者不干预事件发展方向的条件下，被认为可能发生的社会状态；而规范的未来是那些与分析人员对未来的需要、价值观和机会的构想相一致的，潜在的和合理的未来。⑤ 规范的未来界定了政策未来的范围，也为未来的可能状态提供了

---

① 参见顾明远：《我国教师教育改革的反思》，《教师教育研究》2006 年第 6 期。

② 参见顾明远：《顾明远教育口述史》，北京师范大学出版社 2007 年版，第 118—121 页。

③ 参见《中国教育年鉴·2007》，人民教育出版社 2008 年版，第 78 页。

④ 参见《十届全国人大五次会议〈政府工作报告〉辅导读本》，人民出版社 2007 年版，第 58 页。

⑤ 参见［美］威廉·N. 邓恩：《公共政策分析导论（第二版）》，谢明、杜子芳等译，中国人民大学出版社 2010 年版，第 163—222 页。

有力的支撑和指引，将不确定的未来和确定的目标结合起来，构成了政策目标的基础。教育政策目标应该是通过一个可量化的标准给出未来努力的方向。由于教育政策问题会随着情境的改变而随时发生变化，因此对于未来的预测具有一定的风险，特别是教育政策目标中蕴含着教育政策决策者自身的价值倾向性，这种价值偏好的存在会使得对于未来的判断出现一定的偏移，因此，对于政策目标的关注就显得尤为重要了。邓恩的这些论述告诉我们教育政策目标分析在政策分析中的重要作用，也指明了对于未来的预测所存在的各种风险。起码有一种风险是可能存在的，即新的目标、方案往往会被人指责为将自己的信念、价值观和方案强加给别人，或作出的选择在利益相关者之间厚此薄彼，由此诱发教育政策目标的偏移或执行的滞后，带来教育政策效能的低下。[①]

作为一个政策群，师范生免费教育政策有着多维的目标指向，在不同的政策文本中交叉体现出来。政策制定者的政治目的往往以政策文本的形式表达出来。政策文本分析是探求政策目的的一个简单易行的方式，工具主义者往往将政策文本分析看作是探求假定存在于文本之中的作者的目的。[②]

分析师范生免费教育的政策目标需要综合其政策群的文本内容来进行分析。因此，本书对于师范生免费教育政策的分析是基于《教育部直属师范大学师范生免费教育实施办法（试行）》、《教育部直属师范大学免费师范毕业生在职攻读教育硕士专业学位实施办法（暂行）》、《教育部直属师范大学免费师范毕业生就业实施办法》、《教育部办公厅关于免费师范毕业生就业相关政策的通知》、《关于完善和推进师范生免费教育的意见》、《师范生免费教育协议（2010年版）》、教育部关于师范生免费教育政策专题会议记录（由音视频转录）、各试点高校免费师范生教育硕士招生简章以及各省出台的相关配套政策，使用文献分析的基本方法，来整理、分析师范生免费教育政策的目标指向。

在整个分析过程中，我们注重发现通过政策文本所反映出来的与未

---

① 参见［美］威廉·N.邓恩：《公共政策分析导论（第二版）》，谢明、杜子芳等译，中国人民大学出版社2010年版，第168—169页。

② 参见涂瑞武：《教育政策文本分析及其应用》，《复旦教育论坛》2009年第5期。

来情境发展有关的内容，对其进行初级编码。当然，这种编码是在有预设但无具体代码的基础上进行的，代码是在阅读资料的过程中渐次出现的。① 通过分析，我们试图探寻一些"可重复的规则"，最后达到研究目的。显然，这种分析是解释或推理过程，② 最终结果如表 3–2 所示。

表 3–2　师范生免费政策目标指向分析

文件名称	想要解决的现实问题	关键词
《教育部直属师范大学师范生免费教育实施办法（试行）》	教师社会地位问题	尊师重教
	优质教师资源短缺问题	大批优秀教师
	优质教师资源短缺问题	教育家
	教师社会地位问题	终身做教育工作者
	教师教育问题	教师教育改革
	教师社会地位问题、优质教师资源短缺问题	长期从教、优秀教师、教育专家
	师范教育发展困境问题	加大对师范教育的支持力度
《教育部直属师范大学免费师范毕业生在职攻读教育硕士专业学位实施办法（暂行）》	免费师范生继续发展问题	在职攻读教育硕士
	免费师范生继续发展问题	继续深造和专业发展
	优质教师资源短缺问题	优秀教师和教育家
	优质教师资源短缺问题	长期从教
	优质教师资源短缺问题	建设高素质专业化教师队伍
	基础教育优质教师资源短缺问题	中小学
	基础教育优质教师资源短缺问题	中小学
	教师社会地位问题	长期从教、终身从教
	教师社会地位问题	长期从事中小学教育工作
	基础教育优质教师资源短缺问题	一大批优秀中小学教师
《教育部办公厅关于免费师范毕业生就业相关政策的通知》	基础教育优质教师资源短缺问题	到中小学任教

---

① 参见［美］Matthew B.Miles、A.Michael Huberman：《质性资料的分析：方法与实践》，张芬芬译，重庆大学出版社 2008 年版，第 83 页。

② 参见［美］Matthew B.Miles、A.Michael Huberman：《质性资料的分析：方法与实践》，张芬芬译，重庆大学出版社 2008 年版，第 97 页。

文件名称	想要解决的现实问题	关键词
《关于完善和推进师范生免费教育的意见》	优质教师资源短缺问题	培养造就大批优秀教师
	优质教师资源短缺问题	全面提高教师教育质量
	基础教育优质教师资源短缺问题	有岗有编
	免费师范生继续发展问题	专业发展
	优质教师资源短缺问题	确保培养质量
《师范生免费教育协议(2010年版)》	基础教育优质教师资源短缺问题	优秀中小学教师和教育家、优秀人才长期从教
	优质教师资源短缺问题	培养造就优秀教师和教育家
	免费师范生继续发展问题	终身学习和职业发展

对表 3-2 的内容进行整理，对相关、相似内容进行归类。首先将试图解决的现实问题归类，可以归为教师社会地位问题、(基础教育)优质教师资源短缺问题、教师教育问题、师范教育发展问题、免费师范生继续发展问题等五个方面。政策文本针对这五方面问题的表述出现的频次分别为：教师社会地位问题(5次)、(基础教育)优质教师资源短缺问题(16次)、教师教育问题(1次)、师范教育发展问题(1次)、免费师范生继续发展问题(4次)，按照同类合并的原则，可以将相关内容做进一步的合并与阐释，结果表 3-3 所示。

表 3-3　师范生免费政策目标指向的进一步分析

要解决的现实问题	关键词	进一步阐释
教师社会地位问题(5次)	尊师重教、终身做教育工作者、长期从教、终身从教、长期从事中小学教育工作	① 教师社会地位问题一直以来影响着教师职业的吸引力，教师社会地位的高低直接影响到全社会对于教师事业的认可度的高低，也决定了教师来源和质量，这里提出的目标假设似乎为我们描摹了一个基本目标或根本性目标，值得注意 ② 教师职业需要长期持续地坚持才能取得相应的发展和结果，但是教师社会地位和职业认可度影响了很多人长期从事教师职业的信念，因此应当鼓励优秀青年终身从教

要解决的现实问题	关键词	进一步阐释
（基础教育）优质教师资源短缺问题（16次）	中小学、一大批优秀中小学教师、到中小学任教、有岗有编、优秀中小学教师和教育家、优秀人才长期从教、优秀教师、教育专家、大批优秀教师、教育家、优秀教师和教育家、长期从教、建设高素质专业化教师队伍、培养造就大批优秀教师、全面提高教师教育质量、确保培养质量、培养造就优秀教师和教育家	① 显而易见，优质教师资源短缺问题，特别是基础教育优质教师资源短缺问题已经成为制约我国教育发展特别是义务教育均衡发展的重要问题，培养大批优秀教师已经成为社会的主流意见 ② 教育的长期持续发展需要有懂教育的人来参与教育，从长远发展看，不但要培养优质的教师资源，更需要以培养教育家的标准来培养这些优质的教师资源，以促进我国教育事业发展，最终实现教育家办学的目标 ③ 优质人才的稳定比优秀人才的培养更具现实意义，优质教师资源培养得出、留得住才是问题解决的根本要义。如果不能保证优质教师资源的稳定，可能反倒会使政策适得其反 ④ 可以看出，师范生免费教育政策以一种高端切入的方式来对优质教师资源的供给提供了思路，是一种顶层设计的现实表现
教师教育问题（1次）	教师教育改革	① 师范生免费教育政策是我国教师教育政策的重要组成部分，从更宽广的视野来审视这一问题，可以发现师范生免费教育政策还更深层地触及了教师教育改革的问题 ② 教师教育改革是一个全局性的事务，需要多方面的协调配合与支持
师范教育发展困境问题（1次）	加大对师范教育的支持力度	① 随着高等教育逐步走向市场调控，师范教育作为高等教育中的特殊类别在很大程度上受到了冲击，需要国家特别扶持，以保证这一特殊类别的基础地位 ② 这也在一定程度上说明师范教育的特殊性，及教师社会地位对师范教育的重要影响
免费师范生继续发展问题（4次）	在职攻读教育硕士、继续深造和专业发展、专业发展、终身学习和职业发展	① 保证优质教师资源的进一步发展是促使优质教师资源持续发挥作用的前提，也是保证优质教师资源长期持续从教的重要保证 ② 对于免费师范生自身来说，这也是吸引其选择从事教师职业的一种优惠

经过分析，师范生免费教育政策的目标指向其实已经很鲜明地呈现出来（见图 3–4）。政策目标指向是一个多元的综合目标，但其核心目标

亦很突出。

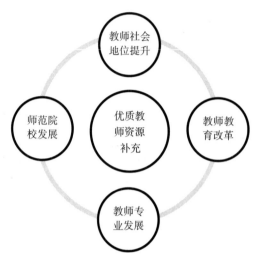

图 3-4　师范生免费教育政策目标指向示意图

师范生免费教育政策的目标指向核心是保证我国优质教师资源的补充。在此基础上，完成教师社会地位提升、教师教育改革、师范院校发展、教师专业发展等也都是师范生免费教育政策的目标指向。而这些目标的完成又蕴含了教育家办学、吸引优质青年投身教育事业、长期从教、终身从教等内在潜在目标。从政策本身来看，其所传递的目标意蕴还可以继续细分，这也是该政策自身所具有的价值倾向性、功能导向性和行为示范性的具体体现。而这些价值倾向性、功能导向性和行为示范性又通过具体的政策文本和政策执行行为反映出来。

二、师范生免费教育政策风险识别的过程

师范生免费教育政策是一个复杂的政策体系，面对如此复杂的政策体系单独使用一种风险识别方法难以保证识别结果的科学、全面和系统。因此，本书首先通过文献分析法形成政策风险池，然后通过半结构化访谈法对风险进行初步识别，最后通过检查表法对风险进行最终识别。

（一）风险识别的方法选择

本书在第二章已经对国标技术中列出的 32 种风险评估方法进行了详细的探讨，其中，对于风险识别过程有 14 种方法非常适用，有 9 种方法适用，有 9 种方法不适用。14 种非常适用的方法特征的对比如表 3–4 所示。

表 3–4　风险识别非常适用的方法特征对比表

序号	方法名称	特征因素			量化结果
		资源与能力	不确定性	复杂性	
1	头脑风暴	低	低	低	否
2	结构化 / 半结构化访谈	低	低	低	否
3	德尔菲法	中	中	中	否
4	情景分析	中	高	中	否
5	检查表	低	低	低	否
6	预先危险分析	低	高	中	否
7	失效模式和效应分析	中	中	中	是
8	危险与可操作性分析	中	高	高	否
9	危险分析与关键控制点	中	中	中	否
10	结构化假设分析	中	中	——	否
11	风险矩阵	中	中	中	是
12	人因可靠性分析	中	中	中	是
13	以可靠性为中心的维修	中	中	中	是
14	压力测试	中	中	中	是

师范生免费教育政策的风险识别是为了实现对政策风险的认定和筛选，而不是为了得出量化的结果，所以舍弃 5 个以提供量化结果为主的风险识别方法。由于本研究设计的风险识别过程是分步骤、递进式进行，对于每一步的方法其复杂性和不确定性要尽可能地低，这样才能避免因为方法的复杂性和不确定性导致风险识别误差过大。因此，比较符合要求的方法为头脑风暴法、结构化 / 半结构化访谈法和检查表法。头脑风暴法受时间和空间制约，研究成本相对较高，所以本研究最终选择结构化 / 半结构化访谈和检查表法作为对师范生免费政策进行风险识别的方法。按照这两

种方法输入和输出的特征不同，本研究设计使用半结构化访谈方法对政策风险进行初步识别，使用检查表法对政策风险进行最终识别。

（二）通过文献分析法分析，形成政策"风险池"

通过半结构化访谈法对政策风险进行初步识别之前，需要设计访谈提纲。本研究通过文献分析法来实现访谈提纲的设计，即将师范生免费教育政策相关的论文和媒体报道作为研究对象进行文献分析，根据文献分析的结果设计访谈提纲。本研究以中国知网"中国学术期刊网络出版总库"、"中国重要报纸全文数据库"、"中国优秀硕士学位论文全文数据库"和"中国博士学位论文全文数据库"为文献来源，以"免费师范生"或"师范生免费教育"为主题，以 2007 年 5 月 1 日至 2014 年 4 月 30 日为发表时间条件对文献进行检索。为了保证文献的权威性和代表性，对学术期刊上发表的论文进行检索时，只选择"中文社会科学引文索引"（CSSCI）中收录的期刊。文献按发表年份和来源分类整理统计后的情况，如表 3-5 所示。

表 3-5　文献分年和来源分类整理统计表（单位：篇）

发表时间	中国学术期刊网络出版总库（CSSCI 收录）	中国重要报纸全文数据库	中国优秀硕士学位论文全文数据库 中国博士学位论文全文数据库
2007 年	17	291	5
2008 年	48	186	19
2009 年	37	77	43
2010 年	30	150	31
2011 年	45	184	55
2012 年	53	83	52
2013 年	35	88	54
2014 年	12	8	8
合计	277	1067	267

本研究使用质化分析工具 N-Vivo 10 中文版对以上文献进行分析。首

先，对文献的主要观点和结论建立自由节点进行编码；其次，在主要观点和结论中分析并筛选可能是师范生免费教育政策风险的描述、风险源的描述、风险后果的描述，截取这些相关描述的关键词重新编码，并对编码进行归类并形成树状节点；最后，检测风险描述的词频是否覆盖文献的大部分观点。

本研究在对文献进行第一次编码的过程中发现，"中国重要报纸全文数据库"中的报道重复率非常高，很多报纸都是转载其他媒体的报道或按同一个新闻通稿进行报道。所以对观点重复的报道进行了删除和合并处理，最终进入文献分析的报道为378篇。本研究将第二次编码作为师范生免费教育政策可能存在的风险，并以文献数为统计单位对风险描述的词频覆盖率进行了统计，结果如表3-6所示。

表3-6 文献分析结果统计表

可能存在的风险 （观点的关键词）	典型描述举例 （原文引用）	文献覆盖率
中西部倾斜；中西部就业；中西部招生；分布在中西部；中西部比例	免费师范生90%以上去了基础教育还很薄弱的中西部任教，……但同时，还有一些毕业生，对回到中西部就业有些无奈	16.17%
义务（权利、责任等）不对等（等值）；权利与义务关系不对等（等值）；责任与义务不对等（等值）	人们对此项政策有些不满的根本原因是，免费师范生的权利和义务不"等值"	15.71%
就业难；就业遭遇；就业偏差；没有挑选余地；岗位少	这些当初因为"毕业包分配"而受到热捧的免费师范生，现在却普遍陷入了"就业难"的困境	15.43%
信用制度缺失；诚信体系不健全；诚信档案	对不能履约者将……记入诚信档案。可是到这些师范生毕业时，纷纷挣脱这条"绳索"的捆绑，大胆违约，去谋求其他的职业	15.60%
培养遭遇；学习动力不足；学习积极性不足；影响培养质量	可能导致免费师范生学习动力不足，进而影响师范教育质量	15.14%
农村教育倾斜；基层就业；基层岗位比例；农村中小学就业（任教、从教、就业等）；下不去	国家培养了大量免费师范生……却无法如政策预期地下到基层，支援农村地区教育	14.68%

可能存在的风险 （观点的关键词）	典型描述举例 （原文引用）	文献覆盖率
公开招聘考试；事业单位招聘考试；人事制度制约；凡进必考	……唯学历论及凡进必考的规定……不利于双向选择的顺利开展	12.96%
履约管理难；难以管理；管理失控；免费师范生流失；管理平台缺失；	免费师范生"毕业即就业"……一定程度上加大了安置难度，或安置后迅速流失	12.73%
国家承担风险；个人承担风险；违约率高；成本投入；一厢情愿；教育资源浪费；收不回成本；投资风险	国家作为对免费师范教育投资的主体也是同样要承担一定风险的	12.50%
国家分配；政府保底；分配工作；包分配	不适合做老师的免费师范生因为"包分配"也不得不硬着头皮当老师	12.39%
退出机制；淘汰机制；退出路径	……缺乏有效的退出机制，无法对不适合做教师的学生进行分流	11.81%
教育公平失衡；影响教育公平；引发不公平	部属师范院校师范生教育免费，可能会带来非部属师范院校的不公平	11.12%
跨省就业审批难（复杂）；跨省申请条件缺失	跨省就业仍是难题……是首届免费师范生就业的瓶颈问题	11.12%
难以落实编制；人事编制紧张；超编；暂时没有编制	各地学校的编制和人员已经过"千锤百炼"，一个萝卜一个坑，"戴帽"下来的免费师范生却又没有随身带着新增编制	10.89%
就业违约；解除协议；申请违约	免费师范生政策遇七年之痒，华东师大两成多打算违约	9.98%
招生难以统筹；招生协调机制；统筹招生；协商各地；协调各地；协调各省；国家统筹招生；招生计划统筹；专业不合理	今年毕业的首批免费师范生，是根据当年教育部安排的招生计划进行招录的，专业设置确实存在一些不合理	9.40%
回生源地就业；地区差异大；地方政策差异；岗位质量有差异（区别）	各省都能响应国家号召，为免费师范生提供一定数量的就业岗位，但是各省提供岗位的质量有很大的差异	9.29%
热爱教师事业；职业价值观；缺乏信念；无法终身从教	免费师范生对教师职业认可度不高，缺乏终身从教信念	9.29%
没有组织招聘会（活动、双选会、洽谈等）；免费师范生招聘会缺失	……但很多省都没有这样的专场招聘会，对于在外地求学的免费生来说很不方便	8.94%

可能存在的风险 （观点的关键词）	典型描述举例 （原文引用）	文献覆盖率
服务期限长；履约期长；期限不合理；十年从何而来；服务期确定；难以维系十年	国家政策规定免费师范生毕业后从事中小学教育十年以上的服务年限时间偏长，不利于吸引优秀人才从事教师职业	8.83%
培养模式调整；培养方案改革；制订培养方案；盲目培养；课程设置调整（改革）；培养模式调整（改革、创新）	形成免费师范生本硕"一体化"的新培养方案……各校区同时上课，学校的教学管理面临极大的挑战	8.26%
期望冲突；意向冲突；期望不符；期望有差距；难以实现期望；无法满足要求；期望难以实现	……十年寒窗苦读，想以此摆脱农村命运，……但这个"免费"契约与其向往城市生活的强烈身份变迁的期望发生了矛盾和冲突	8.26%
宣传不够；对政策不了解（理解、知道等）；闻所未闻；理解有偏差	……宣传不到位导致一些用人单位根本不知道有免费师范生这一群体的存在	8.03%
影响生源质量；生源质量受到影响；生源质量下降；分数线下降；分数线降低；招不到优秀生源	免费师范生分数线涨跌不一……从六所招收免费师范生院校的投档分数线看，免费师范生报考"冷热不均"	7.80%
报考人数减少；考生不会选择；难以吸引；生源不足；招生难；控制招生数量	免费师范生政策一定程度上打击了那些优秀学生报考师范院校的积极性……只招免费师范生，这样也会将一部分有志于服务发达地区教育事业的优秀高中毕业生拒之门外	7.68%
不能考研；违约考研；考研造成违约	免费师范生竞争力弱……省会的中学或者是其他县市的好学校，招聘教师的学历已经限制为硕士研究生以上	7.57%
监督不足；监督机制缺失；督查不够	要加大对免费师范毕业生就业工作的监督力度，确保免费师范毕业生就业各项工作顺利开展	7.45%
生活补贴调整；生活补贴不足	要提高免费师范生生活补贴标准，给予优秀免费师范生更多奖励	7.00%
执行力不足（够）；不作为；不到位；滥用权力；不沟通；不重视	也有部分地市对免费师范生就业工作重视不够，与相关部门之间缺乏沟通，工作不到位，措施跟不上	6.19%

可能存在的风险 (观点的关键词)	典型描述举例 (原文引用)	文献 覆盖率
民办教育就业；私立学校就业	民办学校没有接收免费师范学生的相关政策。民办学校无指标，公办学校缺编制，免费师范生一时陷入就业迷茫	5.16%
农村支教；两年支教；农村义务教育学校服务两年	教育厅通报了对10个地市免费师范毕业生就业工作的督查情况。通过督查发现，我省多数地市没有按照规定，完成免费师范生到农村支教2年的任务	5.05%
发展路径；职业倦怠	……大面积出现职业倦怠的现象，免费的师范生教育也就必然无法实现其良好的预期	4.01%
不能出国；出国违约；不包括留学	免费师范生政策的局限性，体现在对学生的限制过多过死，缺乏一定的灵活性以及不能考专业研究生、不能出国	2.52%
专业特殊；中专就业；职业院校就业	免费师范毕业生中有少数学习的是日语、俄语、食品加工等专业，不太符合中小学的教育专业	2.41%
教师资格证；教师准入矛盾	教师资格证或将变革，免费师范生压力陡增	2.18%
免费师范生服兵役；免费师范生应征入伍；考公务员	还有几种间接退情况：如报考公务员或者脱产攻读研究生、服兵役等	1.26%

注：覆盖率小于1%的风险代表提及的文献数少于8篇，作为非主流观点做淘汰处理。

本研究将表3-6中描述风险的36类关键词进行合并整理，形成师范生免费教育政策的"风险池"。经过对"风险池"中的风险描述进行分析，发现政策风险可以归类为免费师范生的招生、培养、就业、履约以及政策的宣传、执行和监督七个类别。以"风险池"为基础，参照七个风险类别，本研究编制了半结构化的访谈提纲。由于"政策风险"一词容易引起歧义，被访谈人很难在短时间内理解透彻，所以访谈时用"可能存在的问题，与政策目标的一致性"来代替风险。设计好的访谈提纲如表3-7所示。

表 3-7　师范生免费教育政策风险识别访谈提纲

导语：_____您好，感谢您接受访谈！本次访谈的目的是为了对师范生免费教育进行改进，访谈时间大概 40 分钟，您的个人信息会被严格保密，访谈的内容也不会向其他个人或机构公开，请您按照您了解或者感受的真实情况与我交流。

问题一：您了解师范生免费教育政策吗？

您是通过什么途径了解政策的？

您觉得师范生免费教育政策的目标有哪些？您觉得这些目标实现程度如何？

您觉得师范生免费教育协议书三方的权利、义务和责任对等程度如何？

问题二：您认为免费师范生招生过程中可能存在哪些问题？

报考免费师范生的考生呈现什么样的变化趋势？

与其他师范专业的学生相比免费师范生的生源质量如何？

招生的规模和专业设置是如何确定的？

问题三：您认为免费师范生在本科培养的过程中可能存在哪些问题？

免费师范生学习的积极性（动力）如何？

针对中小学老师岗位，免费师范生能力培养的胜任程度如何？

有何措施保证免费师范生的培养质量？

免费师范生对教师职业生涯有怎样的规划？

问题四：您认为免费师范生在就业的过程中可能存在哪些问题？

免费师范生就业形势有何变化趋势？

不同生源地省份免费师范生就业有哪些差异？（岗位分布、就业方式等）

免费师范生就业与事业单位公开招聘如何处理？

问题五：您认为免费师范生在履约（服务期）的过程中可能存在哪些问题？

免费师范生违约可能会是因为哪些原因？

免费师范生履约（服务）期是否需要调整？如何调整？

如何看待服务期内到农村支教两年？

如何看待免费师范生违约的得失？

问题六：您认为免费师范生政策的宣传可能存在哪些问题？

相关部门对免费教育政策的了解程度如何？

社会大众对师范生免费教育政策的了解程度如何？

问题七：您认为政策相关部门（教育部、各级教育行政主管部门、各级人事主管部门、部属师范大学）在政策执行的过程中可能存在哪些问题？

哪些部门出现了不作为或者少作为的情况？

部门的权力或能力与政策对其提出的职责分工是否匹配？

问题八：您认为政策监督可能存在哪些问题？
政策监督工作的必要性如何？ 政策监督工作的成效如何？

注：八类访谈问题的表格中，表头为主要问题，表内为次要问题，主要问题原则上都与访问对象交流，次要问题根据访谈对象对主要问题的回答而随机确定。

（三）通过半结构化访谈法对政策风险进行初步识别

结构化访谈中，访谈者会根据事先准备好的提纲向访谈对象提问一系列准备好的问题，从而获得访谈对象对某问题的看法。[1] 半结构化访谈与结构化访谈类似，可以进行更自由的对话，以探讨可能出现的问题，因此更适合对风险进行识别。

1. 访谈对象的确定

根据利益相关者理论，任何一项政策都有利益相关者，他们与政策有紧密的利益关系，因此他们参与政策制定（或改进）的愿望最为强烈。[2] 因此本研究将师范生免费教育政策的利益相关者群体确定为访谈的对象，但如何实现对最直接、最密切的利益相关者进行识别呢？利益相关者理论最先在企业管理领域提出，企业管理中对利益相关者的界定中普遍采用"多维细分法"。查克汉姆（Charkham）按照相关群体是否与企业存在合同关系将利益相关者分为契约型（Contractual Stakeholder）和公众型（Community Stakeholder）两种，其中契约型利益相关者与企业的联系更为密切和直接。[3] 借鉴查克汉姆对利益相关者的界定，师范生免费教育政策中有两个重要的契约合同将利益相关群体联系在一起，这两个契约分别是《师范生免费教育协议书》和《免费师范生就业协议书》，《师范生免费教育协议书》由免费师范生、省级教育行政主管部门和部属师范大学三

---

[1] 参见《风险管理　风险评估技术》（GB/T 27921-2011），中国国家标准出版社 2012 年版，第 16 页。

[2] 参见王骚：《公共政策分析的理论与方法》，南开大学出版社 2009 年版，第 71 页。

[3] 参见 Charkham J., "Corporate Governance：Lessons from Abroad", *European Business Journal*, 1992 (4), pp.8-16.

方签订。以上两个契约合同连接的除了免费师范生群体以外其他三方都是机构，而利益相关者不能是机构，应该是这些机构里与政策相关的具体人群。因此，本研究将免费师范生、省级教育行政主管部门政策执行者、部属师范大学参与免费师范生招生就业和培养的教师、招聘免费师范生的中小学校长界定为政策最密切、最直接的利益相关者。

为了保证研究的全面性，本研究对利益相关群体进行目的抽样时要尽可能全面，共设计访谈对象42个。免费师范生访谈对象确定12个，6所部属师范大学每所2人，其中本科在读1人，毕业后从事中小学教师1人；部属师范大学教师访谈对象确定为12人，6所部属师范大学每所2人；中小学校长访谈对象为10人；省级教育行政管理部门政策执行者8人，按照国务院智囊机构发布的《地区协调发展的战略和政策》报告划分的中国八大经济区中，每个经济区随机抽取1个省份。访谈对象的情况如表3—8所示。

表3—8　访谈对象情况统计表

利益相关群体	访谈对象情况
免费师范生（样本编号为Mx）	M1，北京师范大学，辽宁生源，2012级 M2，北京师范大学，湖北生源，2007级 M3，华东师范大学，福建生源，2013级 M4，华东师范大学，安徽生源，2010级 M5，东北师范大学，吉林生源，2011级 M6，东北师范大学，重庆生源，2007级 M7，华中师范大学，湖南生源，2012级 M8，华中师范大学，云南生源，2008级 M9，陕西师范大学，陕西生源，2014级 M10，陕西师范大学，四川生源，2009级 M11，西南大学，广西生源，2013级 M12，西南大学，山东生源，2008级
部属师范大学教师（样本编号为Tx）	每所部属师范大学2人，共计12人 招生就业工作管理人员4人（T1—T4） 学生辅导员4人（T5—T8） 学院党委副书记2人（T9、T10） 学院专业课教师2人（T11、T12）

利益相关群体	访谈对象情况
各级教育行政主管部门（样本编号为Gx）	吉林省（G1）、河北省（G2）、江苏省（G3）、福建省（G4）、山西省（G5）、湖南省（G6）、四川省（G7）、新疆维吾尔自治区（G8）
中小学校长（样本编号为Sx）	S1，辽宁省大连市，小学 S2，北京市昌平区，初中 S3，江苏省苏州市，初中 S4，重庆市渝中区，小学 S5，湖北省长沙市，高中 S6，广东省深圳市，小学 S7，河南省新乡市，完全中学 S8，内蒙古自治区包头市，初中 S9，广西壮族自治区省南宁市，高中 S10，山西省太原市，高中

2. 访谈的方式

确定访谈对象后，访谈的方式以邀约个人面谈为主。但受时间、空间和研究成本的限制，部分访谈采用了电话访谈和网络访谈相结合的方式。访谈于2014年6—10月进行，采用直接进入现场的方式，告知访谈的目的、主题和结果的处理方式后开始访谈。访谈的半结构化特征体现在根据访问对象的不同，访谈提纲中的八类主题会各有侧重。访谈的具体方式统计后如表3-9所示。

表3-9 访谈方式统计表

访谈的方式	访谈对象情况（样本编号见表2-5）
邀约面谈（24个）（方式编码1）	M1、M3、M5 T1、T3、T5、T6、T9、T11 G1、G2、G3、G5、G8 S1、S2、S3、S4、S5、S6、S7、S8、S9、S10
电话访谈和网络访谈相结合（18个）（方式编码2）	M2、M4、M6、M7、M8、M9、M10、M11、M12 T2、T4、T7、T8、T10、T11 G4、G6、G7

3. 访谈结果的处理

（1）访谈资料整理

整理访谈后的资料，对资料进行编号，编号规则为"时间＋访谈方式编码＋访谈对象编码"。如："2014-08-18-1-M1"就是对编号为 M1 的学生通过邀约面谈的方式于 2014 年 8 月 18 日进行的访谈。对原始访谈资料进行编号和转录后形成 42 个访谈文本，将访谈文本导入到 N-vivo 10 中进行文本分析。

（2）编码和分析

为了保证文本分析的信度，本研究采用双人独立编码分析的方式进行，通过分析的结果比对，重复率在 93% 以上。具体的编码和分析过程是：首先对 42 个访谈记录进行第一次编码，将访谈对象的身份设为根节点，将访谈者的样本编号归类到对应的根节点下，再以访谈提纲的八个访问主题为编码在样本编号节点下新建节点，完成第一次编码过程。然后熟读访谈文本，捕捉文本中可能出现的对政策风险的描述，对于反复出现的主题或关键词进行深入挖掘。例如大部分样本中都出现了免费师范生岗位、招聘方式和招聘时间的省份差异对就业的影响，所以就用"区域差异给免费师范生顺利就业带来风险"为节点对样本进行二次编码。最后对二次编码的节点进行归类，某些风险可以归为一类的就建立上级节点，如将"人事制度给免费师范生顺利就业带来的风险"和"区域差异给免费师范生顺利就业带来的风险"归类成"免费师范生落位风险"，依次类推形成政策风险的三级树状结构，如图 3-5 所示。

（3）建构关系

使用 N-vivo10 的编码矩阵功能，将两次编码后的文本设定为查询目标，探索编码之间两两节点的关系，经过查询和分析发现政策风险与样本群体之间呈现出较强的关联性。以身份编码的一级节点和风险编码的二级节点为例，表格中的数字表示样本同时符合行列的样本个数。从表 3-10 中可以发现样本个数都以极值的形式出现，几乎没有出现中间值。

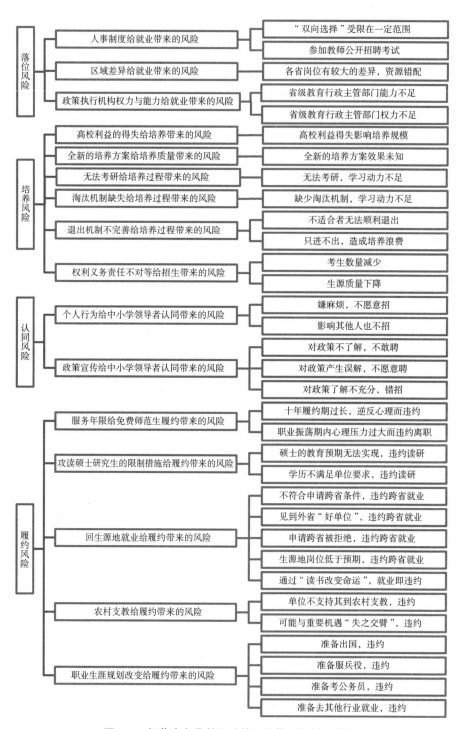

图3-5 师范生免费教育政策风险的三级树状结构

表 3–10　不同群体对风险的识别情况统计表

风险列表	M Max＝12	T Max＝12	G Max＝8	S Max＝10
人事制度给就业带来的风险	9	11	8	9
政策执行机构权力与能力给就业带来的风险	8	9	8	2
区域差异给就业带来的风险	11	9	1	1
高校利益的得失给培养带来的风险	0	12	0	0
全新的培养方案给培养质量带来的风险	1	9	1	8
无法考研给培养过程带来的风险	2	9	0	0
退出机制不完善给培养过程带来的风险	2	11	0	1
淘汰机制缺失给培养过程带来的风险	1	12	2	3
政策宣传程度给中小学领导者认同带来的风险	12	10	0	1
个人行为给中小学领导者认同带来的风险	11	9	1	0
服务年限给免费师范生履约带来的风险	12	8	7	1
回生源地就业给履约带来的风险	9	1	1	2
农村支教给履约带来的风险	8	0	8	9
攻读硕士研究生的限制措施给履约带来的风险	9	1	1	1
职业生涯规划改变给履约带来的风险	7	0	0	0
权利义务责任不对等给招生带来的风险	3	2	1	1

（四）通过检查表法对政策风险进行最终识别

检查表是一个危险、风险或控制故障的清单，按此表进行检查，以"是/否"进行回答。[①] 检查表法简单明了，非专业人士也可以使用。编制精良的检查表有助于确保常见的风险不被遗漏。本研究以半结构化访谈的

---

① 参见《风险管理　风险评估技术》（GB/T 27921-2011），中国国家标准出版社 2012 年版，第 19 页。

分析结果为基础编制检查表问卷，进而实现对政策风险的精确识别。

1. 编制检查表问卷

根据对访谈文本的分析结果可知，样本群体对风险识别有较大针对性，不同的利益相关者群体对某几类风险特别敏感，所以本研究针对政策的四个利益相关群体设计四张不同的检查表问卷（见附录一至四）。问卷设计时以访谈文本分析中确定的风险节点三级树状结构最末端的节点为基本单位，去除本群体二级节点访谈样本个数少于一半的风险。基于同样的原因，检查表问卷中不用政策风险提问，换以"以下情况是否有可能发生"为题，被调查者需要在风险列表中对每一个风险回答"是"或"否"，以免费师范生群体为例，检查表问卷设计见表 3–11。

表 3–11 师范生免费教育政策风险识别检查表问卷（免费师范生版）

导语：＿＿＿您好，感谢您接受邀请参与本调查研究！本次调查的目的是为了对师范生免费教育政策进行改进，您的个人信息不会体现在研究结果中。		
您认为以下情况是否有可能发生？		
情况列表	是	否
1. 免费师范生不能直接到中小学就业，必须要参加生源地组织的教师公开招聘考试。		
2. 免费师范生不能自由地与生源地中小学"双向选择"，而只能被限定在一定的范围内。		
3. 省级教育行政主管部门的权力不足，协调地方相关部门无力，阻碍免费师范生顺利就业。		
……		
25. 免费师范生职业生涯规划改变，准备去其他行业就业而违约。		

2. 样本的选择与调查的方式

免费师范生群体选择 500 人，其中本科在读的 300 人通过 6 所部属师范大学随机抽取 5 个师范专业，每个专业 10 人；已经毕业工作的免费师范生 100 人，选择方式是通过人人网（www.renren.com）平台招募符合条件的免费师范生自愿者 317 人，从中随机抽样 200 人。省级教育主管部门政策执行人员选择 50 人，选择方式是在教育部免费师范生工作群中去除部属师范大学和教育相关部门负责人后，从 97 人中随机抽取；部属师范大学招生、就业和培养的教师选择 96 人，每所部属师范大学 16 人，其中就业部门 4 人，招生部门 4 人，专业课教师 4 人，学院辅导员党委副书记 4 人；中小学校长 181 人，确定方式是招募的已经毕业的 200 个免费师范生自愿者向所在学校校长调研，并去除多人在同一学校就业的情况。

调查采用网上问卷定向发放的方式进行。网络平台选择阿里云服务平台和 EnableQ 在线问卷调查系统，向每一个确定的调查对象发送带有唯一问卷邀请码的网址。邀请码随问卷一起回收，如果问卷回收时邀请码相同、缺失或不在列表中，则此问卷做无效处理。

3. 结果的处理

本研究向免费师范生群体发放 500 份调查问卷，回收 471 份有效问卷，回收率为 94.20%；向省级教育主管部门发送问卷 50 份，回收 40 份有效问卷，回收率为 80.00%；向部属师范大学发送 96 份调查问卷，回收 92 份有效问卷，回收率为 95.83%；向中小学校长发送问卷 181 份，回收有效问卷 155 份，回收率为 85.64%。问卷结果用 EnableQ 的问卷分析工具进行统计，每个风险以选"是"的问卷数除以有效问卷总数得出风险识别率。不同的问卷对相同的风险进行识别时，为了兼顾教育政策风险识别的整体性和重点性，以最大的风险识别率为基准，将 5% 设定为阈值，舍弃风险识别率低于 5% 的风险 7 个，剩余 26 个，统计结果如表 3–12 所示。

表 3–12　风险识别率统计表

风险编码	风险描述	风险识别率
F1	落位风险：参加教师公开招聘考试	52.39%
F2	落位风险："双向选择"受限在一定范围	87.66%
F3	落位风险：省级教育行政主管部门权力不足	69.23%
F4	落位风险：省级教育行政主管部门能力不足	38.46%
F5	落位风险：各省岗位有较大的差异，资源错配	61.45%
F6	培养风险：高校利益得失影响培养规模	25.79%
F7	培养风险：全新的培养方案效果未知	17.61%
F8	培养风险：无法考研，学习动力不足	42.17%
F9	培养风险：缺少淘汰机制，学习动力不足	70.92%

风险编码	风险描述	风险识别率
F10	培养风险：退出机制不完善，不适合者无法顺利退出	82.25%
F11	认同风险：对政策不了解，不敢聘	31.24%
F12	认同风险：对政策了解不充分，错招	39.54%
F13	认同风险：对政策产生误解，不愿意聘	55.58%
F14	认同风险：嫌麻烦，不愿意招	62.32%
F15	认同风险：影响其他人也不招	8.09%
F16	履约风险：十年服务期过长，因逆反心理而违约	25.21%
F17	履约风险：十年使心理压力过大而违约离职	7.81%
F18	履约风险：见到外省"好单位"，违约跨省就业	87.29%
F19	履约风险：生源地岗位低于预期，违约跨省就业	67.31%
F20	履约风险：不符合申请跨省条件，违约跨省就业	45.98%
F21	履约风险：申请跨省被拒绝，违约跨省就业	89.02%
F22	履约风险：通过"读书改变命运"，就业即违约	14.93%
F23	履约风险：单位不支持其到农村支教，违约	64.21%
F24	履约风险：农村支教可能与重要机遇"失之交臂"，违约	36.29%
F25	履约风险：学历不满足单位要求，违约读研	12.43%
F26	履约风险：硕士的教育预期无法实现，违约读研	7.52%

为了便于开展研究，对以上识别的 26 个风险按访谈分析形成的树状结构进行分类。在对风险进行描述和对风险源进行识别的过程中，发现有些风险有相同的风险源，为了研究方便对其进行了合并处理，最终将师范生免费教育政策的风险归为 4 大类、12 个小类（见表 3-13）。

表 3-13　师范生免费教育政策风险识别结果表

一级分类	二级分类	三级风险编码
落位风险	人事制度给就业带来的风险	F1、F2
	政策执行机构权力与能力给就业带来的风险	F3、F4
	区域差异给就业带来的风险	F5
培养风险	高校利益的得失给培养带来的风险	F6
	全新的培养方案给培养质量带来的风险	F7
	其他因素给培养过程带来的风险	F8、F9、F10

一级分类	二级分类	三级风险编码
认同风险	政策宣传程度给中小学领导者认同带来的风险	F11、F12、F13
	中小学领导者个人行为给认同带来的风险	F14、F15
履约风险	服务年限给免费师范生履约带来的风险	F16、F17
	回生源地就业给履约带来的风险	F18、F19、F20、F21、F22
	农村支教给履约带来的风险	F23、F24
	攻读硕士研究生的限制措施给履约带来的风险	F25、F26

三、师范生免费教育政策风险描述

（一）免费师范生的落位风险

免费师范生的落位风险是指，由于各种原因造成免费师范生毕业后未能按照政策预想的情况顺利地在生源地中小学就业；或就业的岗位与免费师范生的能力不协调，出现"高能低配"和"低能高配"的现象，导致人力资源配置错位。按照引起落位风险原因的不同，可以把免费师范生的落位风险分为三大类，分别是人事制度给免费师范生就业带来的风险、政策执行机构权力与能力给免费师范生就业带来的风险、区域差异给免费师范生就业带来的风险。

1. 人事制度给免费师范生就业带来的风险

要厘清人事制度给免费师范生就业带来的落位风险，首先应该梳理我国公办中小学现行的教师招聘制度，分析现行的教师招聘给免费师范生就业带来的不利影响，探讨引起免费师范生不能顺利"落位"的深层次原因，从而完成对落位风险的识别。

（1）我国中小学现行的教师招聘制度

1993年以前，我国中小学教师招聘实行的是国家计划统招统分制度，教师来源于师范院校毕业生。1993年国务院印发的《中国教育改革和发展纲要》中首次提出要建立教师录用考核制度。同年，我国颁布的《中华人民共和国教师法》中规定了逐步实施教师聘任制。我国大学毕业生就业采取"双向选择、自主择业"的政策后，除了师范院校毕业生外，具备教师资格证的综合院校毕业生也成为我国中小学教师队伍的有力补充。19世纪90年代末到20世纪初,我国中小学在进行教师招聘时一般按照图3-6的流程进行:中小学校长向教育行政主管部门上报教师招聘需求;教育行政主管部门对辖区内的中小学教师需求进行统一的调配与初审;汇总需求后向同级人事主管部门和编制部门提交申请;同级人事主管部门根据相关规定对需求进行审批并将审批结果反馈给教育行政主管部门;教育行政主管部门根据审批结果组织招聘。招聘的形式如:向辖区中小学公布各自学校的教师需求的审批情况,由学校自行组织教师招聘;或者由教育局(教委)统一组织学校"组团"到师范院校召开校园双选会,进行教师招聘。这个阶段教育行政主管部门和中小学校长在教师招聘环节具有较大的自主权。

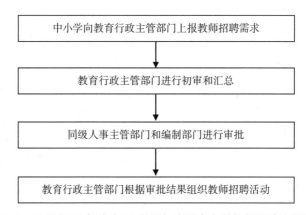

图3-6　19世纪90年代末20世纪初我国中小学教师招聘流程简图

2003年前后,高校扩招带来的第一个大学生就业高峰到来。事业单位特别是中小学教师岗位由于工作稳定、待遇适中,成为很多大学毕业生的首选。越来越多的毕业生"涌入"中小学就业,教育局和中小学面对充足的毕业生供给,纷纷到各大师范院校"争抢"优秀的毕业生,出现了"师范热"的现象。一些名校在招聘时,一个岗位有几十个甚至上百人竞争,由于招聘的自主权集中在中小学校长手中,出现了"找熟人"、"托关系"、"给红包"等不公平的现象,滋生出一些教育腐败问题等。

这些问题不仅存在于中小学教师招聘的过程中,其他事业单位招聘时也有出现。为此,2003年人事部和教育部联合印发《关于深化中小学人事制度改革的实施意见》(国人部发〔2003〕24号),要求"按需设岗、公开招聘、平等竞争、择优聘用"。同年年底，人事部在《事业单位试行人员聘用制度有关问题的解释》（国人部发〔2003〕61号）中又补充规定"招聘必须在本地区发布招聘公告，采用公开方式对符合报名条件的应聘人员进行考试或考核，考试或考核结果及拟聘人员应进行公示"。2005年11月，人事部发布人事部令第6号，即《事业单位公开招聘人员的暂行规定》（以下简称《公开招聘规定》），要求自2006年1月1日起，包括中小学教师在内的事业单位招聘必须采取公开招聘的形式，并且对公开招聘的范围、条件和程序，招聘计划、信息发布和资格审查，招聘的考试与考核，招聘的纪律和监督等环节进行了详细的规定。2006年3月教育部办公厅转发了人事部《公开招聘规定》（教人厅函〔2006〕3号），要求全国中小学在进行新教师招聘时严格执行相关规定。

　　经过了几年的调整期，到2007年前后全国大部分公办中小学在招聘时都采取了图3-7所示的招聘流程。首先，中小学向教育行政主管部门上报教师招聘需求；然后教育行政主管部门进行统一的调配与初审，并报给同级人事主管部门和编办进行审批；人事部门会同编办对招聘需求进行调整，制订招聘计划；最后由人事主管部门牵头联合教育主管部门、编办和纪检等部门统一组织教师招聘。一般而言，中小学校长和教育行政主管部门对教师招聘没有直接的自主权，仅在招聘的面试、试讲等环节中有部分参与的可能性。

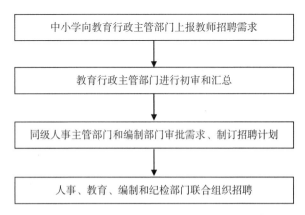

图3-7　2007年以来我国大部分地区中小学教师招聘流程简图

中小学教师招聘施行公开招聘制度后，在一定程度上消除了之前招聘过程中出现的不公平现象。但各地区公开招聘存在较大的差异性，给应聘者带来较大的瓶颈性障碍。首先，组织招聘的范围不一致，以省、市、区（县）为范围的考试都曾出现。有些地区全省统一考试，有些地区是省里考完市里再考。其次，考试的内容存在较大差别。有些地区考试的内容和公务员考试一致，有些地区考教育学、心理学等师范专业相关课程，甚至有些地区还考"高考卷"。再次，考试时间存在较大的随意性。各个地区组织教师招聘考试的时间都不相同，甚至同一地区不同年份的考试时间也存在较大的不确定性。最后，考试的流程各地区也存在较大的差异。有些地区要求报名、笔试和面试必须在固定的地点进行，无形中增加了异地应聘者的求职成本。由于"用人"和"招人"分离，导致中小学校长对教师公开招聘的结果很难全部满意。招聘的新老师往往是适应考试的应聘者，而不是教师技能好、综合素质高的应聘者。针对这些情况，很多地区的教育部主管部门进行了政策的突破，例如，教育部直属师范大学的师范专业毕业生可以免笔试，硕士学位的毕业生可以免笔试，将教师公开招聘考试的考点设置在毕业生集中的师范院校最大限度地节省毕业生求职成本等，取得了一定的效果。

（2）事业单位公开招聘政策对免费师范生就业的影响

师范生免费教育政策对免费师范生的就业方式、岗位和编制来源都进行了规定，但是并未说明如何处理就业过程中与现行的教师招聘制度的冲突。免费师范生到生源地中小学就业是否要参加当地的教师公开招聘？对这个问题的不同处理可能会导致三种情况的出现。

第一，免费师范生就业不需要参加教师公开招聘，可以在政策规定的范围内与中小学进行双向选择。这种情况是完全按照师范生免费教育政策规定的方式进行，免费师范生的就业由教育行政主管部门主导，辖区内中小学有意招聘免费师范生时可以参照图3-8所示的流程：中小学向教育行政主管部门上报免费师范生招聘需求；教育行政主管部门进行审核并批准其到6所部属师范大学与免费师范生进行"双向选择"；中小学（或由教育局牵头组团）到教育部直属师范大学招聘免费师范生并将结果上报到人事主管部门和编办；人事主管部门和编办对招聘结果进行公示并发布招聘结果，按照政策的要求给免费师范生落实事业编制。

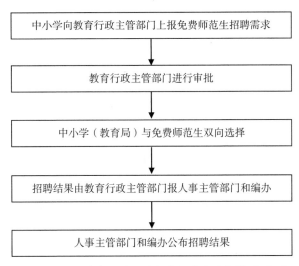

图 3-8　生源地中小学招聘免费师范生流程简图（一）

　　这种情况下，完全突破了事业单位"凡进必考"的招聘制度，因此免费师范生就业并不存在落位风险。然而在政策执行中，这种情况很容易引起质疑。一方面，免费师范生就业不参与公开招聘考试，对于想通过公开招聘考试进入到中小学就业的应聘者而言较为不公平；另一方面，由于把招聘的权力归还给中小学校长，因此不可避免地会出现一些招聘中的不公平现象，滋生了教育腐败问题。

　　第二，免费师范生不能直接到中小学就业，必须要参加生源地相关机构组织的教师公开招聘考试。这种情况完全无视师范生免费教育政策的规定，将免费师范生就业等同于一般师范类高校的毕业生。中小学招聘免费师范生的流程与之前普通教师招聘完全相同，免费师范生的就业完全由人事主管部门主导。这种情况虽然发生的可能性较小，但是一旦发生将会给免费师范生就业带来较大的瓶颈性障碍，导致其不能顺利到中小学从事教师岗位，存在较大的落位风险（风险 F1）。这种落位风险会衍生出一系列问题，如果免费师范生参加了中小学教师招聘公开考试，但是被淘汰，不能回生源地中小学从事教师岗位，是否能界定学生违约？如果归为违约，违约责任方应该如何确认？如果不归为违约，让其每年都参加教师公开招聘考试，那十年的履约期限如何计算？

　　第三，免费师范生在一定的范围内与生源地中小学"双向选择"。这种情况是我国现行的教师招聘制度与师范生免费教育政策共同作用的结果。免费师范生就业由教育行政主管部门与人事部门共同主导，辖区内的中小学有意招聘免费师范生时可以参照图3-9的流程。

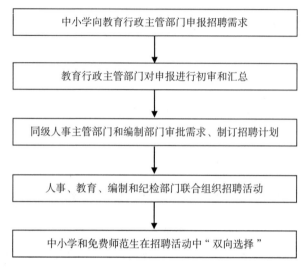

图3-9 生源地中小学招聘免费师范生流程简图（二）

首先，中小学向教育行政主管部门上报免费师范生的需求；然后，由省级教育行政主管部门对招聘需求进行汇总和初审，并报同级人事主管部门和编办进行审批；人事主管部门和编办按照相关文件的要求对招聘计划进行调整并审核批准；由人事、教育、编办和纪检等部门共同参与，组织专门针对本省的免费师范生招聘活动，招聘需求审批通过的中小学和本省的免费师范生在招聘活动中进行"双向选择"；最后，人事部门组织通过双选的免费师范生进行体检并公示招聘结果，落实事业编制。

这种情况下，免费师范生虽然不用参加教师公开招聘考试，但是受招聘活动的制约很难做到真正意义上的"双向选择"。一方面，免费师范生有意向就业的中小学不一定参与专门的招聘活动；另一方面，招聘活动一般都在相对集中的时间内进行，如果错过了招聘活动的时间就失去了进行"双向选择"的机会。因此这种情况会导致部分免费师范生不能顺利回生源地中小学就业，存在一定的落位风险（风险F2）。

（3）人事制度给免费师范生就业带来落位风险的原因分析

从上述的分析中，确定了现行的教师招聘制度会给免费师范生就业带来一定的落位风险，这种落位风险之所以存在，可以归纳出两点原因。

第一，师范生免费教育政策的不完善是导致落位风险的直接原因。相关部门虽然出台专门针对免费师范生就业的文件，但是并未对免费师范生就业是否需要参加教师公开招聘进行说明。这导致中小学招聘教师的现行制度与免费师范生就业之间产生了矛盾。政策的执行者在调和这种矛盾的过程中，使得免费师范生的就业有可能偏离政策设计的路径，产生了落位风险。

第二，教育行政主管部门和人事主管部门的权力博弈是导致落位风险的间接原因。2007 年前后，中小学教师招聘的自主权由教育行政主管部门转移到人事主管部门。然而，由于中小学对人事主管部门牵头组织的教师公开招聘效果不能完全满意，还是希望将教师招聘自主权收回到教育行政主管部门。师范生免费教育实施后，教育行政主管部门和人事主管部门都在争夺中小学招聘免费师范生就业的自主权，这两个部门对招聘权的博弈导致了三种情况的出现：第一，教育行政主管部门取得了完全的自主权，所以免费师范生不用参加教师公开招聘考试，自由地与中小学进行"双向选择"；第二，人事主管部门取得了完全的自主权，所以免费师范生就业还要通过教师公开招聘考试；第三，教育行政主管部门和人事主管部门各自妥协，所以免费师范生在一定的范围和条件下进行所谓的"双向选择"。不同地区两个部门权力博弈的结果不同，因此也就间接地导致了部分地区免费师范生就业的落位风险。

2. 政策执行机构权力与能力给免费师范生就业带来的风险

师范生免费教育政策规定，省级教育行政部门负责组织用人学校与毕业生在需求岗位范围内进行双向选择。然而由于各省教育行政主管部门负责政策执行的机构不同，不同的政策执行机构其权力与能力也有较大的差别，可能会导致部分省份免费师范生就业过程中的落位风险。

（1）省级教育行政主管部门中的师范生免费教育政策执行机构

我国除港、澳、台地区，其他各省都有免费师范生。由于各省历史原因和省情差异，导致师范生免费教育政策执行由不同的部门承担，经过梳理，结果如表 3–14 所示。

表 3-14　省级教育行政主管部门中的师范生免费教育政策执行机构表

省、自治区、直辖市	负责免费师范生就业的部门	负责免费师范生履约管理部门
陕西	教育厅高校学生工作处	教育厅高校学生工作处
新疆	教育厅学生处	教育厅学生处
上海	教委学生处	教委学生处
重庆	教委就业指导中心	教委师范处
河北	教育厅学生工作处	教育厅学生工作处
青海	教育厅学工处	教育厅学工处
辽宁	高校毕业生就业服务市场	教育厅人事处
广西	高校毕业生就业指导中心	教育厅师范处
云南	教育厅学生处	教育厅学生处
内蒙古	高校毕业生就业指导中心	高校毕业生就业指导中心
福建	教育厅学生工作处	教育厅学生工作处
浙江	教育厅学生处	教育厅学生处
贵州	高校毕业生就业工作办公室	高校毕业生就业工作办公室
湖南	教育厅教师工作处/高校就业指导中心	教育厅教师工作处
山东	教育厅学生处	教育厅学生处
北京	市教委人事处/教育系统人才交流中心	市教委人事处 教育系统人才交流中心
四川	教育厅人事与教师工作处	教育厅人事与教师工作处
黑龙江	教育厅人事处	教育厅人事处
山西	教育厅人事处	教育厅人事处
宁夏	教育厅人事处	教育厅人事处
天津	教委人事处	教委人事处
安徽	教育厅师资处	教育厅师资处
海南	教育厅师资管理处	教育厅师资管理处
西藏	教育厅师资管理处	教育厅师资管理处
甘肃	教育厅师范科	教育厅师范科
吉林	教育厅师范处/学生处/人事处	师范处

省、自治区、直辖市	负责免费师范生就业的部门	负责免费师范生履约管理部门
河南	教育厅师范处	教育厅师范处
广东	教育厅师资处	教育厅师资处
江西	教育厅师资处	教育厅师资处
湖北	教育厅教师管理处	教育厅教师管理处
江苏	教育厅师资处	教育厅师资处

各省大学生就业指导中心一般归属教育厅学生处管理，各省教育系统人才服务中心一般由人事处管理。因此各省教育行政主管部门中负责免费师范生管理的机构大体可以分为三种情况，分别是由师范处负责、由学生处负责和由人事处负责。由于三个机构的职责权力不同，必然导致免费师范生就业过程中政策的执行出现差异。

（2）政策执行机构对免费师范生就业的影响

政策执行机构对免费师范生就业的影响主要表现在两个方面：

第一，省级教育行政主管部门的权力不足，协调地方相关部门无力，阻碍免费师范生顺利就业（风险F3）。虽然师范生免费教育政策在规定免费师范生就业时，成立由政府牵头、多个相关部门组成的领导小组，但这种领导小组并没有常态化，日常化的免费师范生管理都由省级教育行政主管部门承担。由于各种原因省内个别地区不能落实师范生免费教育政策中关于免费师范生就业的相关规定时，免费师范生会求助于省级教育行政主管部门。省级教育行政主管部门的权力局限于辖区内的教育系统范围，而免费师范生就业涉及人事、编制和财务等多个相关部门，因此省级教育行政主管部门受权力制约无法协调地方相关部门，影响免费师范生顺利就业。例如，2012届内蒙古自治区生源的免费师范生回生源地某市就业时，被告知该市中小学不接收免费师范生求职，这是由市长办公会研究后作出的决定。免费师范生向内蒙古自治区教育厅求助，教育厅与某市市政府几经协调最终也未能突破。

第二，省级教育行政主管部门内政策具体执行机构的能力不足，使得免费师范生不能顺利就业（风险F4）。省级教育行政主管部门内负责免费师范生管理的机构都各具优势，如师范处更熟悉师范教育和教师培养，学生处更熟悉大学生就业和毕业生派遣，人事处更有利于学生落实岗位编制。在免费师范生就业环节，学生处和人事处优势更为明显，特别是学生处。学生处一般主管各省大学生就业指导中心，对于就业市场较为熟悉，了解招聘活动的组织方式，掌握较多的市场资源。很多省、自治区或直辖市的大学生就业指导中心还有专门用于毕业生就业洽谈的专用场地和设施。另外，高校毕业生的派遣与改派一般也由其负责。因此，如果免费师范生的就业由学生处来具体执行，从机构能力上分析，几乎不存在落位风险。如果换成其他机构，特别是师范处来执行免费师范生的就业，则在能力上与学生处相比会略显不足，可能会对免费师范生的就业带来一定的负面影响。

（3）政策执行机构给免费师范生就业带来落位风险的原因分析

免费师范生的就业涉及教育、人事、编制和纪检等众多相关部门，这在师范生免费教育政策设计之初就考虑到了，所以在《就业实施办法》中规定免费师范生就业工作由有关省级政府统筹，并对不同的部门进行了分工。然而这种按照部门职能进行分工相对宏观和粗放，导致政策执行机构在权力和能力方面并未达到政策设计的理想状态，从而给免费师范生就业造成落位风险。第一，政策并未要求设立多部门协同办公的联动机制，是否联动、如何联动凭各部门的自觉；第二，政策并未考虑免费师范生就业是一个长期的过程，分工是按照短期项目性工作来进行的，无法实现常态化；第三，政策并未要求设立专门的机构负责各部门协调联动，因此协调联动的职责最终都由教育行政主管部门中的政策执行机构来承担。"小马拉大车"，造成了免费师范生就业中的落位风险。

3.区域差异给免费师范生就业带来的风险

按照政策要求，免费师范生回生源地中小学就业，其中的生源地是指免费师范生考取大学前的所在省、自治区或直辖市。换言之，免费师范生就业是生源地省级统筹。各地由于经济、社会和教育发展状况不同，这种差异在免费师范生回生源地就业的过程中必然有所体现。要消除这种省际差异是不现实的，但如果省际差异过大，就会造成免费师范生人力资源配置的错位，出现"高能低配"或"低能高配"的情况引起落位风险。

(1) 免费师范生就业过程中区域差异的体现形式

免费师范生就业过程的区域差异主要是指不同生源地省份之间的差异，这种差异主要体现在五个方面，分别是：第一，各省给免费师范生提供的就业岗位存在差异；第二，各省免费师范生招聘活动的形式存在差异；第三，各省免费师范生招聘活动的时间存在差异；第四，各省对于免费师范生由于特殊情况申请跨省就业的申请条件和办理流程存在差异；第五，各省毕业生就业派遣的方式不一样。其中，各省给免费师范生提供的就业岗位存在差异是区域差异最突出的体现形式。

就业岗位差异分为数量差异和质量差异。数量差异是指给免费师范生提供选择的岗位数量是否充足；质量差异是指给免费师范生提供的岗位是来自优质中小学还是薄弱中小学。我国中小学教师待遇在省会城市和非省会城市之间、经济发达城市和欠发达城市之间、城镇与乡村之间存在着较大的差异。即便是在同一个城市里，不同的学校之间也存在着一定的差异。这种差异不仅局限在中小学教师待遇方面，在福利、社会声望和子女享受的教育资源等方面也存在。虽然我国近年来一直在倡导教育均衡发展，改革中小学工资制度，但在省会城市的优质学校任教和薄弱学校任教，在乡镇中心小学任教和在乡村村小任教还是存在较大的差异。免费师范生就业过程中，各省给免费师范生提供的岗位存在较大的差异，有些省份提供的岗位多，有些省份提供的岗位少；有些省份提供的岗位集中在省会城市中小学，有些省份提供的岗位集中在非省会城市，有些省份提供的岗位县镇及以下的中小学占了一半以上。这种岗位的数量差异和质量差异可能会导致免费师范生就业的错配，从而引发就业的落位风险。

(2) 区域差异对免费师范生就业的影响

20世纪末开始，我国大学生就业逐渐由"计划"转变为"市场"，大学毕业生作为高端人才在人力资源市场中遵循市场规律进行配置。按照市场配置规律，"好学生到好学校"，人尽其才，是市场追求最优的配置。免费师范生就业带有一定的"计划"成分，虽然免费师范生可以在生源地省内与中小学进行市场配置的"双向选择"，但如果各省提供给免费师范生就业的岗位有较大的差异，就会导致资源错配现象的发生（风险F5）。

例如，某部属师范大学，2013 届河北省生源美术专业毕业生 45 人，河北省给免费师范生提供的美术岗位仅 70 个，平均每人可选择的岗位不足 2 个。2013 届湖北省生源历史专业毕业生仅 1 人，湖北省提供历史教师岗位 27 个供其选择。

例如，同一所部属师范大学同一个专业的免费师范生，学习成绩优秀的学生由于生源地省份提供的岗位都集中在非省会城市而进入了一所地级城市的薄弱小学；学习成绩一般的学生由于生源地省份提供的岗位集中在省会城市而进入了一所省会城市的优质高中，也就是出现了"高能低配"和"低能高配"的现象，"学习好不如省里提供的岗位好"。

(3) 区域差异给免费师范生就业带来落位风险的原因分析

去除各省教育发展状况不同造成的岗位差异这种不可控因素，免费师范生就业错配造成落位风险的主要原因有三个：第一，师范生免费教育政策并没有规定给免费师范生提供岗位的具体标准。给免费师范生提供多少岗位、提供什么岗位完全由各省确定。同时，岗位上报给教育部面向社会公布后，并没有考核评价。提供岗位数量多、质量好的省份没有被表扬，提供数量少、质量差的省份没有被批评；第二，免费师范生招生时缺乏规划，导致免费师范生的专业结构与教师岗位实际需求不相符，这种情况会引发岗位的数量差异；第三，政策执行者对师范生免费教育政策的理解不同。师范生免费教育政策中对免费师范生的定位非常明确，"培养大批优秀教师"，"提倡教育家办学，鼓励更多的优秀青年终身做教育工作者"。然而，各省的政策执行者对什么样的岗位可以培养出优秀教师和教育家的理解不同。有些人认为教育家必须具有国际视野，应该在优质学校接触最先进的教育理念和更多深造的机会；有些人认为教育家必须植根基层，熟悉中国的农村教育，在教育实践中历练成长。不同的理解必然导致给免费师范生提供岗位时的较大差异。

(二) 免费师范生的培养风险

免费师范生的培养风险是指在免费师范生本科学习阶段，由于各种原因导致学生培养数量或质量没有达到预期的风险。按照引起风险的原因不同，可以把培养风险分为三类：高校利益的得失给免费师范生培养带来的风险，全新的培养方案给免费师范生培养质量带来的风险，其他因素给免费师范生培养过程带来的风险。

1. 高校利益的得失给免费师范生培养带来的风险

按照师范生免费教育的要求，6所教育部直属师范大学承担免费师范生的培养任务。在培养免费师范生的过程中部属师范大学是"利多于弊"还是"得不偿失"？这种利益的得失会直接影响部属师范大学承担免费师范生培养任务的主动性和积极性，进而决定免费生的培养数量和质量。

(1) 师范生免费教育政策实施中高校的利益得失

在政策实施过程中，部属师范大学除了获得国家和社会的关注以外，主要益处可以归纳为两个方面：一是，免费师范生的学费和住宿费由中央财政进行划拨。虽然在学费收入额度方面与之前相比没有什么区别，但是之前学生学费和住宿费的收缴存在一定难度。即便是通过助学贷款和学费减免处理后，仍有部分学生无法按期交足学费和住宿费。中央财政统一划拨免费师范生的学费和住宿费使得这部分费用的收缴风险归零。二是，可以获得师范生免费教育政策的配套资源。师范生免费教育规定"对在实施师范生免费教育工作中作出积极贡献的部属师范大学给予政策倾斜，进一步加大对师范教育的支持力度"。相关部门为了提高免费师范生培养质量，设立了很多与免费师范生培养相关的课题和建设项目，如教师教育创新试验区建设等，部属师范大学可以申请并获取这些资源。

在师范生免费教育政策实施过程中，对于部属师范大学来说有三个不利之处：一是，承担本科生源结构变化引起的质量下降的风险。由于免费师范生招生由教育部统筹，因此可能会出现部分省份招生规模扩大导致高考分数线下降的情况。二是，毕业生就业市场需要重新规划与开发。实施师范生免费教育政策之前部属师范大学的师范类毕业生配置完全由市场调节，各高校都有相对成熟的就业市场，实施师范生免费教育政策之后，免费师范生要回生源地就业，由于生源地与固有的就业市场不可能完全重合，因此会出现两种情况——招生规模较大但市场建设较为薄弱的地区毕业生就业压力大，需要重新开发市场；招生规模较少但市场建设较好的地区毕业生供给不足，导致市场份额流失。三是，本校硕士研究生生源比例减少。由于免费师范生毕业时不能考取研究生，本科毕业时必须就业，因此部属师范大学与师范专业联系密切的硕士专业生源都来自省属师范大学或非师范专业的本科生。这样会导致几年后部属师范大学想招聘从本科到研究生都由本校培养的"根正苗红"的博士毕业生时，无人可选。

（2）高校的利益得失对免费师范生培养的影响

高校的利益得失对免费师范生的培养带来的影响主要体现在免费师范生培养规模方面。虽然部属师范大学在承担免费师范生培养任务的过程中有得有失，但相比学费住宿费催缴风险归零和附属资源带来的"得"，本科生源下降带来培养压力增大、研究生生源结构下降和就业市场格局调整等带来的"失"更大一些，更关系到部属师范大学的学生培养品牌等敏感利益。因此单纯从利益得失来分析，部属师范大学会尽可能减少本校承担的免费师范生培养任务，将"得"最大化而将"失"尽可能减少，从而从整体上影响免费师范生的培养规模（风险 F6）。

（3）高校利益得失给免费师范生培养带来风险的原因分析

师范生免费教育政策并没有对每年培养多少免费师范生、每个部属师范大学培养多少免费师范生进行详细的规定，这种规划的缺失导致了免费师范生培养规模的风险。如果不能协调规划好每个部属师范大学的招生，会严重影响部属师范大学对免费师范生培养的积极性，导致部属师范大学排斥免费师范生的培养任务。教育部直属的 6 所部属师范大学是我国最好的师范教育学府，代表我国师范教育最高水平，引领我国师范教育发展方向。师范生免费教育政策在 6 所部属师范大学进行试点，可以起到很好的示范作用。实施师范生免费教育政策后，免费师范生招生向中西部区域或薄弱省份倾斜，可以让更多的部属师范大学毕业生到中西部或乡镇基层去服务，从而惠及全国的基础教育。但这种惠及可能损害 6 所部属师范大学的利益，而且这种可能的损害是持续的、伤及部属师范大学培养"母体"的，久而久之会导致部属师范大学人才培养质量下降。

2. 全新的培养方案给免费师范生培养质量带来的风险

（1）高校全新的免费师范生培养方案

按照师范生免费教育政策的要求，部属师范大学要以培养免费师范生为契机，围绕培养优秀教师和教育家为目标，进行教师教育改革。政策还要求部属师范大学要根据实际，制订相应的免费师范生培养方案，并详细规定了名师授课、导师制、师德培养、实践教学等重点环节和具体要求。按照政策要求，6所部属师范大学都针对免费师范生重新制订了培养方案。与之前师范生的培养方案相比，改革力度都较大。例如，东北师范大学为了强化免费师范生的教育实习实践，在东北建立了"教师教育创新试验区"，保证免费师范生有半年的时间在试验区内的中小学进行教育实习；西南大学建成11000平米的师范生能力训练基地等。6所部属师范大学关于免费师范生培养方案的一些特色做法，如表3-15所示。

表3-15 部属师范大学免费师范生培养方案特色列举

学校	培养方案特色
北京师范大学	● 构建了全新课程体系，其中教师教育课程所在比例超过五分之一 ● 实施"双导师制"，一名校内导师和一名中小学优秀教师导师负责指导20个学生 ● 实施"名师导航"计划，聘请优秀中小学校长、一线（特技）教师等走进校园进行授课 ● 设立了"中国国际文化交流英华助学金"，资助学习好、品德高的生活困难学生 ● 优秀的免费师范生还有获得到海外学习或见习的机会
华东师范大学	● 成立孟宪承书院，不受专业制约，为学生提供广泛的交流机会 ● 开设了6门通识系列讲座课程，加强培育学生在人文、社会和自然科学等方面的基本素养，传递学科前沿知识，拓展学生知识视野 ● 有99位免费师范生兼职导师，来自实习基地学校的富有教学经验的优秀教师
东北师范大学	● 实施"优秀教师和教育家培养"工程，创新并整体设计了免费师范生培养方案 ● 实施了"校—府—校"合作（即"U-G-S"）教师教育新模式 ● 进行"本硕一体"的培养模式探索，尝试实施3年＋半年＋半年＋2年的"教育家培养工程"
华中师范大学	● 建设"五位一体"的教师教育综合改革试验区，"五位一体"分别指免费师范生的生源地、实习、研究、服务和远程教育基地等 ● 成立教师职业能力拓展中心，对免费师范生的口语、书写、信息、沟通、教学和管理能力等进行系统化的拓展训练 ● 课程由主修专业课程＋教师教育课程模块构成，创新设计了百余门教师教育课程

学校	培养方案特色
陕西师范大学	● 实施"2+2"教师教育人才培养模式改革，学生在大一和大二年级按照一级学科接受通识教育，大三和大四年级进行专业培养 ● 建设"教师职业能力发展研究中心"，建立相应的实验室，实现教师教育培养从知识范式向能力范式的转型 ● 聘任了240位知名校长和资深教师担任兼职导师 ● 学生大二时进行专业调整，可在一定的范围内进行专业的二次选择，变更专业
西南大学	● 坚持为中西部农村基础教育培养优秀师资，注重"师农互补"，设置专门学分，鼓励和要求学生修习涉农课程 ● 建设实践基地，规模不断扩大 ● 将招生、实习、就业一体化

（2）全新的培养方案对免费师范生培养质量的影响

部属师范大学制定的全新免费师范生培养方案，其培养目标的设定要高于以往的师范类学生。虽然培养方案有着更高的目标设定，但免费师范生的培养质量能否达到培养方案设计的培养目标是一个未知数。一个完备的培养方案不是一蹴而就的，需要根据教育培养过程中出现的问题不断地修正和调整。全新的方案在实施的初始阶段可能会存在一些不科学、不合理之处，因此可能会导致免费师范生培养质量低于方案设计的预期，甚至可能会低于之前的师范类毕业生（风险F7）。

（3）全新的培养方案给免费师范生培养质量带来风险的原因分析

师范生免费教育政策规定了免费师范生的培养要实施全新的培养方案，并且对关键环节提出了具体的要求，但是并没有提及免费师范生培养质量的评价、监督和保障，这直接导致了免费师范生的培养质量风险。

免费师范生培养质量的评价是指由谁、在什么时间、采用什么方式对新培养方案的培养结果进行判断。如果没有培养质量评价就相当于政策"只要求创新，不要求结果"，必然存在风险隐患。免费师范生培养质量的监督是指对于全新培养方案的实施过程进行全程化的、动态化的监测，以保证免费师范生的培养是按照培养方案设计的路径进行，并根据培养过程中发现的问题及时地对培养方案进行完善和修正。如果没有培养质量监督机制就相当于政策"只要求有方案，不去看实施"，给培养质量带来风险。免费师范生培养质量的保障，是指为了能使全新的免费师范生培养方案顺利实施，国家相关部门能给部属师范大学提供哪些资源。如果没有培养质量保障机制就相当于政策"只提要求，不给资源"，会为培养方案的顺利实施埋下隐患。

3. 其他因素给免费师范生培养过程带来的风险

（1）其他因素的具体表现形式

在对免费师范生培养风险进行识别的过程中，还存在一些其他因素引起的培养风险，具体而言可以归纳成以下三种表现形式：

第一，无法保送或脱产报考硕士研究生，导致学生学习动力不足（风险F8）。按照师范生免费教育政策的规定免费师范生毕业前及在协议规定服务期内，一般不得报考脱产研究生。所以免费师范生在本科学习期间，最大的学习动力就是回生源所在地找一个好学校工作。但回生源地找工作的时候会遇到很多不确定性因素，所以学习再好也没有大用，又不会被保送读硕士研究生，也不能脱产报考硕士研究生，学习积极性可能会受到较大的影响。

第二，缺少淘汰机制，导致学生学习动力不足（风险F9）。师范生免费教育政策规定免费师范生毕业后，由相关部门为其组织洽谈活动进行"双向选择"，"确保每一位到中小学校任教的免费师范毕业生有编有岗"，即便"双向选择"阶段没有找到工作，《就业实施办法》里也规定"毕业前未签订就业协议书的免费师范毕业生，其档案、户口等迁转至生源所在地省级教育行政部门，由省级教育行政部门会同有关部门统筹安排，到师资紧缺地区的中小学校任教"。政策这样设计可能会让一部分免费师范生产生误解，考上了免费师范生等于找到一份中小学任教的工作，缺乏学习动力，学习不求最好，只求能顺利毕业，因为有政策为其就业保底。

第三，退出机制不完善，导致不适合从事教师职业的学生无法顺利退出（风险F10）。师范生免费教育政策规定了在部属师范大学的非师范毕业生可以申请转入免费师范生，但是并没有说明免费师范生如何退出。如果在本科就读期间，由于兴趣爱好或生理机能发生变化则没有办法退出，有可能导致部分学生明明不愿意或者不适合当老师，却"硬着头皮"读师范，自然没有学习的动力，导致培养质量下降。

（2）其他因素对免费师范生培养过程的影响

以上归纳的其他因素主要影响免费师范生的培养质量。免费师范生的培养质量是师范生免费教育政策成败的关键因素，政策要求部属师范大学推进教师教育改革，精心设计全新的免费师范生培养方案，其目的就是要千方百计地提高免费师范生的培养质量。新的培养方案设计得是否科学合理是外因，免费师范生是否有学习的积极性是内因。如果学生缺乏学习的积极性，学习动力不足，即便是培养方案设计得再科学、合理，恐怕也难以达到免费师范生培养质量的预期目标。以上归纳的其他因素就是通过影响学生的学习积极性，最终有可能导致免费师范生培养质量不达标。

（3）其他因素给免费师范生培养过程带来风险的原因分析

以上归纳的其他因素给免费师范生培养过程带来的风险，分析其原因主要是师范生免费教育政策的退出机制不完善所导致。师范生免费教育政策的退出机制是指免费师范生在接受师范生免费教育（本科阶段）的过程中，由于主观或客观的原因，不愿意或者不适合从事中小学教师职业，通过合理的方式或路径退出。师范生免费教育政策只规定了"免费师范毕业生未按协议从事中小学教育工作的，要按规定退还已享受的免费教育费用并缴纳违约金"，在《协议书》和《就业实施办法》中也仅仅详细规定了就业时和十年的履约期间免费师范生退出时的流程、违约金的收缴和违约惩罚措施等，并未提及在本科学习阶段如何退出。这就使得无论是主观上想退出的学生，还是客观上应该被淘汰的学生在本科学习期间都"无计可施、无路可退、无药可救"，"学习好不奖励，学习不好不淘汰"，"硬着头皮当老师"，给免费师范生的培养质量带来风险。

（三）认同并接受免费师范生的风险

认同并接受免费师范生的风险，是指由于政策宣传或中小学领导者的个人行为导致部属师范大学培养的免费师范生不被认可和接受的风险。

1. 政策宣传程度给中小学领导者认同免费师范生带来的风险

面对不同的群体进行师范生免费教育政策宣传很重要。例如，面向社会和考生进行政策宣传，吸引很多优秀的考生报考免费师范生，投身教育事业；面向政策执行者进行宣传，可以让执行者清楚政策目标和自己的责任；面向中小学校长进行宣传，可以使得中小学校长深刻理解政策的战略意义，认可并接受免费师范生，为其成为优秀教师和未来的教育家提供环境和"土壤"等。在风险识别的过程中，政策的宣传给中小学领导者认同免费师范生带来的风险尤为凸显。

（1）师范生免费教育政策的宣传

师范生免费教育政策的宣传应该由国家相关部门主导，各省级教育行政主管部门和6所部属师范大学辅助。这种宣传除了面对社会进行宏观的宣传外，按照目的不同还可以分为两种：

一是面向师范生免费教育政策的执行者进行宣传。政策的执行者包括各级政府、各级教育行政主管部门、各级人事主管部门、各级编制管理部门、各级财政部门和各级纪律检查监督部门等，此外还包括6所部属师范大学的招生、培养和学生管理部门。这些相关部门必须深刻了解政策的目的、内容、职责分工，才能有效地对政策进行实施和执行。

二是面向师范生免费教育政策的参与者进行宣传。政策的参与者包括应届高考学生、在读的免费师范生和中小学校长等。政策参与者只有了解政策的目的、内容，明确各方的权力责任才能认可并接受。

有研究表明，政策出台后会有一段执行关键期，政策的宣传在关键期里要持续进行。[①] 首届免费师范生从入学到本科毕业期间，就是师范生免费教育政策的执行关键期。在这段时间里应该对政策进行持续的重点宣传，否则可能会因为政策宣传不到位，导致政策的执行者和参与者对政策误解、不了解、"一知半解"，甚至完全"没听说"。以"免费师范生"为主题关键字，在知网"中国重要报纸全文数据库"中进行检索，结果显示2007年师范生免费教育政策发布时有474篇媒体报道，从2008年开始呈现逐年减少的趋势，一直到首届免费师范生开始找工作的2010年才出现增多趋势，在2008年到2010年重要的政策宣传期内，宣传不增反减，给免费师范生被中学领导者认可和接受带来了一定风险。（见图3-10）

---

① 参见王智超：《教育政策执行的滞后问题研究》，东北师范大学出版社2011年版，第30页。

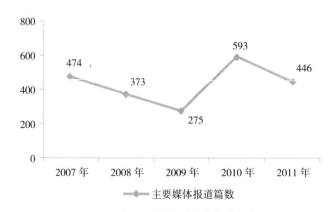

图 3-10　2007—2011 年主要媒体对免费师范生报道篇数变化图

（2）政策宣传程度对中小学领导者认同免费师范生的影响

政策宣传程度不足可能给中小学领导者认同免费师范生带来一定的影响，具体而言，可以归纳为以下三种：

一是，对免费师范生政策完全不了解，不敢招聘免费师范生（风险F11）。部分中小学校长很可能成为政策宣传的盲区，到部属师范大学招聘时才第一次听说免费师范生这个群体。由于对师范生免费教育政策不了解，认为教师招聘成本较高，不敢"尝试"新事物，从而对免费师范生造成了客观上的不认同。

二是，对免费师范生政策了解不充分，错招了免费师范生（风险F12）。部分中小学校长可能通过一些渠道了解过师范生免费教育政策，但是对政策了解得不充分。他们知道师范生免费教育政策是国家为了培养优秀教师和未来教育家的重要举措，招聘了免费师范生。但由于对政策了解不充分，出现了招聘后无法落实免费师范生的编制，或者招聘了其他生源省份的免费师范生，导致了免费师范生在办理跨省就业或者派遣时出现纠纷。由于纠纷的出现引起了招聘成本的增加，或者毕业生违约。这使得这部分中小学校长虽然认可免费师范生，但是离从心理上完全接受还有些差距。

三是，对免费师范生政策产生误解，不愿意招聘免费师范生（风险13）。部分中小学由于师范生免费教育政策宣传不到位，对政策的理解产生了歧义甚至是误解。如将师范生免费教育政策同"农村义务阶段学校教师特设岗位计划"(以下简称"特岗教师计划")、"高校毕业生'三支一扶'计划"(以下简称"三支一扶")等政策相混淆。特岗教师计划和"三支一扶"是国家出台的促进大学生就业政策的一部分,从近年来参与该类项目的学生结构看大部分来自省属高校和就业困难群体。如果把我国最好的6所师范大学为了培养优秀教师和未来教育家的免费师范生与参与这些项目的群体等同,这无疑是极大的误解。这种对政策的误解,造成了中小学领导者对免费师范生产生了主观的不认同。

(3)政策宣传给中小学领导者认同免费师范生带来风险的原因分析

政策宣传不到位有可能引起部分中小学校长对免费师范生不认同或不接受。分析其原因是由于师范生免费教育政策的政策宣传缺乏系统性、全面性和持续性所造成。师范生免费教育政策是一个每年涉及几十万报考考生、教育、人事、财政、部属师范大学、众多中小学的重大政策,政策的成败关系我国教师教育改革的走向。因此,政策的宣传必须系统地规划,有计划地推进,才能保证政策的顺利实施。政策的宣传要覆盖到利益相关群体,特别是在政策执行的关键期,这种宣传必须持续进行。免费师范生群体和政策实施的相关部门有足够长的时间接受政策的宣传,但中小学校长作为免费师范生的招聘者和入职后的管理者,一般在招聘时才有可能第一次接触师范生免费教育政策,使其容易成为政策宣传的盲点,从而有可能造成其对免费师范生的不认可、不接受。

2.中小学领导者个人行为给认同免费师范生带来的风险

排除中小学校长对师范生免费教育政策的不了解等因素,在风险识别的过程中还发现了由中小学校长的个人行为引起的对免费师范生的认同风险。

(1)个人行为引起认同风险的表现形式

部分中小学校长在招聘应届毕业生时有较强的"路径依赖",即习惯了通常招聘教师的方式方法。政策规定免费师范毕业生一般回生源所在省的中小学任教,《就业实施办法》里也规定"确有特殊情况,要求跨省区任教的,需经学校审核、生源所在地省级教育行政部门批准"。另外,有些省份也出台了本省免费师范生就业的相关政策,政策中还有其他相关的规定。这些规定有可能让一部分习惯于常规招聘方式的中小学校长认为招聘免费师范生是一件"麻烦事",从而产生对免费师范生的不认可。

（2）个人行为给中小学领导者认同免费师范生带来的影响

部分中小学校长在招聘时觉得招聘免费师范生是个"麻烦事"的个人行为给免费师范生带来两方面的影响。

一是,自己不愿意招聘免费师范生,影响免费师范生的就业（风险F14）。这些校长被免费师范生相对复杂的就业约束困扰,在招聘时首先淘汰免费师范生,甚至将免费师范生作为衡量和选拔应聘者时的一个不利因素,给免费师范生求职就业带来一定的影响。

二是,在自己的人际关系网络里有可能将不愿意招聘免费师范生的个人行为进行传播,影响其他中小学校长对免费师范生的认可,增大免费师范生的就业难度（风险F15）。这是教育政策风险的传递性的直接体现,中小学校长的人际关系网络里大部分是同行,在日常的工作和生活的交往中有可能将个人的这种招聘行为习惯进行传播,使得更多的中小学校长在招聘时对免费师范生抱有个人偏见,增加免费师范生的就业压力。

（3）个人行为给中小学领导者认同免费师范生带来风险的原因分析

这部分中小学校长之所以将免费师范生视为招聘时的"麻烦事",形式上是对免费师范生的不认可,但分析其根源是对师范生免费教育政策中规定的免费师范生就业方式的不认可。无论是免费师范生《就业实施办法》里提及的免费师范生跨省就业,还是教育部办公厅《关于免费师范毕业生就业相关政策的通知》（教师厅〔2011〕1号）规定的跨省就业申请条件与流程,都是因为师范生免费教育政策在设计之初就要求免费师范生回生源地就业,如果没有回生源地就业的限制则一切的"麻烦事"就都不存在了。所以政策中规定的免费师范生回生源地就业的方式有可能引发了部分中小学校长在招聘时对免费师范生不认同的个人行为,进而给免费师范生就业带来风险。

（四）免费师范生的履约风险

免费师范生的履约风险是指免费师范生在就业时或履约服务期内,由于各种原因导致其主动与生源地省教育行政主管部门解除师范生免费教育协议的风险。按照师范生免费教育政策的规定,免费师范生在服务期内未能履行协议要退还已享受的免费教育费用并缴纳 50% 的违约金；取消在读教育硕士学籍；公布免费师范生的违约记录，并记入其人事档案。面对如此严苛的违约成本，依然有部分免费师范生会违约。按照引起履约风险的原因不同可以把履约风险分四大类，分别是服务年限给免费师范生履约带来风险、回生源地就业给免费师范生履约带来风险、农村支教给免费师范生履约带来风险、限制脱产攻读硕士研究生给免费师范生履约带来风险。

1. 服务年限给免费师范生履约带来风险

（1）免费师范生的服务年限

师范生免费教育政策中明确规定"免费师范生入学前与学校和生源所在地省级教育行政部门签订协议，承诺毕业后从事中小学教育十年以上"。政策这样设计一方面是为了保证国家对免费师范生的成本投入，精心培养的中小学教师不会流出教育系统；另一方面，"就是要提倡教育家办学，鼓励更多的优秀青年终身做教育工作者"。

师范生免费教育政策并未对十年的服务期标准如何出台进行详细的阐释。目前，最权威的官方解读是在 2007 年 5 月 18 日教育部新闻发布会上提出的：在市场经济条件下权利、义务是对等的关系，免费师范生享受了国家的优惠政策，就必须履行国家义务；对于多长时间合适，在政策设计上重点要考虑这一项政策设计是不是有利于教师队伍的整体建设，是不是有利于培养优秀教师和教育家，是不是有利于学生，特别是对当一个好老师长远发展有利；优秀教师都是要经过很长时间的积累，培养和造就一个优秀教师非常不容易，它需要一个很长的过程，这也是由教师职业特点所决定的。由此可见，免费师范生十年服务期限制定的依据是优秀教师和未来教育家的职业生涯特点。

（2）服务年限对免费师范生履约的影响

免费师范生十年的服务期限从直观上分析，最能产生影响的是优秀考生是否报考免费师范生。考生在权衡师范生免费教育政策时，十年的服务期是要承担的责任之一。然而在对师范生免费政策风险识别中，十年的服务期给考生生源带来的风险没有凸显，给免费师范生履约带来的风险却尤为突出，它主要通过心理压力的形式对免费师范生的职业生涯产生影响。具体而言，有两种体现形式。

一是，认为十年的服务期过长，对政策产生逆反心理，一旦有机会就会违约（风险 F16）。从时间上来，免费师范生在本科学习期间更多是"享受"政策的过程，不用交学费和住宿费，每月还有几百元的生活补助，学校对免费师范生精心培训。免费师范生入职后更多是"付出"过程，要承担责任、履行义务等。在这个阶段免费师范生会重新评估自己的"获得"与"付出"。与报考免费师范生时不同，这时的评估"获得"的已经成为事实。在重新评估的过程中，可能会有部分免费师范生觉得"获得"与"付出"之间是失衡的，十年的服务期让其感觉是签订了十年的"卖身契"，从而重新规划职业生涯，最终违约。

二是，长达十年的服务期给处于职业振荡期的免费师范生造成强大的心理压力，违约离职（风险 F17）。根据麦可思研究院发布的 2008—2014 年《中国大学生就业报告》中关于应届毕业生离职率的调查统计，应届毕业生半年内的离职率为 38%，一年内的离职率为 54%，两年内的离职率为 66%，三年内的离职率为 70%，三年以后离职率变化不明显，因此毕业生前三年为离职率较高的职业振荡期。在这个关键的时期里，毕业生经历着从一个大学毕业生向一个社会人、职业人的角色转变，经历着职业理想与现实剧烈的碰撞。就免费师范生而言，对于教师职业的感受大多来自于学生身份时的间接体验。真正从事中小学教师职业后，可能会有部分免费师范生觉得教师职业与自己原来的职业设想完全不同，每天不断面临新挑战，对职业的恐慌感让他们产生逃避心理，这时十年的服务期会极大地加剧这种心理压力，最终导致他们违约离职。

（3）服务年限给免费师范生履约带来风险的原因分析

免费师范生服务年限过长是造成这种履约风险的主要原因。服务年限的确定要科学、合理，如果仅从培养优秀教师和未来教育家的需要来确定服务期限就略显片面。正如 2008 年 3 月 14 日时任教育部部长周济在接受记者集体采访时所说：如果没有十年或十年以上实践培养的话是不可能成为一名优秀的人民教师的，（免费师范生服务期）十年都太少了，我们应该鼓励最优秀的人来当老师，应该鼓励他们一辈子来当老师。确实服务年限设定为二十年、三十年更有利于优秀教师和未来教育家的培养，更有利于免费师范生终身从教，但可能会吓跑更多优秀的考生，违约率可能会不降反升。履约服务期设定少于十年虽然对免费师范生从事教育事业约束变短，但可能会吸引更多优秀的考生读师范，违约率可能不会有太多的变化。所以服务期的设定不应该只考虑一个方面，要综合考虑历史经验、师范类毕业生职业生涯发展规律、优秀教师和教育家成长需求等诸多因素，使得师范生免费教育政策的权利义务责任更加均衡。

2. 回生源地就业给免费师范生履约带来风险

（1）免费师范生回生源地就业与跨省就业

《就业实施办法》中规定"鼓励毕业生到边远贫困和民族地区任教"，"确有特殊情况，要求跨省区任教的，需经学校审核、生源所在地省级教育行政部门批准"。这里所谓的特殊情况，《就业实施办法》中并未具体说明。2010 年 9 月—2011 年 3 月间各免费师范生生源地省份都出台了各自省份的免费师范生就业政策，其中部分省份的文件里规定了可以申请跨省就业的特殊情况。2011 年 5 月初，为了对免费师范生跨省就业和毕业派遣工作进行规范，教育部发布《关于免费师范毕业生就业相关政策的通知》，规定了三种情况下可以申请跨省就业。这三种情况分别是到"中西部边远贫困和少数民族地区"就业，"在学期间父母户口迁移"申请到父母户籍所在地区就业，"已婚需要迁移到配偶所在地"就业。这三种情况由于是教育部界定的特殊情况，为了区别于各省的政策，又被称为"国三条"。免费师范生回生源地就业和跨省就业的关系，如图 3-11 所示。

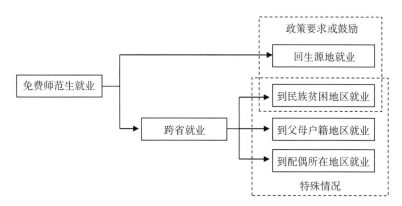

图 3-11　免费师范生回生源地就业和跨省就业的关系图

政策设计免费师范生回生源地省份就业，就是希望在招生时对免费师范生的就业分布进行调控。虽然师范生免费教育政策文本中，关于政策目标的表述没有出现为中西部地区培养优秀师资，但在政策实施的过程中，一个隐含的政策目标就是免费师范生培养向中西部地区倾斜。通过实施师范生免费教育政策增加中西部地区部属师范大学师范专业毕业生的比例，以师资的均衡发展促进基础教育的均衡发展。

这个隐含的政策目标在部属师范大学招生省份分布、免费师范生就业区域分布和教育部领导讲话中都有所体现。以东北师范大学2014届免费师范生为例，东部地区（北京、天津、河北、辽宁、上海、江苏、浙江、福建、山东、广东和海南）的免费师范生占全体免费师范生的19%，其中江苏省、浙江省、上海市有免费师范生，广东省仅有1名免费师范生。2011年9月教育部师范教育司在教育部召开的新闻发布会上宣布，首届免费师范毕业生共有10597名，其中90%以上到了中西部的中小学任教。2010年6月19日由教育部、光明日报、北京师范大学联合召开的师范生免费教育与教师教育创新座谈会上，时任教育部部长袁贵仁指出：提高教育质量，关键是提高教师质量，缩小教育的校际差距、区域差距以及国际差距，根本上是缩小教师差距，实施师范生免费教育是国家推动教育事业特别是基础教育事业发展的重要举措，是教师队伍特别是中小学教师队伍建设的重要内容，是教师教育特别是师范院校改革发展的重要方面。

（2）回生源地就业对免费师范生履约的影响

免费师范生回生源地就业对履约的影响集中体现在免费师范生求职的过程中，具体而言有四种可能的影响。

一是，免费师范生计划回生源地就业，但见到外省"好单位"改变了初衷，违约就业（风险F18）。免费师范生回生源地中小学任教的信念无论多么坚定，肯定也存在一个心理上预设的"上限"。每次面对一个招聘单位，免费师范生都会权衡利弊得失。当一个外省"好单位"提供的待遇、环境或发展空间等因素综合在一起突破其心理预设的上限，免费师范生就会在回生源地就业和违约到外省"好单位"就业之间犹豫并抉择，引发履约风险。

二是，免费师范生计划回生源地就业，但生源地中小学岗位大大低于预期，违约跨省就业（风险F19）。与上一种情况类似，免费师范生回生源地中小学任教的信念无论多么坚定，肯定也存在一个心理上预设的"下限"。当生源地省份为其提供的所有岗位都大大低于这个心理预设的下限时，免费师范生就会在回生源地就业和违约到外省就业之间犹豫并抉择，引发履约风险。

三是，免费师范生有特殊原因需要跨省就业，但是不符合申请跨省的条件（风险F20）或者申请跨省被拒绝（风险F21），只能违约并跨省就业。师范生免费教育政策只规定了三种特殊情况可以跨省就业，还有很多免费师范生认为的"特殊情况"不在这三者之列。例如，免费师范生的父母长期在非生源地地区工作生活（如进城务工人员），但是由于特殊原因未将户籍迁移到工作生活地区，因此无法申请跨省就业等。另外，由于跨省审批一般由生源地省级教育行政主管部门和跨入省份省级教育行政主管部门共同决定，各省对"中西部边远贫困和少数民族地区"的界定各有不同，甚至同一个省不同年度对这些地区的界定也不相同。这就导致一些符合申请跨省就业条件的免费师范生跨省申请被拒绝。这些情况都有可能引发免费师范生的履约风险，导致其违约后跨省就业。

四是，免费师范生计划通过"读书改变命运"，就业即违约（风险F22）。部分经济欠发达地区的考生（特别是农村生源考生）计划通过考取部属师范大学读师范专业，就业时在经济发达地区找一个"好工作"从而改变命运。然而在填报高考志愿时发现部属师范大学在本省只招收免费师范生，所以无奈之下只能报考免费师范生。这种情况的免费师范生在就业时自然存在较高的违约风险。

（3）回生源地就业给免费师范生履约带来风险的原因分析

师范生免费教育政策的设计者预想到了回生源地就业的规定在特殊情况下会引起免费师范生的履约风险，所以在政策制定时采取了一些风险控制措施，即通过规定特殊情况可以申请跨省就业的方式来降低履约风险。但回生源地就业的规定与其他因素共同作用下又形成了履约的复合风险（风险组合）。

例如，师范生免费教育政策没有规定各生源地省份提供给免费师范生就业的岗位标准，如果生源地省份为免费师范生提供的岗位大大低于学生的心理预期，则在回生源地就业的规定共同作用下免费师范生违约的风险陡增。又如，师范生免费政策没有充分考虑到部属师范大学的利益得失，有些部属师范大学承担免费师范生培养任务过多，免费师范生几乎占据了全部师范专业本科生的名额，这种情况在回生源地就业的规定共同作用下就可能会出现上面论述的第四种情况，导致违约风险。

总而言之，回生源地就业给免费师范生履约带来风险的最主要原因是政策的风险控制措施不够完善，没有考虑回生源地就业与其他因素共同作用而可能引发的复合风险。

3. 农村支教给免费师范生履约带来风险

（1）师范生免费教育政策关于农村支教的规定

《师范生免费教育实施办法》中规定，"到城镇学校工作的免费师范毕业生，应先到农村义务教育学校任教服务二年"。这意味着免费师范生毕业前两年无论如何都要在农村义务教育学校工作，即便是签约到城镇学校也要先去农村支教。先到农村支教两年的规定给免费师范生履约带来巨大的风险，因此在《就业实施办法》中将去农村支教的规定修改为"到城镇学校工作的免费师范毕业生，由当地政府教育行政部门结合城镇教师支援农村教育工作，安排到农村学校任教服务二年"。政策调整的方式是去掉了一个"先"字，然而这样的调整极大地降低了农村支教给免费师范生履约带来的风险。按照《就业实施办法》的规定，免费师范生在十年的服务期内何时到农村义务教育学校支教没有时间上的限制，并且可以与国家、地方城镇教师支援农村教育工作的项目相结合。此外，《就业实施办法》还规定，免费师范生"在农村学校任教服务期间仍然享受派出学校原工资福利待遇"，"地方政府和农村学校要为免费师范毕业生到农村任教服务提供周转住房等必要的工作生活条件"。

（2）农村支教对免费师范生履约的影响

到农村支教只对在城镇工作的免费师范生产生影响，这种影响发生在免费师范生工作后，主要有两种体现形式。

一是，免费师范生任职的中小学不同意或者不支持其到农村支教，导致其违约（风险F23）。虽然政策要求安排免费师范生到农村支教的执行部门是"当地政府教育行政部门",但各级教育行政管理部门最终是通过中小学校长实现对免费师范生的管理。师范生免费教育协议由免费师范生、生源地省级教育行政主管部门和部属师范大学三方签订,而免费师范生任职的中小学并未与上述三方签订直接关系到免费师范生履约管理的任何协议。对于免费师范生到农村支教,可能会有部分中小学校长不同意或者不支持。免费师范生要在校长的管理意志与诚信履约之间作决策,决策的结果可能会屈从于学校校长的管理意志,从而在十年的服务期内没有履行到农村支教的义务,造成违约。

二是,到农村支教有可能使得免费师范生与职业生涯发展重要机遇"失之交臂",导致其违约(风险F24)。在城镇工作的免费师范生需要到农村支教两年,而这两年的时间对于刚入职的新教师尤为重要,虽然免费师范生在农村支教期间工资、福利待遇等有政策提供保障,但有可能在支教的两年时间内失去评职、提职、调职、嘉奖和深造等职业生涯发展过程中的重要机遇。免费师范生要在职业生涯发展机遇与诚信履约之间作决策,决策的结果可能是职业生涯发展机遇更加重要,从而在十年的服务期内没有履行到农村支教的义务,造成违约。

(3)农村支教给免费师范生履约带来风险的原因分析

农村支教给免费师范生履约带来风险的原因主要是师范生免费教育政策不完善,具体而言可以归纳为两点。

第一,师范生免费教育政策对免费师范生工作的中小学约束力不足。针对城镇工作的免费师范生到农村支教的问题,政策只对免费师范生工作的中小学提出要求,即保证免费师范生支教两年,而且这两年支教期间工资福利待遇不变,但并未提及是否会给中小学提供补偿或奖励,也未提及如果中小学没给免费师范生到农村支教创造条件会承担什么责任。用一个形象的比喻来说明政策的不完善,就是政策对免费师范生工作的城镇中小学"提出要求,只求奉献,做与不做,全凭自愿"。

师范生免费教育政策规定免费师范生的履约管理部门为生源地省级教育行政主管部门,当城镇的中小学招聘了免费师范生就从形式上与省级教育行政主管部门产生了管理权的委托关系。但是,这种对免费师范生管理权的委托关系非常薄弱。一方面,每年都会有一定数量的免费师范生毕业，逐年累积会使得省级教育行政主管部门不可能对所有的毕业生都直接进行履约管理，只能选择把部分履约管理权委托授权给免费师范生工作的中小学校长。这种委托授权更多是基于自觉的，并未通过政策、制度、协议或者合同等对双方的权利义务责任进行约束。另一方面，省级教育主管部门直接管理的中小学非常有限，对省内中小学的管理大部分是通过市、区、县教育局（教委）来实现，这种间接的管理关系可能会削弱省级教育主管部门对中小学的约束力。这种约束力的削弱也有可能使得免费师范生管理权的委托关系变得薄弱。因此，政策中对城镇接收免费师范生工作的中小学利益设计的失衡，以及政策中教育行政主管部门和中小学授权关系的缺失造成了对中小学约束力不足，进而导致农村支教给免费师范生履约带来风险。

第二，免费师范生到农村支教措施存在政策设计缺陷。《就业实施办法》中取消了到城镇中小学工作的免费师范生到农村支教的起始时间限制，这种政策改进本质上是风险控制措施的加强，对吸引更多的优秀高中生报考免费师范生，降低免费师范生就业时的违约率等方面有积极的意义。可改进后的政策无法对免费师范生不去农村支教的违约行为进行准确界定。由于免费师范生可能将两年的农村支教时间设定在服务期的第八年，所以只有当免费师范生服务期超过八年并且还没有去农村支教时才能判定其产生了违约行为。而当免费师范生的服务期到了第八年，其承担的违约成本很小。违约金方面，要缴纳 [培养经费 × （1 + 50%)] ×20%，按照培养经费 40000—50000 元计算，只需缴纳 12000—15000 元左右。对于已经工作八年的中小学教师而言，完全有能力承担。通常情况下，这时的免费师范生已经在职攻读完了教育硕士，违约不会取消其已经获得的硕士学位，所以只需要承担违约诚信记录和较少额度的违约金即可。因为政策存在设计缺陷，导致免费师范生没去农村支教而违约存在固定的违约成本，且这种违约成本相对较小。当免费师范生面对农村支教与学校领导意志、职业生涯发展机遇做抉择时有可能选择放弃去农村支教，从而给履约带来风险。

4.攻读硕士研究生的限制措施给免费师范生履约带来风险

（1）免费师范生攻读硕士研究生的限制措施

《师范生免费教育实施办法》中规定，"免费师范生毕业前及在协议规定服务期内，一般不得报考脱产研究生"，"免费师范毕业生经考核符合要求的，可录取为教育硕士专业学位研究生，在职学习专业课程"，"任教考核合格并通过论文答辩的，颁发硕士研究生毕业证书和教育硕士专业学位证书"。另外在《免费师范生在职攻读教育硕士实施办法》中还规定，免费师范毕业生到中小学任教满一学期后，均可申请免试在职攻读教育硕士专业学位。因此免费师范生攻读硕士研究生的限制措施可以总结为三点：一是，免费师范生毕业时必须就业，不能考取研究生；二是，免费师范生在服务期内不能脱产攻读硕士研究生；三是，免试攻读的只能是教育（专业）硕士，不能是学术硕士。

（2）攻读硕士研究生的限制措施对免费师范生履约的影响

攻读硕士研究生的限制措施对免费师范生履约可能有两种影响。

一是，因学历不满足求职意向单位（中小学）的要求，而违约读研（风险 F25）。在实施师范生免费教育政策之前，很多经济发达地区（如北京、上海、天津和深圳等）的中小学已经将招聘的标准定位在硕士研究生。实施师范生免费政策后，当生源地是这些地区的免费师范生回省就业时，发现自己的学历根本不满足中小学的应聘要求。而且这些地区的中小学也不可能因为实施了师范生免费教育政策，就降低学校招聘教师的标准。无奈之下，可能会有免费师范生违约读研，毕业后满足招聘条件的要求再去这些学校求职应聘。

二是，攻读硕士研究生的教育预期无法实现，而违约读研（风险 F26）。有些免费师范生回生源地做中小学教师的职业目标并没有改变，但是由于对知识的渴求或对学习形式的要求，不满足于政策规定的脱产攻读教育硕士。他们的教育预期可能是攻读全日制硕士或者攻读学术硕士研究生，在这种预期无法得到满足的情况下，就可能引起免费师范生的违约。

（3）攻读硕士研究生的限制措施给免费师范生履约带来风险的原因分析

攻读硕士研究生的限制措施给免费师范生履约带来风险的主要原因是师范生免费政策只照顾了大群体，而忽略了小群体。无论是只招聘硕士研究生的中小学，还是只攻读全日制硕士研究生、学术研究生的免费师范生，都是小群体。政策在制定时不可能满足所有利益相关群体的要求，所以小群体的这些特殊要求被理性地忽略掉。政策这种理性的忽略最终体现为免费师范生攻读硕士研究生的限制措施，进而给免费师范生履约带来风险。

本章首先探讨了教育政策风险识别的定义、原则、角度、内容和输出等理论问题，然后以师范生免费教育政策为例，进行了案例研究。在案例研究中，本书运用文献法、检查表法和半结构化访谈法逐层深入，递进式地实现了师范生免费教育政策风险的识别。本书将师范生免费教育政策的风险共分为 4 大类、12 小类、26 个政策风险，并对这些风险的具体表现形式、产生的影响和引起风险的原因进行初步分析。接下来，本书将研究聚焦于教育政策风险评估的第二个子过程——风险分析，并仍然以师范生免费教育政策为例，使用风险分析方法逐一对本章识别出的政策风险进行更加深入和详细的分析，探究每个风险发生的可能性与后果的严重程度，并对照风险准则对这些风险进行风险等级的归类，为最后的风险应对提供必要的分析基础。

第四章　教育政策风险分析

　　教育政策风险分析过程是风险评估的第二个子过程，发挥着承上启下的重要作用。一方面，教育政策风险分析要以风险识别过程的输出为基础，科学、缜密地分析风险信息的准确性，归纳、总结、提炼教育政策风险的特性，以相关标准为参照确定风险等级。另一方面，教育政策风险分析的结果标准化处理后，还要继续输出给风险评价子过程，以便整个教育政策风险评估过程能够继续展开。本章首先对教育政策风险分析的概念、目的、原则、内容和输出进行探讨，然后继续以师范生免费教育作为案例，呈现教育政策风险分析的实施过程。

第一节　教育政策风险分析概述

　　如果将教育政策风险识别阶段比作准备原材料，那教育政策风险分析就是对这些原材料进行处理和加工的过程。作为教育政策风险评估的第二个步骤，风险分析实质上就是对教育风险进行深入探索，归纳总结其特性的核心子过程。甚至可以毫不夸张地说，教育政策风险分析过程完成质量的高低直接决定了整个风险评估过程的成败。因此，如何科学地对教育政策风险分析进行界定？它的目的是什么？教育政策风险分析过程应该遵循什么原则？对这些前提性问题深入探究就显得尤为必要。

一、教育政策风险分析的概念

风险分析是风险评估过程中一个非常重要的术语。国标术语中对风险分析的定义为：理解风险特性、确定风险等级的过程。[①] 对于教育政策风险分析而言，其含义就是理解教育政策风险特性、确定教育政策风险等级的过程。教育政策风险分析是教育政策风险识别的核心。在教育政策风险分析阶段，要以风险识别过程中输出的教育政策风险描述或风险清单为基础，逐一对教育风险的特性进行分析，并确定其风险等级。

国标术语中，对风险分析有两个注解：

注 1：风险分析是风险评价和风险应对决策的基础。

注 2：风险分析包括风险估计。

从国标术语对风险分析的定义和注解中，不难推断教育政策风险分析过程的主要任务有两个：一是，对教育政策的风险特性的理解，这可以通过风险分析中的各项内容而实现；二是，确定教育政策风险等级。同时，通过注解我们还可以推断出教育政策风险分析过程与教育政策风险评价、教育政策风险应对过程之间的关系，即教育政策风险分析过程是风险评价和风险应对决策的基础。

此外，在国标术语的定义和注解中还引入了两个新的概念——风险等级和风险估计，对这两个概念进行辨析有助于我们深刻地理解教育政策风险分析过程。所谓风险等级是用来描述和表达风险大小的一个概念，国标术语中指出风险等级是单一风险或组合风险的大小，以后果和可能性的组合来表达。而风险估计是指在风险分析过程中，有时需要对风险进行数值估计，这种估计通常情况下是定量或者半定量的，这样才能获得一个具体的教育政策风险等级。关于这两个概念我们还会在教育政策风险分析的内容中对其进行详细研究。

---

① 参见《风险管理术语》（GB/T23694-2013），中国国家标准出版社 2013 年版，第 4 页。

二、教育政策风险分析的目的

实施教育政策风险分析的目的是：通过教育政策风险分析过程建立对教育政策风险的理解，为教育政策风险评价和教育政策风险应对策略选择提供输入。教育政策风险分析过程是整个风险评估过程的中坚环节，只有通过风险分析过程才能建立、加深对风险识别过程中识别出的教育政策风险的理解。没有风险分析过程中的各种分析，就不可能认识和理解教育政策风险的各种特性。例如，教育政策风险事件发生后果的严重程度、发生的可能性等。只有获得了对教育政策全面、正确的理解，才能进行风险教育政策风险评价，才能作出科学准确的教育政策风险应对决策。

三、教育政策风险分析的原则

建立对教育政策风险的理解并不能仅仅局限于教育政策风险本身，对教育政策风险全面、深入的理解在很大程度上取决于对某一具体教育政策所有相关信息、背景和业务的熟悉程度等因素，因此需要对教育政策风险分析的原则进行归纳。

（一）教育政策风险分析要深入理解

如果教育政策风险识别过程强调全面性与重要性的统一，更侧重于范围的广度，那么教育政策风险分析过程则更应该凸显对风险特性理解的深刻程度。而对教育政策风险的深刻理解，建立在对教育政策相关信息、背景和业务熟悉的基础上。例如，对《校车安全管理条例》在风险识别的基础上进行风险分析时，必须了解该条例（政策）出台的起因、背景、沿革、国际比较，以及农村学校布局调整、就近入学、寄宿制学校、托管入学、校车安全技术条件、校车驾驶人资格条件规定等相关信息资料和业务详情，才能建立对该条例（政策）风险深刻的理解。这个原则事实上是由风险管理的"嵌入性"决定的。隶属于风险管理的风险评估技术可以广泛应用在社会维稳、食品安全、金融投资和企业管理等很多领域和行业，而对不同应用领域的风险分析一定是对特性业务过程中的风险进行的分析。风险的特性与业务过程密切相关，只有熟悉、理解特定的业务过程，才能在业务过程的环境下实现对风险的深入理解。

（二）教育政策风险分析要度量一致

虽然我们还没有详细提及风险准则的问题，但对教育政策风险分析而言，风险分析与风险准则度量的一致性确实需要提前强调。我们可以用一个例子来简单地说明什么是风险准则。教育政策风险分析的任务之一是要确定教育政策风险等级，而且我们也知道风险等级实际上是指风险的大小。那如何去判定一个具体的教育政策风险是大还是小呢？我们可以用尺子去度量一本书的厚度，这个尺子的刻度就是度量厚度的标准。同样，我们对风险进行度量时也需要标准来参照，这个标准就是风险准则。关于风险准则的具体研究我们会在第五章进行。既然要用风险准则来衡量风险的大小，那首先它们应该说"同一种语言"——相同的度量。例如，我们对某加强大学生就业指导服务的政策风险进行分析时，风险准则规定高校学生就业服务专用场地低于15平方米/每人后果会非常不理想，可能就业指导服务的数量和质量上无法满足大部分学生的基本需求，或者极大地降低学生的就业服务体验等。我们在对该政策进行风险分析的时候，就政策中规定的"高校就业服务场地标准可能过低"这个风险而言，就需要按照生均平方米给出分析的结果，而不应该给出绝对面积，否则就无法判定该风险的风险等级。

（三）教育政策风险分析要详略得当

教育政策风险分析的详略程度应该适中。如果教育政策风险分析过于简洁单薄，则可能无法全面、科学地呈现教育政策风险的特性，对于风险等级的判定也可能缺乏必要的信息。如果教育政策风险分析过于复杂繁冗，则可能无法提纲挈领地把握教育政策风险的突出特性，无用或无效的信息对于风险等级的判定也可能会带来干扰。确定教育政策风险分析的详略程度可以参考以下几个因素：一是，教育政策的影响范围；二是，教育政策涉及的相关业务的复杂程度；三是，教育政策风险的数量和复杂程度；四是，教育政策风险评价对结果的需求。

根据教育政策分析的目的、获得的信息数据和资源，风险分析可以是定性的、定量的、半定量的或以上方法的组合。通常情况下，首先采用定性分析，初步了解风险等级和揭示主要风险。适当时，进行更为具体的定量分析。在对后果和可能性进行确定时可以通过专家的意见确定，或通过对事件或事件组合的结果建立模型确定，也可以通过对实验研究或可获得的数据推导确定，具体的方法可以参照本书第二章的内容。

第二节　教育政策风险分析的主要内容

教育政策风险分析过程中的主要任务是理解教育政策风险特性，确定教育政策风险等级。因此，在教育政策风险分析过程中的主要内容都紧紧围绕这两个任务展开。具体而言，可以分为分析潜在风险事件、风险源和风险原因，分析风险后果，分析发生的可能性，分析影响后果、可能性的各种因素，确定风险等级，分析控制措施，分析风险之间的关系等。

一、分析潜在教育政策风险事件、风险源和风险原因

在教育政策风险识别过程中，已经对可能发生的教育政策风险事件、风险源和风险原因进行了识别。风险识别过程侧重于发现和描述，而在教育政策风险分析过程中需要对识别出的教育政策风险事件、风险源和风险原因进行分析。具体而言，一方面，要对前一过程识别出的风险事件、风险源和风险原因在深入分析的基础上得出是否正确、合理的结论。另一方面，风险识别过程中可能对风险事件、风险源和风险原因的识别有所遗漏，通过教育政策风险分析过程对识别的全面性进行检验，得出是否全面的结论。

二、分析教育政策风险后果

在前一过程中对风险事件后果识别的基础上，对风险事件可能引发的后果进行全面的分析。具体而言，应该包含以下内容：一是，后果的性质。针对特定的教育政策目标，对后果的性质进行具体而细致的分析。二是，直接后果和间接后果。分析哪些是风险事件发生后造成的直接后果，哪些是风险事件发生后造成的间接后果。对于直接后果与间接后果的分析有助于教育政策风险应对策略的选择。三是，后果的形态。在教育政策风险识别过程中我们已经阐释了形态的概念，在风险分析过程中，在其基础上对后果的形态进行分析。包括形态划分是否正确合理，如有形的、无形的、质量的、经济的、声誉的、文化的、组织结构的等。对后果形态的分析还有一项重要的内容，就是要对后果形态的重要性进行分析，并得出结论。四是，后果的影响范围。分析后果可能影响到的时间、空间和利益相关者等。五是，后果的严重程度。即按照已经建立的风险准则，对风险清单中所有的风险进行后果大小的分析，得出风险后果的严重程度。六是，后果的升级。分析在一个教育政策风险事件发生后，其后果通过传递、连锁效应使原来的后果严重程度升级，包括升级的程度和升级后的范围等。

三、分析教育政策风险发生的可能性

在对教育政策风险识别的基础上对风险事件发生的可能性进行全面分析，具体而言应该包含以下内容：一是，风险事件发生可能性的时机。这个时机的确定一般在确定潜在的风险事件和风险后果之后，并与每一种后果（或形态）相对应。二是，风险事件发生可能性的范围。确定范围是参照风险准则得出风险等级的前提。三是，发生可能性的严重程度。与后果的严重程度类似，风险事件发生的可能性也存在定量或半定量的严重程度的描述。

通常情况下，我们可以用概率或者频率来描述教育政策风险发生的可能性。

(一) 发生的概率

从统计学的角度看，教育政策风险事件 E 发生的概率是介于 0 到 1 (也就是 0% 到 100%) 之间的一个数值，这个数值可以描述该风险事件 E 在特定的环境条件下发生的可能性，记作 $\Pr(E)$。如果 $\Pr(E) = 1$，就表示该风险事件 E 一定会发生；反过来，如果 $\Pr(E) = 0$，那么就代表风险事件 E 绝对不会发生。确定教育政策风险事件发生的概率，主要有经典方法、频次方法和贝叶斯方法。

1. 经典方法

描述概率的经典方法适用范围局限在能够取得有限数量 (n) 结果的环境，每一次试验结果出现的可能性相同。例如，这种方法可以描述很多"靠运气"取胜的游戏，如抛硬币、掷骰子、抽扑克牌等。我们可以这样描述：结果是单一试验的输出，而样本空间 S 则是所有可能的结果的集合。风险事件 E 是在 S 内部具有相同特征的结果集合 (如同一性别的学生、同一年级的学生等)。如果结果是 E 中的某个元素，我们就可以确定风险事件 E 发生了。因为所有的 n 个可能的结果发生的可能性都相同，我们可以确定风险事件 E 发生的可能性，即属于风险事件 E 的结果数量与所有结果数量 n 的比值。有时候，我们也将属于 E 的这些结果称为 E 的预期结果。在一次试验中得到属于风险事件 E 的结果的可能性，称为 E 的概率：

$$\Pr(E) = \frac{预期结果的数量}{所有可能结果的总数} = \frac{n_E}{n}$$

特殊情况下，如果不同预期结果状况的主要影响因素具有某种量化相同的属性，如对于某一中学而言，学生男女比例或者不同年级学生数量大体相同时，风险事件 E 也可以是一个单一的结果，即 $1/n$。S 中所有结果发生的概率都相同，我们称之为均匀模型。

2. 频次方法

频次方法主要关注在必要的相同环境条件下，可以重复发生的现象。我们将每一次重复称为一次试验，并假设在每一次试验中风险事件 E 要么发生，要么不发生。试验重复 n 次以后，我们可以计算出 n 次试验中风险事件 E 发生的次数，于是风险事件 E 发生的相对频率可以定义为：

$$f_n(E) = \frac{n_E}{n}$$

因为所有的试验环境条件都是相同的，在 n→∞ 的时候相对频率会达到一个极限。这个极限就是风险事件 E 发生的概率，用 Pr (E) 表示为：

$$Pr(E) = \lim_{n \to \infty} \frac{n_E}{n}$$

3. 贝叶斯方法

我们对于贝叶斯方法并不陌生，本书在第二章探讨过贝叶斯统计和贝叶斯网络。事实上，我们在进行风险分析时，很少能够拥有一个有限的样本空间，并保证各个结果发生的概率又相同，因此经典方法在很多情况下适用度不高。如果要使用频次的方法，我们至少需要在几乎相同的环境条件下能够进行大量重复试验。但实际上，这也是相当苛刻的要求，会使得风险评估的整体成本增大。因此，大多数情况下我们使用贝叶斯方法。根据这种方法，我们认为概率是主观性的，并将其定义如下。

（1）主观概率

主观概率是指在区间 [0，1] 内的一个数值，代表个人对某一个风险事件会在未来发生或者不发生的相信程度（置信度）。在贝叶斯方法中，因为相同条件试验可以重复进行，所以并不需要限定试验结果的概率范围，即便有的风险事件只发生一次，这种概率也是完全可能的。另外，风险事件也可以不是试验的结果，而是试验的描述或者期望，它可以描述某一个无法观测的参考值。对于风险事件 E 的置信度并不是武断得到的，而是风险评估实施者或由其组织的分析人员群体根据自己对于风险事件 E 的所有相关信息和知识（K）作出的最佳判断。对于信息和知识水平为 K 的分析人员，他判断风险事件发生的（主观）概率应该表示为：

Pr (E|K)

通常情况下，为了书写简便，K 可以隐藏，只记作 Pr (E)。信息和知识水平 K 可能与关于风险事件的性质、相同类型事件的历史经验、专家判断以及其他很多信息源有关。在教育政策风险分析中，"主观"这个词一般会给人以负面的印象。因此，一些风险评估实施者更喜欢使用"个人概率"这个词，也就是说它是风险分析人员基于自己现有的知识和信息对风险事件发生概率作出的判断。基于相同的原因，有些文献也使用"判断概率"这样的词汇。在使用贝叶斯方法对教育政策风险事件发生的可能性进行分析的过程中，我们建议在相应的概率前面加上判断人的身份信息，比如校长判断出的概率或者课题组判断出的概率等。

(2) 先验概率和后验概率

贝叶斯方法的一个迷人之处在于，当出现更多的信息和证据的时候，主观概率可以不断更新。假设一名分析人员研究风险事件 E，他对于该事件最初或先验的置信度由先验概率 $\Pr(E)$ 决定。先验概率是指在没有收集任何与风险事件 E 相关的信息之前，个人对于风险事件 E 能够发生的相信程度。因为人们对于事物的认识是发展变化的，随着事态的发展，分析人员接触到信息 D_1，其中包含与风险事件 E 有关的信息。现在，他可使用贝叶斯公式来描述自己对于风险事件 E 新的置信度，这可以表示为在给定的信息 D_1 存在的情况下，风险事件 E 发生的条件概率为：

$$\Pr(E|D_1) = \Pr(E) \cdot \frac{\Pr(D_1|E)}{\Pr(D_1)}$$

使用概率乘法法则可以推导得到：

$$\Pr(E \cap D_1) = \Pr(E|D_1) \cdot \Pr(D_1) = \Pr(D_1|E) \cdot \Pr(E)$$

分析人员在接触到信息 D_1 之后对于风险事件 E 新的置信度，被称为后验概率 $\Pr(E|D_1)$。后验概率是基于先验概率和新的补充信息 D_1，个人对于风险事件 E 能够发生的相信程度。起初，分析人员对于风险事件 E 的置信度是由先验概率 $\Pr(E)$ 确定的，在得到信息 D_1 后，他对于发生概率的判断可以由上述公式得到，变化系数是 $\Pr(D_1|E)/\Pr(D_1)$。先验概率和后验概率中的先和后都是相对的，也就是说上述情形可能重复发生，公式也可以反复使用，后验概率 $\Pr(E|D_1)$ 也可以当作得到进一步的信息 D_2 的先验概率。

$$\Pr(E|D_1 \cap D_2) = \Pr(E) \cdot \frac{\Pr(D_1|E)}{\Pr(D_1)} \cdot \frac{\Pr(D_2|E)}{\Pr(D_2)}$$

随着风险分析人员获得的信息越来越多，他对于风险事件 E 发生的置信度也会根据上述公式不断地变化。

（二）发生的频率

在教育活动中，有些事件的发生间隔不同，而如果从教育政策风险评估的视角去分析这些事件发生的间隔可能更有意义。这时我们关注的重点可能就是风险事件 E 发生的频率而不是概率。例如，"大学生招聘的高峰期一年可能会发生几次"或者"某一特定型号校车行驶 1 万公里平均会出现几次机械故障"等。

在特定的时间段 t 内（或其他限定环境区间的条件下），记录某一风险事件发生的次数 $n_E(t)$。则在时间间隔 $(0,t)$ 内，风险事件 E 发生的频率为：

$$f_t(E) = \frac{n_E(t)}{t}$$

在一些情况下，我们可以假设环境条件保持不变，这个频率在 $t \to \infty$ 的时候趋近于一个固定的值。我们将这个极限值称为风险事件 E 的速率（rate），并用 λ_E 表示：

$$\lambda_E = \lim_{n \to \infty} \frac{n_E(t)}{t}$$

在概率的频率学解释中，像 λ_E 这些参数会有一个真实但是未知的值。参数可以根据观察值进行预测，并使用置信区间来量化参数估计量的精确程度和误差范围。

总而言之，就教育政策风险事件发生的可能性而言，既可以用概率来表示，也可以用频率来表示，具体采用哪种方式主要取决于风险事件本身的性质和测算的复杂程度。用来分析教育政策风险事件发生可能性的具体方法可以参照本书第二章"教育政策风险评估方法"。

四、分析影响后果、可能性的各种因素

对某一个具体的教育政策风险而言，"后果"和"可能性"是用来描述这个风险最重要的两个特性。因此在对教育政策风险进行分析的过程中，关注影响教育政策风险后果和可能性的影响因素就显得尤为重要。通常可以对这些影响因素实施控制和干预来改变风险的大小。另外，在对教

育政策风险影响后果和可能性影响因素分析的过程中，区别可控因素（通常在组织内部）和不可控因素（通常在组织外部）也十分必要。

五、确定风险等级

本书在对教育政策风险分析概述时给出了风险等级的定义。教育政策风险等级是指一个教育政策风险或组合风险的大小，依据后果和可能性的结合来表示。风险大小是我们日常生活中使用的口头表达，而风险等级是我们在风险评估中使用的专业术语。无论是一个风险还是风险组合，其大小都可以称为风险等级。通常情况下，风险等级最适合用定量或者半定量的方式表达。

在日常生活中，我们表达某一个风险的大小，可能是指这个风险发生的可能性的大小，例如：我今天起晚了，上班迟到的风险很大。也有可能是指这个风险发生的后果严重程度，例如：将全部的资金都用来买股票的风险太大了。当然，还有可能是指可能性和后果严重程度的结合，这也是风险等级的定义中指出的以"后果"和"可能性"这二者结合来表达的意义所在。与日常生活中不同，在风险评估技术中，不提倡用后果和可能性二者之一来单独的表示风险等级。如果用 R 来表示教育政策风险等级，用 P 来表示发生的可能性，用 C 来表示后果，则风险等级 R 的一般表达式可以写为：

$$R = R(P, C)$$

风险 R 的表达式的意义为，风险等级 R 是可能性（P）和后果（C）二者的函数，结合考虑 P 和 C 可以获得风险等级 R 的大小。$R(P, C)$ 的具体形式体现了 R 对 P、C 的结合方式。虽然通常情况下教育政策风险等级必须结合考虑 P 和 C，但结合的方式可以有多种——可以是明确的，也可以是隐含的。此外，P 值、C 值体现了教育政策风险事件发生可能性的大小和后果严重程度的大小，但并不能直接来体现教育政策风险的大小。只有将二者结合起来，并确定了结合的方式，风险等级才有了明确的意义，教育政策风险的大小也就有了确定的意义。

风险等级表达式 $R = R(P, C)$ 是在以横坐标 P、纵坐标 C 所构成的二维平面上的一条曲线，该曲线的所有点（P，C）所对应的风险等级 R $= R$（P，C）具有相同的数值，我们把这条曲线命名为教育政策风险等位线。风险等位线具有重要的意义：在一定的风险等级数值 R_0 下，风险后果 C 对可能性 P 的分布关系。关于风险等位线的详细探讨我们会在第五章继续。

六、分析控制措施

在教育政策风险识别阶段，我们提到了要识别控制措施的两个方面：一是，对该风险是否已经制定了控制措施？控制措施是什么？二是，如果已经制定了控制措施，那么该措施是否仍然在发挥作用？在教育政策风险分析过程中，要在风险识别的基础上，对控制措施进行更为具体的分析。

（一）控制措施影响风险分析

教育政策内部的控制措施可能会影响教育政策风险。在风险术语中，控制是指正在改变风险的措施。我们对教育政策风险分析过程中如果忽略了控制措施的存在，那么得出的结论可能是不科学、不准确的。在没有控制措施或控制措施完全失效的前提下，风险后果的大小和发生的可能性事实上都对应有一个确定的 C 值和 P 值。当考虑到控制措施后，有可能改变 C 值或 P 值。例如，在某一有关中小学财务管理的政策中，如果应该实施"岗位制衡"的两个岗位（如出纳和会计）未实施岗位制衡，这种风险所造成的后果会非常严重，风险事件发生的可能性也很大。对此没有建立、实施相应的控制措施时，在对该政策风险分析过程中，依据风险准则，就会将这一风险对应的风险后果 C 和发生可能性 P 判定为较高的数值。但是如果政策内容中规定了相应的控制措施，如要求这两个岗位不能由同一个人担任，则这一风险发生的后果和发生的可能性都将变小。在这一控制措施下，依据风险准则对该风险对应的风险后果 C 和发生可能性 P 判定时，数值就将变小。

（二）控制措施的有效性和效率分析

有效性是指完成活动和达到结果的程度。效率是指达到结果与所使用资源之间的关系。将有效性和效率引入到控制措施中是为了分析控制措施发挥作用的程度。即控制措施可以在多大程度上降低教育政策风险的可能性或风险后果的严重程度？在降低二者的过程中付出的成本和资源如何？事实上，对控制措施的分析也主要是考虑有效性和效率两个方面，鉴于风险评估技术"嵌入性"的要求，在风险分析过程中，要统筹控制措施的有效性和效率。特定的政策风险要控制，但为了保证相关业务的效率，一些特殊的风险也必须要兼顾效率，如实施适当授权等措施。

七、分析风险之间的关系

对某一个教育政策风险进行分析的过程中，我们可能会发现一些政策风险之间可能存在一定的关联，对这些关系的分析也非常重要。风险和风险之间一种可能的关系称为"风险组合"。风险组合在国标术语中的定义为：将一些风险结合成一个风险，以建立对所有风险的更全面的理解。从定义中我们得出风险组合也是一个风险，而一个风险就可以有一组确定的（P，C）值，明确 P、C 值结合的方式后就可以获得风险组合的风险等级。在建立风险组合关系时，教育政策风险评估实施者要明确如何组合风险，多个风险的 P、C、R 值通过什么方式结合成一个风险组合的 P、C、R 值。

此外，对某一类教育政策风险或整个教育政策风险进行了识别和分析后，可以计算出总风险等级。教育政策总风险等级的数值 R 可以表达为：

$$R = \sum_{i=1}^{n} \rho_i R_i$$

教育政策总风险等级的表达式中 R_i 是某一个教育政策风险的风险等级数值，i 是教育政策风险的序号，n 是教育政策风险总数，ρ_i 是第 i 个风险在总风险中所占的权重，即该风险在教育政策中的重要程度。在没有其他数据支持的情况下，权重可以通过每个教育政策风险的风险等级计算：

$$\rho_i = \frac{R_i}{\sum_{i=1}^{n} R_i}$$

其中，ρ_i 是第 i 个风险的权重，分子 R_i 是第 i 个风险的风险等级数值，分母是教育政策所有风险的风险等级数值之和。需要指出的是，对于教育政策总风险只有在风险性质相似且风险等级度量相同的条件下才具有比较意义。

第三节　教育政策风险分析的输出

风险分析是教育政策风险评估的第二个子过程，所以风险分析需要为接下来的风险评价提供必要的信息。在完成对教育政策风险分析后，风险评估的实施者需要输出以下内容。

一、教育政策风险的 P 值和 C 值

教育政策风险评估的实施者根据所建立的风险准则，将教育政策风险的后果严重程度（C 值）和发生可能性（P 值）评定出来。评定的范围应该覆盖教育政策风险识别过程中输出的教育政策风险清单或风险描述里的全部风险。

二、教育政策风险的风险等级 R

虽然我们还没有具体地研讨风险准则，但其实风险准则里有一项重要的内容就是确定后果 C 和可能性 P 的结合方式 $R = R(P, C)$，以最终确定教育政策风险的风险等级数字 R。教育政策风险评估实施者在获得风险清单中所有的教育政策风险的 P 值和 C 值以后，依据风险准则中这一项内容，可以确定风险清单或风险描述中所有教育政策风险的风险等级数值 R。

三、控制措施的有效性、效率和对风险分析的影响

我们已经探讨过在教育政策风险分析过程中分析控制措施的意义和重要性。这个过程是继风险识别过程输出教育政策风险清单或风险描述中识别是否有控制措施、控制措施是否正在发挥作用后，对控制措施的更为具体的分析。由于"一旦一个风险被识别，就应识别对其的控制措施"，因此，控制措施的有效性和效率也应该覆盖风险清单或描述中的所有教育政策风险。

四、教育政策风险事件、风险源和风险原因的分析结论

通常情况下，教育政策风险评估实施者会在风险识别阶段对教育政策风险事件、风险源和风险原因进行识别。而在风险分析阶段我们要对这三者开展详细的分析来确定风险识别出的风险事件、风险源和风险原因是否正确合理。另外，风险事件、风险源和风险原因的识别是否有所遗漏等，这些分析的结论也应该作为教育政策风险分析阶段的主要输出。

第四节　案例研究：师范生免费教育政策风险分析

我们已经对教育政策风险分析过程的概念、任务、目的、原则、主要内容和输出进行了初步的探讨。接下来我们继续以师范生免费教育政策为例，以第三章识别的政策风险为基础，开展教育政策风险分析的案例研究。通常情况下，教育政策风险分析的过程中必须获知风险准则，才能确定每一个政策风险的 P 值和 C 值，并确定政策风险的风险等级。而按照风险评估的逻辑顺序，本书将在第五章进行风险准则的相关研究，因此本节在进行案例研究时只给出风险准则的结果，风险准则具体的构建过程将在第五章的案例研究中进行呈现。

一、师范生免费教育政策风险分析的方法选择

国标技术中规定，风险评估技术一共有 32 种方法，本书已经在第二章对这 32 个方法进行了详细的探讨。对于风险分析过程中风险可能性、后果和风险等级确定全部适用的有 6 种方法，综合考虑方法的适用条件、影响条件与输出的结果，本书选用风险矩阵法来进行风险分析。

风险矩阵（Risk matrix）是一种将风险可能性、后果和等级相结合的风险分析工具，可以直观地呈现风险的分布情况，有助于管理者确定风险管理的关键控制点和风险应对方案。[①]

使用风险矩阵工具对风险进行分析前，要建立风险准则。建立风险准则后，需要对识别出的风险进行分析，评估出风险发生的可能性（P）和后果严重的程度（C），对比风险准则确定可能性等级和后果等级后，绘制风险图谱（Risk map）。图 4–1 为一个风险图谱（Risk map）的示例，横坐标代表后果等级，纵坐标代表可能性等级，★代表一个风险可能性的等级是 D，后果的等级是 3。

可能性等级 ↑	E						
	D			★			
	C						
	B						
	A						
		1	2	3	4	5	6
		→后果等级					

图 4–1　风险图谱示例图

按照风险矩阵法的使用要求，对于师范生免费教育政策的不同风险，分析其可能性和后果严重程度时采用的方法也有所区别，本书主要采用文献法和调查研究法对风险发生的可能性和后果的严重程度进行分析。

---

① 参见《风险管理　风险评估技术》（GB/T 27921-2011），中国国家标准出版社 2012 年版，第 28 页。

二、师范生免费教育政策风险分析的过程

在进行师范生免费教育政策风险分析之前，我们对师范生免费教育政策风险识别的结果进行回顾并简单加以梳理，精简后的风险清单见表4-1。

表 4-1　师范生免费教育政策风险清单简表

风险编码	风险描述
F1	落位风险：参加教师公开招聘考试
F2	落位风险："双向选择"受限在一定范围
F3	落位风险：省级教育行政主管部门权力不足
F4	落位风险：省级教育行政主管部门能力不足
F5	落位风险：各省岗位有较大的差异，资源错配
F6	培养风险：高校利益得失影响培养规模
F7	培养风险：全新的培养方案效果未知
F8	培养风险：无法考研，学习动力不足
F9	培养风险：缺少淘汰机制，学习动力不足
F10	培养风险：退出机制不完善，不适合者无法顺利退出
F11	认同风险：对政策不了解，不敢聘
F12	认同风险：对政策了解不充分，错招
F13	认同风险：对政策产生误解，不愿意聘
F14	认同风险：嫌麻烦，不愿意招
F15	认同风险：影响其他人也不招
F16	履约风险：十年服务期过长，因逆反心理而违约
F17	履约风险：十年使心理压力过大而违约离职
F18	履约风险：见到外省"好单位"，违约跨省就业
F19	履约风险：生源地岗位低于预期，违约跨省就业
F20	履约风险：不符合申请跨省条件，违约跨省就业
F21	履约风险：申请跨省被拒绝，违约跨省就业
F22	履约风险：通过"读书改变命运"，就业即违约
F23	履约风险：单位不支持其到农村支教，违约

风险编码	风险描述
F24	履约风险：农村支教可能与重要机遇"失之交臂"，违约
F25	履约风险：学历不满足单位要求，违约读研
F26	履约风险：硕士的教育预期无法实现，违约读研

在风险分析的过程中，首先要测得政策风险的可能性和后果的严重程度。根据调查利益相关者群体的不同，本书共设计四套风险分析调查问卷来对政策风险的可能性和后果的严重程度进行测量。这四套问卷分别对应本科在读的免费师范生（问卷 W1，见附录七）、履约服务期的免费师范生（问卷 W2，见附录五）、部属师范大学教师（问卷 W3）和中小学校长（问卷 W4，见附录六）。不同的教育政策风险在获取分析所需数据所采用的方法如表 4-2 所示。

表 4-2　风险分析过程中获取分析所需数据方法选择表

风险	分析可能性的方法	分析后果严重程度的方法
人事制度给免费师范生就业带来的风险（F1、F2）	调查研究法（问卷 W2）	调查研究法（问卷 W2）
政策执行机构权力与能力给免费师范生就业带来的风险（F3、F4）	调查研究法（问卷 W2）	调查研究法（问卷 W2）
区域差异给免费师范生就业带来的风险分析（F5）	调查研究法（问卷 W2）	调查研究法（问卷 W2）
高校利益的得失给免费师范生培养带来的风险（F6）	文献法	文献法
全新的培养方案给免费师范生培养质量带来的风险（F7）	调查研究法（问卷 W3）	调查研究法（问卷 W4）
无法读研（F8）和无淘汰机制（F9）导致学习动力不足给免费师范生培养带来的风险	调查研究法（问卷 W2）	调查研究法（问卷 W2）
退出机制不完善，导致不合适当教师的学生无法退出，给培养带来的风险（F10）	调查研究法（问卷 W2）	—
中小学校长对免费师范生政策完全不了解，不敢招聘免费师范生的风险（F11）	调查研究法（问卷 W4）	调查研究法（问卷 W1）

风险	分析可能性的方法	分析后果严重程度的方法
中小学校长对免费师范生政策了解不充分，错招了免费师范生的风险（F12）	调查研究法（问卷 W4）	调查研究法（问卷 W1）
中小学校长对免费师范生政策产生误解，不愿意招聘免费师范生的风险（F13）	调查研究法（问卷 W4）	调查研究法（问卷 W1）
中小学校长个人行为给认同免费师范生带来的风险（F14、F15）	调查研究法（问卷 W4）	调查研究法（问卷 W1）
服务年限给免费师范生履约带来的风险（F16、F17）	调查研究法（问卷 W2）	—
回生源地就业给免费师范生履约带来的风险（F18、F19、F20、F21、F22）	调查研究法（问卷 W2）	—
农村支教给免费师范生履约带来的风险（F23、F24）	调查研究法（问卷 W2）	—
攻读硕士研究生的限制措施给免费师范生履约带来的风险（F25、F26）	调查研究法（问卷 W2）	—

按照《教育部关于公布〈高等学校信息公开事项清单〉的通知》（教办函〔2014〕23 号）的要求，部属师范大学的招生情况要向社会公开，因此本研究使用文献法主要查阅 6 所部属师范大学信息公开网上专题 2007 年和 2014 年招生情况，以保证数据的科学和准确。

本书采用调查研究法分析风险可能性和后果严重程度时分四部分进行，分别是"部属师范大学免费师范生学习状况调研"、"2014 届免费师范生就业状况调研"、"部属师范大学 2014 年中小学校长招聘情况调研"和"部属师范大学培养方案教师评价调研"。"部属师范大学免费师范生学习状况调研"采用随机抽样的原则，在 6 所部属师范大学每所学校随机抽取 1200 名免费师范生进行定向发放问卷邀请码，利用 Enable Q 问卷调查平台收集问卷数据，邀请码重复、空白和有误均作干扰数据丢弃，回收有效问卷 1105 份，回收率 92.08%。"2014 届免费师范生就业状况调研"在人人网（www.renren.com）实名认证社交平台募集调研自愿者，条件设定为 2014 年 7 月毕业的免费师范生，招募到符合条件的自愿者 1473 名，以生源地、专业、毕业学校三个参数进行随机抽样，定向发放问卷邀请码对 1377 个，利用 Enable Q 问卷调查平台收集问卷数据，邀请码重复、空白和有误均作干扰数据丢弃，回收有效问卷 1262 份，回收率 91.65%。"部属师范大学 2014 年中小学校长招聘情况调研"，以 2014 年 10 月 1 日—12 月 31 日来某部属师范大学招聘教师的中小学校长为调研对象，发放问卷 673 份，回收有效问卷 650 份，回收率 96.58%。"部属师范大学培养方案教师评价调研"在 6 所部属师范大学每所学校招募 60 个免费师范生自愿者，在 2014 年 10 月 15 日—11 月 1 日期间，对给自己上课的教师发放问卷进行调研，共发放 819 份，回收有效问卷 761 份，回收率 92.92%。四个问卷调研的情况如表 4–3 所示。问卷调查的结果录入 Enable Q 数据分析系统，由系统自己对调研结果进行统计。

表 4–3　问卷调研的情况统计表

调研名称	调研时间与方式	发放问卷（份）	回收有效问卷（份）	回收率
部属师范大学免费师范生学习状况调研	2014 年 9 月 18 日—10 月 18 日 随机抽样，定向调研 使用 Enable Q 网络问卷系统	1200	1105	92.08%
2014 届免费师范生就业状况调研	2014 年 10 月 10 日—11 月 10 日 随机抽样，定向调研 使用 Enable Q 网络问卷系统	1377	1262	91.65%
部属师范大学 2014 年中小学校长招聘情况调研	2014 年 10 月 1 日—12 月 31 日 东北师范大学定向调研 使用纸质问卷	673	650	96.58%
部属师范大学培养方案教师评价调研	2014 年 10 月 15 日—11 月 15 日 随机抽样，定向调研 使用纸质问卷	819	761	92.92%

根据问卷调研和文献研究的结果，确定了师范生免费教育政策中各个风险发生的可能性和后果严重程度。

三、师范生免费教育政策风险分析的结果

本研究对以上四个调查问卷进行数据整理和统计，结合文献法，最终测得了 4 大类 12 小类共 26 个风险的可能性与后果的严重程度。根据测

量的结果，对照风险准则，对每个风险的具体分析如下：

（一）免费师范生的落位风险分析

1. 人事制度给免费师范生就业带来的风险分析

风险准则 Z1 适用于人事制度给免费师范生就业带来的风险，这类风险是由免费师范生就业必须参加教师公开招聘考试的风险（F1）和双向选择被限制在一定的范围内（F2）的风险组合而成。由于这两个风险发生的可能性和后果的严重程度较为相似，所以合并在一起，制定同一个风险准则，见表 4–4 所示。

表 4–4　风险准则 Z1 详表

风险准则 Z1

适用风险：人事制度给免费师范生就业带来的风险（F1、F2）

准则类型	等级	描述
P 准则	1	风险在一般情况下不会发生，每年受此风险影响的免费师范生比例小于等于 5%
	2	风险在极少情况下才会发生，每年受此风险影响的免费师范生比例大于 5%，小于等于 10%
	3	风险在某些情况下会发生，每年受此风险影响的免费师范生比例大于 10%，小于等于 15%
	4	风险在较多情况下发生，每年受此风险影响的免费师范生比例大于 15%，小于等于 20%
	5	风险常常会发生，每年受此风险影响的免费师范生比例大于 20%
C 准则	1	风险影响程度极低，受此风险影响的免费师范生几乎感受不到风险给其就业带来的影响；能够与大部分生源地中小学进行"双向选择"顺利就业
	2	风险影响程度低，受此风险影响的免费师范生能感觉到风险给其就业带来的压力，但压力较小；能够与较多生源地中小学进行"双向选择"；求职过程遇到一些阻力，例如求职时间比没受影响的免费师范生略长（1 个月以内）；求职成本比没受此风险影响的免费师范生略高（500 元以内，不包括 500 元）等

准则 类型	等级	描述
C 准则	3	风险影响程度中等，受此风险影响的免费师范生能感觉到风险给其就业带来的压力，但压力适中，可以承受；能够与适中数量的生源地中小学进行"双向选择"；求职过程遇到了一定的阻力，例如求职时间比没受影响的免费师范生长（1—3个月）；求职成本比没受此风险影响的免费师范生高（500—1000元，不包括1000元）等
	4	风险影响程度高，受此风险影响的免费师范生能感觉到风险给其就业带来的压力，压力较大，承受较为困难；能够与较少数量的生源地中小学进行双向选择；求职过程中遇到了较大的阻力，例如求职时间比没受影响的免费师范生长（3个月以上）；求职成本比没受此风险影响的免费师范生高（1000元以上）等
	5	风险影响程度极高，受此风险影响的免费师范生无法通过"双向选择"的方式就业，只能等待毕业前生源地分配

注：关于 P 准则等级的描述"一般情况下不会发生"、"极少情况下才会发生"、"某些情况下会发生"、"较多情况下发生"和"常常会发生"，参照国标技术中风险矩阵方法给出的风险发生可能性的评价标准表"B.2 文字描述二"。（下同）

关于 C 准则等级的描述"极低"、"低"、"中等"、"高"和"极高"，参照国标技术中风险矩阵方法给出的风险对目标影响程度的评价标准表"B.3 文字描述二"。（下同）

"2014届免费师范生就业状况调研"中设置问题"您在就业的过程中是否受到'教师公开招聘'制度的影响，使就业过程不顺利？"结果显示，有13.87%的免费师范生在就业过程中不同程度地受到了"教师公开招聘"制度的影响。将风险准则 Z1 的 P 准则按等级设置成5个选项按照从轻到重的程度分别赋值1—5，受到"教师公开招聘"制度的影响的免费师范生对其影响程度进行选择，统计结果的平均值为3.17。所以对人事制度给免费师范生就业带来的风险而言，依据风险准则 Z1 判断，风险发生的可能性为中等（13.87%），风险后果的严重程度为中等（3.17），见表4-5。

表4-5　风险分析表1

风险：人事制度给免费师范生就业带来的风险（F1、F2）	
风险发生的可能性	中等（13.87%）
风险后果的严重程度	中等（3.17）

2. 政策执行机构权力与能力给免费师范生就业带来的风险分析

风险准则 Z1 适用于政策执行机构权力与能力给免费师范生就业带来的风险，这类风险是由生源地省级教育行政主管部门具体执行机构能力不足（F3）和权力不足（F4）的风险组合而成。由于这两个风险发生的可能性和后果的严重程度较为相似，所以合并在一起，制定同一个风险准则，见表 4-6。

表 4-6 风险准则 Z2 详表

风险准则 Z2

适用风险：政策执行机构权力与能力给免费师范生就业带来的风险（F3、F4）

准则类型	等级	描述
P 准则	1	风险在一般情况下不会发生，每年受此风险影响的免费师范生比例小于等于 1%
	2	风险在极少情况下才会发生，每年受此风险影响的免费师范生比例大于 1%，小于等于 5%
	3	风险在某些情况下会发生，每年受此风险影响的免费师范生比例大于 5%，小于等于 10%
	4	风险在较多情况下发生，每年受此风险影响的免费师范生比例大于 10%，小于等于 20%
	5	风险常常会发生，每年受此风险影响的免费师范生比例大于 20%
C 准则	1	风险影响程度极低，受此风险影响的免费师范生几乎感受不到风险给其就业带来的影响，能够顺利就业
	2	风险影响程度低，受此风险影响的免费师范生能感觉到风险给其就业带来的压力，但压力较小；政策执行机构能够积极协调相关部门，解决大部分免费师范生在就业过程中遇到的问题；能够通过三种形式组织免费师范生就业洽谈活动
	3	风险影响程度中等，受此风险影响的免费师范生能感觉到风险给其就业带来的压力，但压力适中，可以承受；政策执行机构能够积极协调相关部门，解决部分免费师范生在就业过程中遇到的问题；能够通过两种形式组织免费师范生就业洽谈活动
	4	风险影响程度高，受此风险影响的免费师范生能感觉到风险给其就业带来的压力，压力较大，承受较为困难；政策执行机构能够积极协调相关部门，解决小部分免费师范生在就业过程中遇到的问题；组织免费师范生就业洽谈活动的形式较为单一

准则类型	等级	描述
C 准则	5	风险影响程度极高，受此风险影响的免费师范生无法顺利就业；政策执行机构能够积极协调相关部门，但几乎无法解决免费师范生在就业过程中遇到的问题；无法组织任何免费师范生就业洽谈活动

"2014 届免费师范生就业状况调研"中设置问题"您在就业的过程中是否受政策执行机构能力或权力不足的影响，使就业过程不顺利?"结果显示，有 4.75% 的免费师范生在就业过程中不同程度地受到了政策执行机构能力或权力不足的影响。将风险准则 Z2 的 P 准则按等级设置成 5 个选项按照从轻到重的程度分别赋值 1—5，受到政策执行机构能力或权力不足影响的免费师范生对其影响程度进行选择，统计结果的平均值为 3.98。所以对政策执行机构权力与能力给免费师范生就业带来的风险而言，依据风险准则 Z2 判断，风险发生的可能性为极少发生（4.75%），风险后果的严重程度为高（3.98），见表 4—7。

表 4-7　风险分析表 2

风险：政策执行机构权力与能力给免费师范生就业带来的风险（F3、F4）	
风险发生的可能性	极少发生（4.75%）
风险后果的严重程度	高（3.98）

3. 区域差异给免费师范生就业带来的风险分析

风险准则 Z3 适用区域差异给免费师范生就业带来的风险（F5），见表 4—8。

表 4-8　风险准则 Z3 详表

风险准则 Z3
适用风险：区域差异给免费师范生就业带来的风险（F5）

准则类型	等级	描述
P 准则	1	风险在一般情况下不会发生，每年受此风险影响的免费师范生比例小于等于 10%
	2	风险在极少情况下才会发生，每年受此风险影响的免费师范生比例大于 10%，小于等于 20%

准则类型	等级	描述
P 准则	3	风险在某些情况下会发生，每年受此风险影响的免费师范生比例大于 20%，小于等于 30%
	4	风险在较多情况下发生，每年受此风险影响的免费师范生比例大于 30%，小于等于 40%
	5	风险常常会发生，每年受此风险影响的免费师范生比例大于 40%
C 准则	1	风险影响程度极低，受此风险影响的免费师范生几乎感受不到风险给其就业带来的影响，能够顺利就业；各地提供的岗位数量和质量无明显差异；免费师范生自我评价的能力与岗位的适配度大于等于 95%
	2	风险影响程度低，受此风险影响的免费师范生能感觉到风险给其就业带来的压力，但压力较小；各地提供的岗位数量和质量有较小的差异；免费师范生自我评价的能力与岗位的适配度大于等于 90%，小于 95%
	3	风险影响程度中等，受此风险影响的免费师范生能感觉到风险给其就业带来的压力，但压力适中，可以承受；各地提供的岗位数量和质量有差异；免费师范生自我评价的能力与岗位的适配度大于等于 85%，小于 90%
	4	风险影响程度高，受此风险影响的免费师范生能感觉到风险给其就业带来的压力，压力较大，承受较为困难；各地提供的岗位数量和质量有较大差异；免费师范生自我评价的能力与岗位的适配度大于等于 80%，小于 85%
	5	风险影响极高，受此风险影响的免费师范生无法顺利就业；各地提供的岗位数量和质量有极大的差异；免费师范生自我评价的能力与岗位的适配度小于 80%

　　"2014 届免费师范生就业状况调研"中设置问题"您在就业的过程中是否明显地感受到各生源地省份提供的岗位数量和质量的差异？"结果显示，有 26.78% 的免费师范生在就业过程中受区域差异的影响。将风险准则 Z3 的 P 准则除岗位能力适配度以外按等级设置成 5 个选项按照从轻到重的程度分别赋值 1—5，受到风险影响的免费师范生对其影响程度进行选择，统计结果的平均值为 4.38。对受到风险影响的免费师范生进行岗位与能力适配度的调查"你认为你的能力与现在的工作岗位是否匹配？"，选择匹配的免费师范生为 83.78%。所以对区域差异给免费师范生就业带来的风险而言，依据风险准则 Z3 判断，风险发生的可能性为中等

（26.78%），风险后果的严重程度为高（4.38），见表4-9。

表4-9　风险分析表3

风险：区域差异给免费师范生就业带来的风险（F5）	
风险发生的可能性	中等（影响程度26.78%）
风险后果的严重程度	高（4.38；适配度83.78%）

（二）免费师范生的培养风险分析

1. 高校利益的得失给免费师范生培养带来的风险

风险准则Z4适用高校利益的得失给免费师范生培养带来的风险（F6），见表4-10。

表4-10　风险准则Z4详表

风险准则Z4

适用风险：高校利益的得失给免费师范生培养带来的风险（F6）

准则类型	等级	描述
P准则	1	风险发生的可能性极低，招生规模缩小比例大于等于5%以上的高校只有1所
	2	风险发生的可能性低，招生规模缩小比例大于等于5%以上的高校有2所
	3	风险发生的可能性中等，招生规模缩小比例大于等于5%以上的高校有3所
	4	风险发生的可能性高，招生规模缩小比例大于等于5%以上的高校有4所
	5	风险发生的可能性极高，招生规模缩小比例大于等于5%以上的高校超过4所
C准则	1	风险影响程度极低，6所高校免费师范生招生规模总体缩小比例大于等于10%
	2	风险影响程度低，6所高校免费师范生招生规模总体缩小比例大于等于10%，小于20%
	3	风险影响程度中等，6所高校免费师范生招生规模总体缩小比例大于等于20%，小于30%

准则类型	等级	描述
C 准则	4	风险影响程度高，6 所高校免费师范生招生规模总体缩小比例大于等于 30%，小于 40%
	5	风险影响程度极高，6 所高校免费师范生招生规模总体缩小比例大于等于 40%

注：关于 P 准则等级的描述"极低"、"低"、"中等"、"高"和"较高"，参照国际技术中风险矩阵方法给出的风险发生可能性的评价标准表"B.2 文字描述一"。（下同）

　　根据 6 所部属师范大学信息网公开目录查得，2007 年和 2014 年免费师范生的招生规模如表 4–11 所示。统计显示有 5 所高校的招生规模都缩减 5% 以上，免费师范生整体规模缩小 20%。所以对高校利益的得失给免费师范生培养带来的风险而言，依据风险准则 Z4 判断，风险发生的可能性为极高（5 所），风险后果的严重程度为中等（规模缩减 27.70%），见表 4–12。

表 4–11　6 所部属师范大学 2007 年和 2014 年免费师范生招生规模对比表

（单位：人）

学校名称	2007 年招生规模	2014 年招生规模	变化情况
北京师范大学	494	480	无变化（小于 5%）
华东师范大学	977	650	规模缩小
东北师范大学	1529	1022	规模缩小
华中师范大学	2200	1500	规模缩小
陕西师范大学	2584	1909	规模缩小
西南大学	2937	2190	规模缩小
总计	10727	7751	总体规模缩小 27.70%

表 4–12　风险分析表 4

风险：高校利益的得失给免费师范生培养带来的风险（F6）	
风险发生的可能性	极高（5 所高校缩减招生）
风险后果的严重程度	中等（规模缩减 27.70%）

2. 全新的培养方案给免费师范生培养质量带来的风险

风险准则 Z5 适用于全新的培养方案给免费师范生培养质量带来的风险（F7），见表 4–13。

表 4–13　风险准则 Z5 详表

风险准则 Z5

适用风险：全新的培养方案给免费师范生培养质量带来的风险（F7）

准则类型	等级	描述
P 准则	1	风险发生的可能性极低，部属师范大学免费师范生专业课教师对于培养方案的认可度大于等于 95%
	2	风险发生的可能性低，部属师范大学免费师范生专业课教师对于培养方案的认可度大于等于 90%，小于 95%
	3	风险发生的可能性中等，部属师范大学免费师范生专业课教师对于培养方案的认可度大于等于 85%，小于 90%
	4	风险发生的可能性高，部属师范大学免费师范生专业课教师对于培养方案的认可度大于等于 80%，小于 85%
	5	风险发生的可能性极高，部属师范大学免费师范生专业课教师对于培养方案的认可度小于 80%
C 准则	1	风险影响程度极低，中小学校长对于免费师范生能力结构和知识结构的满意度大于等于 90%
	2	风险影响程度低，中小学校长对于免费师范生能力结构和知识结构的满意度大于等于 80%，小于 90%
	3	风险影响程度中等，中小学校长对于免费师范生能力结构和知识结构的满意度大于等于 70%，小于 80%
	4	风险影响程度高，中小学校长对于免费师范生能力结构和知识结构的满意度大于等于 60%，小于 70%
	5	风险影响程度极高，中小学校长对于免费师范生能力结构和知识结构的满意度小于 60%

"部属师范大学培养方案教师评价调研"中设置问题"您对于目前免费师范生的培养方案是否认可？"结果显示，有 95.13% 的专业课教师对免费师范生培养方案表示认可。在"部属师范大学 2014 年中小学校长招聘状况调研"中设置问题"免费师范生能力结构和知识结构是否满意？"，

有 87.65% 的中小学校长选择了非常满意和满意。所以对全新的培养方案给免费师范生培养质量带来的风险而言，依据风险准则 Z5 判断，风险发生的可能性为极低（认可度为 95.13%），风险后果的严重程度为低（满意度为 87.65%），见表 4–14。

表 4–14　风险分析表 5

风险：全新的培养方案给免费师范生培养质量带来的风险（F7）	
风险发生的可能性	极低（认可度为 95.13%）
风险后果的严重程度	低（满意度为 87.65%）

3. 其他因素给免费师范生培养过程带来的风险

风险准则 Z6 适用于免费师范生无法读研（F8）和无淘汰机制（F9）导致学习动力不足给培养带来的风险，见表 4–15。

表 4–15　风险准则 Z6 详表

风险准则 Z6
适用风险：无法读研（F8）和无淘汰机制（F9）导致学习动力不足给培养带来的风险

准则类型	等级	描述
P 准则	1	风险发生的可能性极低，免费师范生认为无法读研导致学习动力不足的比例小于等于 5%；认为无淘汰机制导致学习动力不足的比例小于等于 10%
	2	风险发生的可能性低，免费师范生认为无法读研导致学习动力不足的比例大于 5%，小于等于 10%；认为无淘汰机制导致学习动力不足的比例大于 10%，小于等于 20%
	3	风险发生的可能性中等，免费师范生认为无法读研导致学习动力不足的比例大于 10%，小于等于 15%；认为无淘汰机制导致学习动力不足的比例大于 20%，小于等于 30%
	4	风险发生的可能性高，免费师范生认为无法读研导致学习动力不足的比例大于 15，小于等于 20%；认为无淘汰机制导致学习动力不足的比例大于 30%，小于等于 40%
	5	风险发生的可能性极高，免费师范生认为无法读研导致学习动力不足的比例大于 20%；认为无淘汰机制导致学习动力不足的比例大于 40%

准则类型	等级	描述
C 准则	1	风险影响程度极低，免费师范生认为学习动力不足对自己培养质量的影响极低
	2	风险影响程度低，免费师范生认为学习动力不足对自己培养质量的影响低
	3	风险影响程度中等，免费师范生认为学习动力不足对自己培养质量的影响中等
	4	风险影响程度高，免费师范生认为学习动力不足对自己培养质量的影响高
	5	风险影响程度极高，免费师范生认为学习动力不足对自己培养质量的影响极高

风险准则 Z7 适用于政策退出机制不完善，导致不适合当老师的免费师范生无法退出，从而给培养带来风险（F10），见表 4–16。

表 4–16 风险准则 Z7 详表

风险准则 Z7
适用风险：退出机制不完善，导致不适合当老师的学生无法退出，从而给培养带来风险（F10）

准则类型	等级	描述
P 准则	1	风险发生的可能性极低，免费师范生认为自己不适合当老师，但是无法退出的比例小于等于 2.5%
	2	风险发生的可能性低，免费师范生认为自己不适合当老师，但是无法退出的比例大于 2.5%，小于等于 5%
	3	风险发生的可能性中等，免费师范生认为自己不适合当老师，但是无法退出的比例大于 5%，小于等于 7.5%
	4	风险发生的可能性高，免费师范生认为自己不适合当老师，但是无法退出的比例大于 7.5%，小于等于 10%
	5	风险发生的可能性极高，免费师范生认为自己不适合当老师，但是无法退出的比例大于 10%
C 准则	5	风险影响程度极高，这种情况的出现会对政策造成毁灭性的后果

注：关于只有 P 准则的设定，参照国标技术中风险分析部分"5.3.1 在某些情况下，单项参数就可以进行决策的说明"。（下同）

"部属师范大学免费师范生学习状况调研"中设置问题"您是否由

于'学习好也无法直接攻读硕士必须就业'而导致学习动力不足?""您是否由于'学习不好也不会被淘汰'而导致学习动力不足?"结果显示,有此情况的免费师范生比例分别是14.35%和28.97%。将风险准则Z6的P准则按等级设置成5个选项按照从轻到重的程度分别赋值1—5,受此影响的免费师范生在对后果的影响程度进行选择时,统计结果的平均值为2.91。所以对无法读研和无淘汰机制的导致学习动力不足给培养带来的风险而言,依据风险准则Z6判断,风险发生的可能性为高(比例分别为14.35%和28.97%),风险后果的严重程度为中等(2.91),见表4-17。

表4-17　风险分析表6

风险:无法读研(F8)和无淘汰机制(F9)的导致学习动力不足给培养带来的风险	
风险发生的可能性	高(比例分别为14.35%和28.97%)
风险后果的严重程度	中等(2.91)

"部属师范大学免费师范生学习状况调研"中设置问题"您是否觉得自己不适合读师范专业,但是由于没有合适的退出机制而继续读书,从而导致学习动力不足?"结果显示,有3.90%的免费师范生受此影响。依据风险准则Z7判断,风险发生的可能性为低(3.90%),风险后果的严重程度为极高,见表4-18。

表4-18　风险分析表7

风险:退出机制不完善,导致不适合当老师的学生无法退出,从而给培养带来风险(F10)	
风险发生的可能性	低(3.90%)
风险后果的严重程度	极高

(三)认同并接受免费师范生的风险分析

1. 政策宣传程度给中小学领导者认同免费师范生带来的风险

风险准则Z8适用于中小学校长对免费师范生政策完全不了解,不敢招聘免费师范生的风险(F11),见表4-19。风险准则Z9适用于中小学校长对免费师范生政策了解不充分,错招了免费师范生的风险(F12),见表4-20。风险准则Z10适用于中小学校长对免费师范生政策产生误解,不愿意招聘免费师范生（F13），见表 4–21。

表 4–19　风险准则 Z8 详表

风险准则 Z8

适用风险：中小学校长对免费师范生政策完全不了解，不敢招聘免费师范生的风险（F11）

准则类型	等级	描述
P 准则	1	风险发生的可能性极低，完全不了解政策的中小学校长的比例小于等于 2.5%
	2	风险发生的可能性低，完全不了解政策的中小学校长的比例大于 2.5%，小于等于 5%
	3	风险发生的可能性中等，完全不了解政策的中小学校长的比例大于 5%，小于等于 7.5%
	4	风险发生的可能性高，完全不了解政策的中小学校长的比例大于 7.5%，小于等于 10%
	5	风险发生的可能性极高，完全不了解政策的中小学校长的比例大于 10%
C 准则	1	风险影响程度极低，免费师范生就业过程中遭遇中小学校长完全不了解政策的比例小于等于 2.5%
	2	风险影响程度低，免费师范生就业过程中遭遇中小学校长不完全了解政策的比例大于 2.5%，小于等于 5%
	3	风险影响程度中等，免费师范生就业过程中遭遇中小学校长完全不了解政策的比例大于 5%，小于等于 7.5%
	4	风险影响程度高，免费师范生就业过程中遭遇中小学校长不完全了解政策的比例大于 7.5%，小于等于 10%
	5	风险影响程度极高，免费师范生就业过程中遭遇中小学校长完全不了解政策的比例大于 10%

表 4–20　风险准则 Z9 详表

风险准则 Z9

适用风险：中小学校长对免费师范生政策了解不充分，错招了免费师范生的风险（F12）

准则类型	等级	描述
P 准则	1	风险发生的可能性极低，了解政策但不全面的中小学校长的比例小于等于 5%

准则类型	等级	描述
P 准则	2	风险发生的可能性低，了解政策但不全面的中小学校长的比例大于 5%，小于等于 10%
	3	风险发生的可能性中等，了解政策但不全面的中小学校长的比例大于 10%，小于等于 15%
	4	风险发生的可能性高，了解政策但不全面的中小学校长的比例大于 15%，小于等于 20%
	5	风险发生的可能性极高，了解政策但不全面的中小学校长的比例大于 20%
C 准则	1	风险影响程度极低，免费师范生就业过程中遭遇中小学校长了解政策但不全面，导致错招的比例小于等于 5%
	2	风险影响程度低，免费师范生就业过程中遭遇中小学校长了解政策但不全面，导致错招的比例大于 5%，小于等于 10%
	3	风险影响程度中等，免费师范生就业过程中遭遇中小学校长了解政策但不全面，导致错招的比例大于 10%，小于等于 15%
	4	风险影响程度高，免费师范生就业过程中遭遇中小学校长了解政策但不全面，导致错招的比例大于 15%，小于等于 20%
	5	风险影响程度极高，免费师范生就业过程中遭遇中小学校长了解政策但不全面，导致错招的比例大于 20%

表 4–21 风险准则 Z10 详表

风险准则 Z10

适用风险：中小学校长对免费师范生政策产生误解，不愿意招聘免费师范生的风险 (F13)

准则类型	等级	描述
P 准则	1	风险发生的可能性极低，了解政策但理解有误，分不清师范生免费教育政策和其他促进师范生就业政策的中小学校长的比例小于等于 5%
	2	风险发生的可能性低，了解政策但理解有误，分不清师范生免费教育政策和其他促进师范生就业政策的中小学校长的比例大于 5%，小于等于 10%
	3	风险发生的可能性中等，了解政策但理解有误，分不清师范生免费教育政策和其他促进师范生就业政策的中小学校长的比例大于 10%，小于等于 15%

准则类型	等级	描述
P 准则	4	风险发生的可能性高，了解政策但理解有误，分不清师范生免费教育政策和其他促进师范生就业政策的中小学校长的比例大于15%，小于等于20%
	5	风险发生的可能性极高，了解政策但理解有误，分不清师范生免费教育政策和其他促进师范生就业政策的中小学校长的比例大于20%
C 准则	1	风险影响程度极低，免费师范生就业过程中遭遇中小学校长了解政策但理解有误，分不清师范生免费教育政策和其他促进师范生就业政策的比例小于等于5%
	2	风险影响程度低，免费师范生就业过程中遭遇中小学校长了解政策但理解有误，分不清师范生免费教育政策和其他促进师范生就业政策的比例大于5%，小于等于10%
	3	风险影响程度中等，免费师范生就业过程中遭遇中小学校长了解政策但理解有误，分不清师范生免费教育政策和其他促进师范生就业政策的比例大于10%，小于等于15%
	4	风险影响程度高，免费师范生就业过程中遭遇中小学校长了解政策但理解有误，分不清师范生免费教育政策和其他促进师范生就业政策的比例大于15%，小于等于20%
	5	风险影响程度极高，免费师范生就业过程中遭遇中小学校长了解政策但理解有误，分不清师范生免费教育政策和其他促进师范生就业政策的比例大于20%

"部属师范大学 2014 年中小学校长招聘情况调研"中设置问题"您是否了解师范生免费教育政策？"，选择"完全不了解"的比例为 12.71%，选择"了解一些，但不全面"的比例为 17.52%。对选择了"了解比较全面"和"非常了解"的中小学校长再次提问"在毕业生培养目标方面，你觉得师范生免费教育政策和农村特岗教师计划、'三支一扶'等政策的关系是"，选择"基本一致"的比例为 5.14%。

"2014 届免费师范生就业状况调研"中设置问题"您在就业过程中是否遇到中小学校长对师范生免费教育政策完全不了解的情况？"结果显示，有 17.98% 的免费师范生遇到过这种情况。设置问题"您在就业过程中是否遇到中小学校长对师范生免费教育政策了解不全面导致错招聘（如跨省招聘、无编招聘等）的情况？"结果显示，有 15.39% 的免费师范生遇到过这种情况。设置问题"您在就业过程中是否遇到中小学校长对师范生免费教育政策理解有误，将免费师范生等同于'农村特岗教师计划'或'三支一扶'教师的情况？"结果显示，有3.32%的免费师范生遇到过这种情况。

综合以上调研结果，政策宣传程度给中小学领导者认同免费师范生带来的风险，依据风险准则Z8、Z9和Z10判断，风险发生的可能性和后果的严重程度见表4-22、表4-23和表4-24。

表4-22 风险分析表8

风险：中小学校长对免费师范生政策完全不了解，不敢招聘免费师范生的风险（F11）	
风险发生的可能性	极高（12.71%）
风险后果的严重程度	极高（17.98%）

表4-23 风险分析表9

风险：中小学校长对免费师范生政策了解不充分，错招了免费师范生的风险（F12）	
风险发生的可能性	高（17.52%）
风险后果的严重程度	高（15.39%）

表4-24 风险分析表10

风险：中小学校长对免费师范生政策产生误解，不愿意招聘免费师范生的风险（F13）	
风险发生的可能性	低（5.14%）
风险后果的严重程度	低（5.32%）

2. 中小学领导者的个人行为给认同免费师范生带来的风险

风险准则Z11适用于中小学校长个人行为给认同免费师范生带来的风险（F14、F15），见表4-25。

表4-25 风险准则Z11详表

风险准则Z11
适用风险：中小学校长个人行为给认同免费师范生带来的风险（F14、F15）

准则类型	等级	描述
P 准则	1	风险发生的可能性极低，完全了解政策但因为程序复杂不愿意招聘免费师范生的中小学校长的比例小于等于2.5%

准则类型	等级	描述
P 准则	2	风险发生的可能性低，完全了解政策但因为程序复杂不愿意招聘免费师范生的中小学校长的比例大于2.5%，小于等于5%
	3	风险发生的可能性中等，完全了解政策但因为程序复杂不愿意招聘免费师范生的中小学校长的比例大于5%，小于等于7.5%
	4	风险发生的可能性高，完全了解政策但因为程序复杂不愿意招聘免费师范生的中小学校长的比例大于7.5%，小于等于10%
	5	风险发生的可能性极高，完全了解政策但因为程序复杂不愿意招聘免费师范生的中小学校长的比例大于10%
C 准则	1	风险影响程度极低，免费师范生就业过程中遭遇完全了解政策但因为程序复杂不愿意招聘免费师范生的中小学校长的比例小于等于2.5%
	2	风险影响程度低，免费师范生就业过程中遭遇完全了解政策但因为程序复杂不愿意招聘免费师范生的中小学校长的比例大于2.5%，小于等于5%
	3	风险影响程度中等，免费师范生就业过程中遭遇完全了解政策但因为程序复杂不愿意招聘免费师范生的中小学校长的比例大于5%，小于等于7.5%
	4	风险影响程度高，免费师范生就业过程中完全了解政策但因为程序复杂不愿意招聘免费师范生的中小学校长的比例大于7.5%，小于等于10%
	5	风险影响程度极高，免费师范生就业过程中遭遇完全了解政策但因为程序复杂不愿意招聘免费师范生的中小学校长的比例大于10%

"部属师范大学2014年中小学校长招聘情况调研"中设置问题"免费师范生就业过程相对复杂，您的看法是"，选择"尽量不招免费师范生"和"同等情况下可能会优先淘汰免费师范生"的比例仅为2.15%。"2014届免费师范生就业状况调研"中设置问题"您在就业过程中是否遇到中小学校长因为免费师范生就业过程复杂而不招聘您的情况?"结果显示，仅有2.37%的免费师范生遇到过此类情况。对中小学领导者的个人行为给认同免费师范生带来的风险而言，根据风险准则Z11，风险发生的可能性为极低（2.15%），风险后果的严重程度为极低（2.37%），见表4-26。

表 4–26 风险分析表 11

风险：中小学校长个人行为给认同免费师范生带来的风险（F14、F15）	
风险发生的可能性	极低（2.15%）
风险后果的严重程度	极低（2.37%）

（四）免费师范生的履约风险分析

1. 服务年限给免费师范生履约带来风险

风险准则 Z12 适用于服务年限给免费师范生履约带来风险（F16、F17），见表 4–27。

表 4–27 风险准则 Z12 详表

风险准则 Z12

适用风险：服务年限给免费师范生履约带来风险（F16、F17）

准则类型	等级	描述
P 准则	1	风险发生的可能性极低，因为服务年限原因而产生违约意向的免费师范生比例小于等于 2%
	2	风险发生的可能性低，因为服务年限原因而产生违约意向的免费师范生比例大于 2%，小于等于 3%
	3	风险发生的可能性中等，因为服务年限原因而产生违约意向的免费师范生比例大于 3%，小于等于 4%
	4	风险发生的可能性高，因为服务年限原因而产生违约意向的免费师范生比例大于 4%，小于等于 5%
	5	风险发生的可能性极高，因为服务年限原因而产生违约意向的免费师范生比例大于 5%
C 准则	5	风险影响程度极高，这种情况的出现会对政策造成毁灭性的后果

"2014 届免费师范生就业状况调研"中设置问题"您是否有过因为免费师范生服务年限过长而违约的想法?"结果显示，有这种想法的免费师范生比例为 12.92%。根据风险准则 Z12，风险发生的可能性为极高（12.92%），风险后果的严重程度为极高，见表 4–28。

表 4-28　风险分析表 12

风险: 服务年限给免费师范生履约带来风险 (F16、F17)	
风险发生的可能性	极高 (12.92%)
风险后果的严重程度	极高

2. 回生源地就业给免费师范生履约带来风险

风险准则 Z13 适用于回生源地就业给免费师范生履约带来风险 (F18、F19、F20、F21、F22),见表 4-29。

表 4-29　风险准则 Z13 详表

风险准则 Z13
适用风险: 回生源地就业给免费师范生履约带来风险 (F18、F19、F20、F21、F22)

准则类型	等级	描述
P 准则	1	风险发生的可能性极低,因为不想回生源地就业而产生违约意向的免费师范生比例小于等于 2%
	2	风险发生的可能性低,因为不想回生源地就业而产生违约意向的免费师范生比例大于 2%,小于等于 3%
	3	风险发生的可能性中等,因为不想回生源地就业而产生违约意向的免费师范生比例大于 3%,小于等于 4%
	4	风险发生的可能性高,因为不想回生源地就业而产生违约意向的免费师范生比例大于 4%,小于等于 5%
	5	风险发生的可能性极高,因为不想回生源地就业而产生违约意向的免费师范生比例大于 5%
C 准则	5	风险影响程度极高,这种情况的出现会对政策造成毁灭性的后果

"2014 届免费师范生就业状况调研"中设置问题"您是否有过因为不想回生源地就业或申请跨省就业但没有通过审批而违约的想法?"结果显示,有这种想法的免费师范生比例为 16.42%。根据风险准则 Z13,风险发生的可能性为极高 (16.42%),风险后果的严重程度为极高,见表 4-30。

表 4–30 风险分析表 13

风险：回生源地就业给免费师范生履约带来风险（F18、F19、F20、F21、F22）	
风险发生的可能性	极高（12.92%）
风险后果的严重程度	极高

3. 农村支教给免费师范生履约带来风险

风险准则 Z14 适用于农村支教给免费师范生履约带来风险（F23、F24），见表 4–31。

表 4–31 风险准则 Z14 详表

风险准则 Z14
适用风险：农村支教给免费师范生履约带来风险（F23、F24）

准则类型	等级	描述
P 准则	1	风险发生的可能性极低，因为不想去农村支教而产生违约意向的免费师范生比例小于等于 2%
	2	风险发生的可能性低，因为不想去农村支教而产生违约意向的免费师范生比例大于 2%，小于等于 3%
	3	风险发生的可能性中等，因为不想去农村支教而产生违约意向的免费师范生比例大于 3%，小于等于 4%
	4	风险发生的可能性高，因为不想去农村支教而产生违约意向的免费师范生比例大于 4%，小于等于 5%
	5	风险发生的可能性极高，因为不想去农村支教而产生违约意向的免费师范生比例大于 5%
C 准则	5	风险影响程度极高，这种情况的出现会对政策造成毁灭性的后果

"2014 届免费师范生就业状况调研"中设置问题"您是否有过因为不想去农村支教而违约的想法？"结果显示，有这种想法的免费师范生比例为 4.58%。根据风险准则 Z12，风险发生的可能性为高（4.58%），风险后果的严重程度为极高，见表 4–32。

表 4-32 风险分析表 14

风险：农村支教给免费师范生履约带来风险（F23、F24）	
风险发生的可能性	高（4.58%）
风险后果的严重程度	极高

4. 攻读硕士研究生的限制措施给免费师范生履约带来风险

风险准则 Z15 适用于攻读硕士研究生的限制措施给免费师范生履约带来风险（F25、F26），见表 4-33。

表 4-33 风险准则 Z15 详表

风险准则 Z15
适用风险：攻读硕士研究生的限制措施给免费师范生履约带来风险（F25、F26）

准则类型	等级	描述
P 准则	1	风险发生的可能性极低，因为攻读硕士研究生的限制措施而产生违约意向的免费师范生比例小于等于 2%
	2	风险发生的可能性低，因为攻读硕士研究生的限制措施而产生违约意向的免费师范生比例大于 2%，小于等于 3%
	3	风险发生的可能性中等，因为攻读硕士研究生的限制措施而产生违约意向的免费师范生比例大于 3%，小于等于 4%
	4	风险发生的可能性高，因为攻读硕士研究生的限制措施而产生违约意向的免费师范生比例大于 4%，小于等于 5%
	5	风险发生的可能性极高，因为攻读硕士研究生的限制措施而产生违约意向的免费师范生比例大于 5%
C 准则	5	风险影响程度极高，这种情况的出现会对政策造成毁灭性的后果

"2014 届免费师范生就业状况调研"中设置问题"您是否有过因为攻读硕士研究生的限制措施（如必须工作后在职读、只能读教育硕士等）而违约的想法？"结果显示，有这种想法的免费师范生比例为 2.17%。根据风险准则 Z15，风险发生的可能性为极高（2.17%），风险后果的严重程度为极高，见表 4-34。

表4-34　风险分析表15

风险：攻读硕士研究生的限制措施给免费师范生履约带来风险（F25、F26）	
风险发生的可能性	低（2.17%）
风险后果的严重程度	极高

　　本章首先探讨了教育政策风险分析的定义、任务、目的、原则、主要内容和输出等理论问题，然后继续以师范生免费教育政策为例，进行了案例研究。在案例研究中，以前一章风险识别为基础，运用风险矩阵法实现了师范生免费教育政策风险分析。接下来的一章，本书将研究教育政策风险评估的最后一个子过程——风险评价，并仍然以师范生免费教育政策为例，进行案例研究。

第五章　教育政策风险评价

教育政策风险评价过程是风险评估的最后一个子过程，主要是对风险分析的输出进行结论性的处理，从而完成整个风险评估过程，为教育政策风险应对提供输出。本章首先对教育政策风险评价的概念、目的、主要内容和输出进行探讨。其次，将研究聚焦在与教育政策风险评价关系非常密切的教育政策风险准则，虽然风险准则的建立应该在整个风险评估过程之前的明确教育政策环境阶段。最后，本章继续以师范生免费教育作为案例，呈现教育政策风险准则建立和风险评价的实施过程。

第一节　教育政策风险评价概述

作为教育政策风险评估的最后阶段，教育政策风险评价严格地说不是一个决策过程，而是一个归纳、总结并得出结论的过程。俗话说"编筐编篓重在收口"，教育政策评价的输出就是整个风险评估过程的输出，所以教育政策风险评价的过程也非常重要。那么，如何科学地对教育政策风险评价进行界定？它的目的是什么？教育政策风险评价的主要内容有哪些？它的输出是什么？本章的研究将围绕这些问题展开。

一、教育政策风险评价的概念

在研究教育政策风险评价的概念时，我们首先的疑问是：这个术语和教育政策风险评估只有一字之差，它们两者的含义究竟有何差别？国标术语中指出，风险评估来自英文单词"risk assessment"，评估含有根据客观事实、情报、数据和信息等对事物进行评价和估计之意。而风险评价来自英文单词"risk evaluation"，评价与评估的含义相似，但是更侧重出于主观性的对事物的性质进行绝对性的判断，如：好或坏、优或劣、良或差等。因此将"risk assessment"翻译成风险评估，而将"risk evaluation"翻译成风险评价并作为风险评估的最后一个子过程非常的贴切。

我们参照国标术语中给出的风险评价的定义，可以将教育政策风险评价定义为：将教育政策风险分析的结果与教育政策风险准则相比较，以决定教育政策风险和 / 或其大小是否可接受或可容忍的过程。在这个定义中出现"风险准则"、"风险接受"和"风险容忍"三个术语。风险评价的关键词是比较——将教育政策风险分析的结果与风险准则比较，比较成为风险评价过程的中心任务。教育政策风险评估进入到风险评价阶段，这就意味着风险分析阶段已经结束，风险分析的结果已经形成。只有风险分析的结果还不能实现比较，还需要比较的另一方——教育政策风险准则。风险准则已经在第四章"教育政策风险分析"中反复出现，我们会在下一节中对其进行详细的探讨。在教育政策风险评估定义中"决定教育政策风险和 / 或其大小是否可接受或可容忍"给出了非常重要的信息，实际上明确了教育政策风险评价过程中最重要的两项任务：决定风险接受与风险容忍。教育政策风险评估最简单的下结论的方式，就是可以用"可接受"、"可容忍"或"不可接受"、"不可容忍"来划分教育政策风险。

二、教育政策风险评价的目的

教育政策风险评价的目的只有一个，协助教育政策风险应对决策。这体现在教育政策风险评价的定义——风险评价有助于风险应对决策。作出正确的风险应对策略要基于教育政策风险评价的结果，所以风险评价过程以协助教育政策风险应对决策为目的。教育政策风险应对的主要内容是：哪些教育政策风险需要应对，实施教育政策风险应对的优先顺序和所选择的应对策略。教育政策风险评价需要满足风险应对过程的输入要求。

需要强调的是，教育政策风险评价的目的是协助决策，但不是实施决策。实施决策是教育政策风险应对过程的内容。

三、教育政策风险评价的输出

教育政策风险评价的主要内容和输出是相同的，所以本章并没有就教育政策风险评价的主要内容进行探讨。根据教育政策风险评价的定义，这个阶段的主要输出是教育政策风险分析的结果与风险准则对比的结论。这个结论的呈现形式是多种多样的，可以是文字描述、列表清单和图形化呈现等。具体形式应该以满足教育政策风险评估的总体目标为基础，同时还要与教育政策风险评估所选择的方法相适宜。

例如，我们可以使用风险图谱的方式来呈现教育政策风险评价的输出。图 5-1 是某教育政策半定量风险矩阵中基于风险带下的风险图谱举例。图中将教育政策风险准则所决定的二维（P，C）平面中以不同的阴影分成了三个小的面积带，我们称为风险带，以 A、B、C 表示，居中小矩形面积中的数字为该区域中教育政策风险的数量。

极高	5	1	1	7	4	1
高	4	5	0	2	3	3
中	3	7	8	0	7	2
低	2	15	2	3	7	8
极低	1	3	5	5	6	2
后果 C		1	2	3	4	5
可能性 P		极小	不太可能	有可能	很可能	极大

图 5-1 半定量风险矩阵中基于风险带下的教育政策风险图谱举例

我们也可以使用定量风险矩阵中基于风险带下的教育政策图谱来呈现教育政策风险评价的输出，如图 5-2 所示。图中分别有 $R_0 = 2$ 和 $R_0 = 7$ 两条风险等位线，将风险矩阵的最大面积划分为三个区域——我们称之为三个风险带，分别用 A、B、C 来表示。经过教育政策风险分析过程之后，不同的教育政策风险按不同的（P，C）坐标落入不同的风险带中，分别以不同的点型（■●▲）表示。

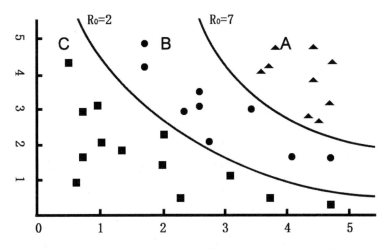

图 5-2　定量风险矩阵中基于风险带下的教育政策风险图谱举例

关于教育政策风险带和风险等位线，我们会在本章第二节的教育政策风险准则中继续探讨。总之，以风险图谱的方式呈现教育政策评价的结果为例，将其作为教育政策风险评价过程的最主要输出，向教育政策风险应对过程提供输入，以实现对不同风险带中的风险作出不同的风险应对策略。

第二节　教育政策风险准则

事实上本书已经在三个部分提及过教育政策风险准则。首先，第一章探讨教育政策风险评估过程，在开始教育政策风险评估之前需要建立教育政策风险准则。其次，在教育政策风险分析过程中，我们需要以教育政策风险准则为标准来判定教育政策风险可能性和后果的严重程度。最后，我们在教育政策风险评价的定义中再次提及风险准则，将教育政策风险分析的结果与教育政策风险准则相比较，以决定教育政策风险和／或其大小是否可接受或可容忍。基本上教育政策风险评估的大部分阶段，我们都离不开风险准则，可见其重要程度。因此，教育政策风险准则的定义是什么、如何建立风险准则、风险准则应该包含哪些内容，就成为本节要探讨的重点。

一、教育政策风险准则的概念

我们曾经用尺子的例子来说明教育政策风险准则的含义，尺子是丈量长度的标准和依据，这个比喻事实上非常恰当。参照国标术语中的定义，可以把教育政策风险准则定义为：评价教育政策风险重要性的依据，是用来测量教育政策风险大小的标准。通常情况下，教育政策风险准则一般由两部分组成，即 P 准则和 C 准则，我们已经不止一次地使用 P 和 C 来指代可能性和后果严重程度了。P 准则中的 P 是英文"Possibility"的缩写，在评价时用来衡量风险发生的可能性；C 准则中的 C 是英文"Consequences"的缩写，在评价时用来衡量风险引起后果的严重程度。

需要指出的是，教育政策风险准则是风险管理框架下，在实施风险评估过程之前，建立教育政策环境时所要求的，它并不是独立的一个风险管理或与风险评估关系密切的子过程。同时，风险准则是就特定的教育活动或业务过程所出现的风险而建立，不存在"一般化"、"笼统式"的风险准则。不明确特定的教育活动和业务过程，不针对特定业务过程中的风险事件，风险准则的建立就无据可循，实施起来也没有针对性。由于教育活动种类繁多、复杂，因此不可能用一个风险准则去评价所有的风险。此外，风险准则是评价风险的重要性的依据和标准，其结果也是为风险应对提供输入的需要，因此如何科学、准确地建立教育政策风险准则就显得尤为重要。

二、教育政策风险准则的建立

教育政策风险准则是标准和依据，因此如果其建立过程不科学、不严谨就会导致整个风险评估的科学性和准确性无从谈起。我们从前提、时机、依据和来源等方面，来系统探究教育政策风险准则的建立过程。

（一）教育政策风险准则建立的前提

建立教育政策风险准则的前提有两个：第一，明确风险准则所对应的教育活动或业务过程。熟悉教育活动或业务过程才能保证风险准则的准确性。此外，从风险准则针对性的角度而言，只有明确特定的教育活动或业务过程，才能确定风险评估的范围，识别相应的教育政策风险，也才能科学地进行教育政策风险重要性的划分。第二，明确教育政策决策者的风险偏好。风险偏好是制定教育政策风险准则的基础，在建立风险准则之前，应该明确教育政策决策者的风险偏好。在实践中，通常情况下，教育政策风险评估实施者会把风险偏好也纳入风险准则的内容里，从而使得风险准则也体现出教育政策决策者的风险偏好。

（二）教育政策风险准则建立的时机

通常情况下，教育政策风险准则建立的时机应该尽可能在实施风险评估之前，并持续不断地检查和完善。然而，我们已经探讨过风险准则一定要有针对性，只有针对特定的教育活动和业务过程才更具实践价值和操作意义。所以对于从未建立过风险准则的教育政策（如一个全新的教育政策），或者并未充分开展风险评估的教育政策，只能在风险评估开展前对风险准则提出总体性的要求。随着风险评估的开展，特别是教育政策风险识别过程的完成，风险准则也可以从框架到细节，从宏观到具体，逐步建立。

对已经实施过风险评估过程的教育政策改进时，如果再次选择使用风险评估技术，则之前的风险准则经过改进后是可以再次使用的。这种情况下，新的教育政策风险准则的确立应该在风险评估过程之前，即明确教育政策环境的阶段。明确教育政策环境分为四个部分，分别是明确教育政策的外部环境、内部环境，风险评估的过程环境和风险准则。建立或完善教育政策风险准则应该在明确前三种环境之后进行。因为这三种环境对于教育政策风险准则建立的尺度、形式和内容等具有重要的影响。

需要指出的是，对于同一类教育政策，如 A 省的促进民办教育发展的政策已经进行了风险评估并建立了风险准则，当 B 省准备制定同样的政策，准备实施教育政策风险评估过程时，对 A 省的风险准则不提倡直接的"拿来主义"，因为我们始终强调政策环境的不同会导致风险偏好的差异。甚至对于 A 省而言存在的某一个教育政策风险，在 B 省就不成立。此时，A 省的风险准则只具有一定程度的借鉴意义，B 省还是要根据具体环境建立适配的风险准则。

（三）教育政策风险准则建立的依据

判定一个教育政策风险的大小，我们可以从教育政策内部和外部两个角度来考量。第一，外部依据。建立教育政策风险准则的外部依据主要是指和某一具体的教育政策相关的法律、法规、政策和制度等。如国际标准化组织所正式发布的国际标准，我国国家标准化管理委员会所发布的国家标准，行业或相关组织、机构发布的规范等。第二，内部依据。教育政策风险准则的内部依据主要有两类：一是各种相关的管理文件、政策和规定等；二是教育政策出台的背景材料、可支配资源和政策目标等。

（四）教育政策风险准则可能的来源

教育政策风险准则建立的来源归纳起来可以分为七大类：一是，与教育政策相关的教育活动和业务过程的法律规定等。例如，在建立某中小学学生住校政策的风险准则时，某一个具体的准则可能会参照我国义务教育法中规定的儿童入学年龄为 6 周岁的条款而建立。二是，与教育政策相关的教育活动和业务过程中已经识别的准则。例如，电子黑板的产品说明书、毕业生就业的劳动合同、学校体育馆的设计图纸以及各种相关制度等。三是，公开的数据源。例如，建立某中小学教师职称评定政策的风险准则时，某一个具体的准则可能会参照我国教育部每年会发布的《全国教育事业发展统计公报》中不同职称中小学教师的比例而确定。四是，公众普遍接受的行业准则。例如，建立某校医院建设相关政策的风险准则时，一些具体的风险准则可以参照国际或我国医疗卫生行业关于医疗设备或医护人员上岗资格的相关标准。五是，相关的传统、习俗和文化。例如，建立某中小学公休和节假日相关政策的风险准则时，可以参照中国传统节日的相关习俗。六是，教育政策利益相关者的共识。例如，建立"小升初"

就近入学政策风险准则时，要充分考虑利益相关者对某一个政策风险的观点。七是，对教育活动、业务、设备等的特殊要求。例如，建立大学实验室管理相关政策的风险准则时，某一具体的风险准则可能要参照高精尖实验设备的特殊要求。

三、教育政策风险准则的主要内容

在教育政策风险评估实施过程中，我们反复强调风险准则的极端重要性。这种重要性不仅是因为它是教育政策风险判定的标准和依据，也不仅是因为它规定了风险等级的确定方式，还因为风险准则体现了教育政策内外部环境和政策决策者的风险偏好。教育政策风险实施者可以通过风险准则明确教育政策环境，理解政策决策者的观点和立场，这些对于风险评估和风险应对策略都至关重要。正因为如此，教育政策风险准则的内容可谓十分的复杂庞杂。其中最为主要的内容主要有教育政策决策主体的风险偏好、P 准则、C 准则、风险等级的确定方式、风险带、决定风险接受和风险容忍。

（一）教育政策决策主体的风险偏好

偏好顾名思义就是喜欢、行动趋势和行为的习惯。参照国标术语中的相关定义，教育政策决策主体的风险偏好可以定义为教育政策决策主体愿意寻求或保留的教育政策风险数量和种类。从定义的阐述看，风险偏好主要侧重于教育风险的数量和种类，而不是侧重于教育政策决策主体对于教育政策风险的态度，如保守或激进等。具体而言，在教育政策风险准则中应该明确教育政策风险的种类和分类的依据。在对教育政策风险分类的基础上进一步对风险进行分级（如一级、二级、三级等），并对分级的标准作出说明和描述，以及哪些 / 多少类别和级别的教育风险可以保留。

（二）C 准则

C 准则即衡量教育政策风险后果严重程度的准则。在教育政策风险准则里，如何对教育政策风险后果的严重程度进行量度是最重要的内容之一。严重程度是指教育政策风险后果对教育政策目标的影响大小。C 准则不仅用于负面影响的严重程度，也可以用于正面影响的严重程度，通过后果性质给予判定。同时，在建立风险准则时，应该考虑到最轻和最重的严重程度，以及不同范围的划分时严重程度区间的闭合性和连续性，使建立的 C 准则可以用于评价教育政策风险严重程度的全部范围。另外，在建立 C 准则的时候，对于教育政策风险后果严重程度的测量可以是定量或者半定量的。通常情况下，不提倡使用定性的方法来建立 C 准则，因为定性不适合用来测量，与 P 准则结合表示风险等级时也会遇到麻烦。

如果一个教育政策风险事件可能引发多种可能的形态，应对各种后果形态建立严重程度的准则，以用来测量不同后果形态的严重程度。在这种情况下，可使用下面的公式计算一个教育政策风险事件的后果严重程度 C：

$$C = \sum_{i=1}^{n} \rho_i C_i$$

在这个公式中，某教育政策风险事件后果有 n 种形态，C_i 是后果形态中第 i 种形态的严重程度，ρ_i 是 C_i 在 C 中所占的权重，C 就是 n 种形态的求和。对 ρ_i 的获得，可以有两种途径。一种途径是通过已经积累的历史数据，选用或参考已经发生过的相同、相似的风险事件中各种形态严重程度所占有的比重数据。如果缺乏历史数据，可以在已经获得 C_i 的基础上，通过下面的公式计算 ρ_i：

$$\rho_i = \frac{C_i}{\sum_{i=1}^{n} C_i}$$

该公式中，分母是所有后果形态的严重程度数值求和。在教育政策风险评估实施过程中，还有两种看似简单灵活的处理方式：一是，假设风险后果的各种形态严重程度相同，即认为 ρ_i 是常数；二是，从风险后果中选择最严重的一种后果形态 C_i 来代替所有形态，即认为 ρ_i 等于 1 而其他后果形态的 ρ 等于 0。以上两种方法都是不可取的，因为两种处理方法有悖于教育政策风险后果不同形态都应该被充分识别与考虑的原则，很容易得出背离教育政策决策主体偏好的结果。例如，在校园火灾风险中，既有可能造成财产损失，也有可能导致学生死亡等不同后果形态，如果将其两者进行简单的平均，认为同等严重，显然是不能接受的。

（三）P 准则

P 准则即衡量教育政策风险发生可能性大小的准则。在教育政策风险准则里，如何对教育政策风险发生的可能性进行量度是另一个重要的内容。与 C 准则不同，P 准则不存在正面和负面的风险性质判定。通常情况下，P 准则的建立是在 C 准则建立之后。有了风险事件并对风险事件的后果有了初步的判定，再去确定教育政策风险发生的可能性。P 准则在定量、半定量与范围覆盖上的要求与 C 准则类似，不再赘述。

在教育政策风险评估实施过程中，我们经常用概率或频率的数值表示发生可能性的大小。以概率为例，概率数值 0 代表事件不会发生或消失；概率数值 1 代表事件一定会发生；当概率数值为 0.5 时发生或不发生都不占优势，此时不确定性具有最高的程度。为了便于呈现概率和不确定性的关系，我们可以建立概率和不确定性的函数关系。以 U 和 P 分别代表不确定性和概率，并假设 U 与 P 的函数关系为抛物线，即 $U = a(P-b)^2 + c$，式中 a、b、c 为三个参数。对于不确定性的标度，采用 Hugh Courtneys 提出的不确定性"四级框架"，将不确定性划分为四个等级，第四等级具有最高程度的不确定性。在此情况下，函数关系满足以下条件：$P=0$，$U=0$；$P=1$，$U=0$；$P=0.5$，$U_{MAX}=4$。带入公式，可以求出三个参数的值，从而得到不确定性与概率的准确函数关系式：

$$U = -16(P-0.5)^2 + 4$$

根据上述公式，绘制不确定性与概率关系曲线，如图 5-3 所示。图中 M 点的概率数值为 0.5，代表最高程度的不确定性；N、H 点对应的概率数值为 0 和 1，具有相同的最高确定性。从 N 点到 M 点的一段曲线，随着概率数值 P 的增加，不确定性的程度逐渐加大。图中 A 点，发生的概率只有 20%，而不发生的概率为 80%。从 M 点到 H 点的曲线正相反，随着概率数值 P 的增加，不确定性的程度逐渐降低。图中 B 点，发生的概率有 80%，而不发生的概率为 20%。应该注意的是，A、B 两点具有相同的不确定性程度。

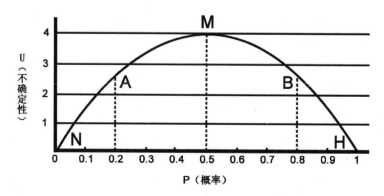

图 5–3　不确定性与概率关系曲线①

在建立 P 准则的过程中，一般情况下应使 P 的级别数量大于等于五。如图 5–3 中，对应图中 N、H、M 三点附近，应该建立相应的三个级别，以覆盖"不会发生"、"一定发生"、"不确定性最大"三种情况。但这三个级别只体现了发生可能性中三个最基本的特殊点，显然还缺乏 A 点和 B 点所示的一般情况。因此，P 准则从健全性的角度而言应该至少包含五个及以上的级别数量。此外，对于 P 准则和 C 准则级别数量并没有具体的要求，主要还是以适用为依据，过粗或者过细都不是可取的。

我们在探讨建立 C 准则的过程中提及要考虑后果的不同形态，但对于 P 准则而言一般不再考虑后果的形态，只需要对风险事件建立 P 准则即可，因为任何一种后果形态的发生概率和风险事件是相同的。当 P 准则和 C 准则建立后，应该以文件的形式对准则的各项测量指标进行详细、全面的描述。

（四）风险等级的确定方式

如何确定教育政策风险等级也是风险准则中的重要内容之一。从时间和逻辑顺序上，确定风险等级应该在建立 C 准则和 P 准则之后进行。因为教育政策风险事件引发的后果和可能性的结合方式有很多种，所以需要在风险准则中规定一种 P、C 结合的方式以获得风险等级 R。在教育政策风险评估实施过程中，风险矩阵方法被广泛使用。在风险矩阵方法中，

---

① 参见李存建：《风险评估——理论与实践》，中国商务出版社 2012 年版，第 28 页。

一般使用发生的可能性 P 和后果 C 乘积的结合方式来表示风险等级。此时，教育政策风险等级 R 可以表示为：

$$R = P \times C$$

对于任意教育政策风险，在明确其发生的可能性 P 值大小和后果 C 值的大小后，即可通过乘积的方式计算出该教育政策风险的风险等级数值。

（五）风险带

教育政策风险带是以横坐标 P 和纵坐标 C 所构成的二维平面上的一个封闭区域，该区域中的风险具有特定的意义。在教育政策风险评估过程中，有三个风险带具有实践意义。

风险上带：无论教育活动或业务过程能带来什么利益，风险带中的风险等级都是不可容忍的，无论风险应对的成本多大，都必须应对。

风险中带（或者称为灰色区域）：对该风险带中的风险，要考虑实施风险应对的成本和收益，平衡机会与潜在的后果。

风险下带：该风险带中的风险等级微不足道，或者风险如此之小以至于不需要采取风险应对措施。

我们可以通过不同风险等级数值的风险等位线来划分和建立不同的风险带。当采用风险矩阵法来确定风险等级时，风险等位线可以具体表示为：

$$C = \frac{R_0}{P}$$

在这个公式中，R_0 是教育政策风险等位线的风险等级数值。在风险准则中规定两条数值不等的风险等位线，就可以得到一个风险带。风险带是教育政策风险重要性的直观呈现，不同风险带中的风险具有不同的重要性，需要实施不同的风险应对策略。

（六）决定风险接受和风险容忍

"风险接受"和"风险容忍"都是风险评估技术中的重要术语。风险接受是指承担某一特定风险的决定。风险接受可以不经过风险应对，也可以在风险应对过程中发生。风险容忍是指组织或利益相关者为实现目标在风险应对之后承担风险的意愿。

对于以上两个术语的理解，关键是要辨析它们与风险应对的关系。就风险容忍而言，在定义中明确发生在风险应对之后，所以经过风险评估和应对过程后可以承担的风险就是可容忍的风险；当实施风险应对后不可承担的风险，就是不可容忍的风险。就风险接受而言，从定义可以推断出它与风险应对无关。风险接受的关键词是"决定"，即组织承担特定风险的决定。

教育政策风险是否可接受、是否可容忍本质上是指教育政策风险的大小，而教育政策风险的大小就是风险等级。因此，风险接受和风险容忍属于风险等级的范畴，是被赋予特殊意义的两类特殊的风险等级。对于风险等位线而言，当赋予风险接受和风险容忍的特殊意义时，风险等位线就成为风险接受线（A 线，来源于英文单词"accept"）和风险容忍线（T线，来源于英文单词"tolerate"）。通常情况下，风险准则里应该规定风险接受和风险容忍的风险等级大小并对其进行清晰的阐述。

风险准则中，除了包含上述主要内容外，通常还包含教育政策风险后果和可能性的时限、风险组合、利益相关者的观点等。

第三节　案例研究：师范生免费教育政策风险准则的建立

我们已经对教育政策风险准则的建立和主要内容进行初步的探究。风险准则是评价风险重要性的依据，在对师范生免费政策风险进行分析和评价的过程中，都离不开风险准则。我们在第四章的案例研究中只给出了风险准则的建立结果，现在我们继续以师范生免费教育政策为案例，呈现风险准则建立的具体过程。

一、风险准则建立的方法

风险准则可能来自国际、国家的法律、文件或行业标准；或者来自历史资料；还可以由组织自行建立等。在对师范生免费教育政策的风险进行分析时，显然还没有国家、行业或历史资料等现成的标准作为风险准则的直接来源。国标技术中强调在确定风险准则时要考虑内、外部利益相关者的关系、感知和价值取向，因此本研究组织利益相关者构建师范生免费教育政策的风险准则。

在建立风险准则的过程中，采用响应式建构主义评估的基本理念。响应式建构主义评估的理念来自于古贝（Egon G. Guba）等提出的第四代评估。第四代评估核心观点是：

一是，采用响应式的聚焦方式，协商利益相关者的"主张"、"焦虑"和"争议"，并积极地对这些观点进行回应。[①] 就本研究而言，"主张"是指利益相关者提出的有利于评估对象的观点。例如，免费师范生可能会认为解除回生源地就业的限制更有利于职业生涯的发展。"焦虑"是指利益相关者提出的不利于评估对象的观点。例如，教育行政主管部门相关的工作人员可能会认为解除免费师范生回生源地就业的限制会使得毕业生集中在经济发达地区，不利于政策目标的实现。"争议"是指理性的利益相关者不一定都赞同某种事情的状态，即不同利益相关者的"主张"和"焦虑"不一致的状态。

二是，采用建构主义的方法论，认为"真理"（评估标准）是被一致认同的建构。[②] 不同的利益相关者对不同"主张"、"焦虑"和"争议"持有不同的建构，评估者的一个主要任务就是以一种解释学的辩证过程来控制评估，即每个利益相关群体都必须面对和处理其他群体所有的建构。当每个利益相关群体在处理其他群体提出的建构时，他们自己的建构也会变得更加准确和成熟。在理想状况下，最终响应式聚焦的所有"主张"、"焦虑"和"争议"都能达成共识。

本研究选择响应式建构主义评估的理念来建立风险准则有两个原因：一是，本研究在风险评估过程中一直使用的利益相关者理论与响应式的聚

---

① 参见［美］埃贡·G.古贝等：《第四代评估》，秦霖等译，中国人民大学出版社 2008 年版，第 15 页。

② 参见［美］埃贡·G.古贝等：《第四代评估》，秦霖等译，中国人民大学出版社 2008 年版，第 52 页。

焦方式不谋而合；二是，风险准则的本质是群体共同建构的评判标准，带有一定的主观性，不同的群体对风险大小的判别会有一定的差别，因此相对于采用实证主义的方法而言，采用建构主义的方法构建评估标准更为适合。例如，对于免费师范生违约风险的可能性，实证主义的方法会将100%平均分为5个等级，80%以上的可能性认为是极高。但事实上，免费师范生的违约率超过20%就可能是一些利益相关者的心理上限，因此本研究建立风险准则时采用建构主义的方法更为适合。

二、风险准则建立的过程

响应式建构主义评估推崇使用解释学循环进行利益相关者的协商。因此，本研究组建了对师范生免费教育政策非常熟悉的利益相关者团队，利用群体协商的方式为每个（类）风险建立风险准则。

（一）协商人员的确定

由于要在相对较短的时间内使得协商人员对某一风险判定的标准达成共识，因此人数不宜过多，参照德尔菲法等协商共识类的方法，将协商团队人数确定为13人。其中，教育政策研究者1人作为主持人和召集人，不表达观点。其他成员为免费师范生3人，省级教育行政主管部门政策执行机构人员3人，高校相关部门教师3人，中小学校长3人。为了保证团队成员对师范生免费政策足够了解和熟悉，选择毕业工作3年的免费师范生1人和大四在读的免费师范生2人；省级教育行政主管部门执行机构人员和高校相关部门的教师都从事免费师范生工作5年以上；中小学校长3人从2010年开始每年都有招聘免费师范生的经验。

（二）协商的方式和过程

群体协商采取网上电话会议讨论的形式进行。协商使用红杉树视频会议系统，建立专门的讨论房间，要求团队成员使用语音进行交流和讨论。协商进行了四次（见表5-1），主题分别是免费师范生落位风险准则、培养风险准则、认同风险准则和履约风险准则。其中第3次协商有1位中小学校长因事缺席，后将协商的结果向其提供并咨询意见，他表示完全赞同协商结果。

表 5-1　群体协商时间安排与参与人数

日期	协商时间	协商主题	参与人数	是否达成共识
2014 年 9 月 11 日	88 分钟	落位风险准则	13	是
2014 年 9 月 13 日	60 分钟	培养风险准则	13	是
2014 年 9 月 17 日	54 分钟	认同风险准则	12	是
2014 年 9 月 22 日	27 分钟	履约风险准则	13	是

第一次协商前，主持人将协商的目的、形式、日程安排和相关资料都提供给每一个团队成员，之后每次提前 3 天提供下一次协商的资料。协商开始前 5 分钟，所有团队成员利用主持人提供的账号和密码登录红杉树视频会议系统指定房间，系统会随机给每个人分配一个昵称用以标识身份。为了防止因为身份原因造成意见引导，成员之间不做相互介绍，使用昵称交流。协商开始时，主持人宣布本次协商的主题和目标，选择一个风险进行风险描述并提供参考信息（如对免费师范生违约风险准则进行协商时，会提供每年免费师范生的培养规模、违约率和违约原因比例等），协商按照先协商风险后果准则（C 准则），后协商可能性准则（P 准则）的顺序进行，采用 5 个等级划分方法。参与者发表意见前主持人会先提出一个协商对象，之后参与者按照昵称的顺序依次发言表达自己的观点，构建解释学循环。每位参与者表达自己的观点时，其他参与者不能发言。当出现较大的分歧时，可以暂停发言，成员利用红杉树系统提供的私聊功能，进行 2 人或多人的讨论，最后达成共识。超过 30 分钟或 3 轮讨论后仍不能达成共识的准则采取投票的方式，以多数人的观点作为协商结果。

经过四次群体协商，最终建立了师范生免费教育政策风险准则。

三、风险准则建立的结果

（一）落位风险准则

群体协商共建立落位风险准则三个，为了便于识别，编号为 Z1、Z2

和 Z3。三个准则分别对应人事制度给免费师范生就业带来的风险、政策执行机构权力与能力给免费师范生就业带来的风险、区域差异给免费师范生就业带来的风险。

1. 风险准则 Z1

风险准则 Z1 适用于人事制度给免费师范生就业带来的风险，这类风险是由免费师范生就业必须参加教师公开招聘考试的风险（F1）和双向选择被限制在一定的范围内（F2）的风险组合而成。由于这两个风险发生的可能性和后果的严重程度较为相似，所以合并在一起，制定同一个风险准则。在构建 P 准则时，协商团队认为可以接受的最大影响范围是 20% 的免费师范生，如果 1/5 以上的免费师范生在就业时遇到落位风险说明政策有较大的改进空间。在构建 C 准则时，主要通过三个角度对严重程度进行描述，一是风险发生后给免费师范生就业带来的心理压力；二是风险发生后免费师范生与生源中小学进行"双向选择"的限制程度；三是风险发生后给免费师范生就业带来的阻力，并通过量化举例对不同等级的阻力进行了界定。就业阻力列举的求职时间和求职成本分级标准，参照麦可思研究院发布的《2014 年中国大学生就业报告》中"大学生求职过程"。风险准则 Z1 的适用风险、等级划分和描述见表 5-2。

表 5-2　风险准则 Z1 详表

风险准则 Z1
适用风险：人事制度给免费师范生就业带来的风险（F1、F2）

准则类型	等级	描述
P 准则	1	风险在一般情况下不会发生，每年受此风险影响的免费师范生比例小于等于 5%
	2	风险在极少情况下才会发生，每年受此风险影响的免费师范生比例大于 5%，小于等于 10%
	3	风险在某些情况下会发生，每年受此风险影响的免费师范生比例大于 10%，小于等于 15%
	4	风险在较多情况下发生，每年受此风险影响的免费师范生比例大于 15%，小于等于 20%
	5	风险常常会发生，每年受此风险影响的免费师范生比例大于 20%

准则类型	等级	描述
C 准则	1	风险影响程度极低，受此风险影响的免费师范生几乎感受不到风险给其就业带来的影响；能够与大部分生源地中小学进行"双向选择"顺利就业
	2	风险影响程度低，受此风险影响的免费师范生能感觉到风险给其就业带来的压力，但压力较小；能够与较多生源地中小学进行"双向选择"；求职过程遇到了一些阻力，例如求职时间比没受影响的免费师范生略长（1 个月以内），求职成本比没受此风险影响的免费师范生略高（500 元以内，不包括 500 元）等
	3	风险影响程度中等，受此风险影响的免费师范生能感觉到风险给其就业带来的压力，但压力适中，可以承受；能够与适中数量的生源地中小学进行"双向选择"；求职过程遇到了一定的阻力，例如求职时间比没受影响的免费师范生长（1—3 个月），求职成本比没受此风险影响的免费师范生高（500—1000 元，不包括 1000 元）等
	4	风险影响程度高，受此风险影响的免费师范生能感觉到风险给其就业带来的压力，压力较大，承受较为困难；能够与较少数量的生源地中小学进行双向选择；求职过程中遇到了较大的阻力，例如求职时间比没受影响的免费师范生长（3 个月以上），求职成本比没受此风险影响的免费师范生高（1000 元以上）等
	5	风险影响程度极高，受此风险影响的免费师范生无法通过"双向选择"的方式就业，只能等待毕业前生源地分配

2. 风险准则 Z2

风险准则 Z2 适用于政策执行机构权力与能力给免费师范生就业带来的风险，这类风险是由生源地省级教育行政主管部门具体执行机构能力不足（F3）和权力不足（F4）的风险组合而成。由于这两个风险发生的可能性和后果的严重程度较为相似，所以合并在一起，制定同一个风险准则。在构建 P 准则时，协商团队遇到了较大的障碍：一方面，不能用各省执行机构是学生处、人事处和师范处来判断风险的可能性，因为各省的情况有较大的差异，有些执行机构虽然从职能上判定会有能力和权力上的欠缺，但在政策执行过程中表现出的能力和权力都没引发免费师范生的落位风险。另一方面，要排除各省执行机构因为不作为而带来的干扰，因为执行机构不作为和能力、权力的不足其表现很难判定。最终，协商团队决定用免费师范生在就业过程中的个人感受作为评判风险发生可能性的依据，

275

并认为可以接受的最大影响范围是 20% 的免费师范生。在构建 C 准则时，主要通过三个角度对严重程度进行描述，一是风险发生后给免费师范生就业带来的心理压力；二是政策执行机构组织洽谈活动的情况，如组织各地中小学到部属师范大学召开校园招聘会、组织网上招聘活动、在生源地举办针对免费师范生的实地洽谈会等；三是免费师范生就业遇到困难，政策执行机构积极协调后给予解决的程度。风险准则 Z2 的适用风险、等级划分和描述见表 5–3。

表 5–3　风险准则 Z2 详表

风险准则 Z2

适用风险：政策执行机构权力与能力给免费师范生就业带来的风险（F3、F4）

准则类型	等级	描述
P 准则	1	风险在一般情况下不会发生，每年受此风险影响的免费师范生比例小于等于 1%
	2	风险在极少情况下才会发生，每年受此风险影响的免费师范生比例大于 1%，小于等于 5%
	3	风险在某些情况下会发生，每年受此风险影响的免费师范生比例大于 5%，小于等于 10%
	4	风险在较多情况下发生，每年受此风险影响的免费师范生比例大于 10%，小于等于 20%
	5	风险常常会发生，每年受此风险影响的免费师范生比例大于 20%
C 准则	1	风险影响程度极低，受此风险影响的免费师范生几乎感受不到风险给其就业带来的影响，能够顺利就业
	2	风险影响程度低，受此风险影响的免费师范生能感觉到风险给其就业带来的压力，但压力较小；政策执行机构能够积极协调相关部门，解决大部分免费师范生在就业过程中遇到的问题；能够通过三种形式组织免费师范生就业洽谈活动
	3	风险影响程度中等，受此风险影响的免费师范生能感觉到风险给其就业带来的压力，但压力适中，可以承受；政策执行机构能够积极协调相关部门，解决部分免费师范生在就业过程中遇到的问题；能够通过两种形式组织免费师范生就业洽谈活动
	4	风险影响程度高，受此风险影响的免费师范生能感觉到风险给其就业带来的压力，压力较大，承受较为困难；政策执行机构能够积极协调相关部门，解决小部分免费师范生在就业过程中遇到的问题；组织免费师范生就业洽谈活动的形式较为单一

准则类型	等级	描述
	5	风险影响程度极高，受此风险影响的免费师范生无法顺利就业；政策执行机构能够积极协调相关部门，但几乎无法解决免费师范生在就业过程中遇到的问题；无法组织任何免费师范生就业洽谈活动

3. 风险准则 Z3

风险准则 Z3 适用于区域差异给免费师范生就业带来的风险（F5）。在构建 P 准则时，协商洽谈对认为可以接受的最大影响范围是 40% 的免费师范生。在构建 C 准则时，主要通过三个角度对严重程度进行描述，一是风险发生后给免费师范生就业带来的心理压力；二是免费师范生就业过程中感受到的岗位数量和质量的差异程度；三是免费师范生就业后自我评价的能力与岗位的适配度，协商团队认为免费师范生自我评价的能力与岗位的适配度不应高于 80%。风险准则 Z3 的适用风险、等级划分和描述见表 5–4。

表 5–4　风险准则 Z3 详表

风险准则 Z3
适用风险：区域差异给免费师范生就业带来的风险（F5）

准则类型	等级	描述
P 准则	1	风险在一般情况下不会发生，每年受此风险影响的免费师范生比例小于等于 10%
	2	风险在极少情况下才会发生，每年受此风险影响的免费师范生比例大于 10%，小于等于 20%
	3	风险在某些情况下会发生，每年受此风险影响的免费师范生比例大于 20%，小于等于 30%
	4	风险在较多情况下发生，每年受此风险影响的免费师范生比例大于 30%，小于等于 40%
	5	风险常常会发生，每年受此风险影响的免费师范生比例大于 40%
C 准则	1	风险影响程度极低，受此风险影响的免费师范生几乎感受不到风险给其就业带来的影响，能够顺利就业；各地提供的岗位数量和质量无明显差异；免费师范生自我评价的能力与岗位的适配度大于等于 95%

准则类型	等级	描述
	2	风险影响程度低，受此风险影响的免费师范生能感觉到风险给其就业带来的压力，但压力较小；各地提供的岗位数量和质量有较小的差异；免费师范生自我评价的能力与岗位的适配度大于等于90%，小于95%
	3	风险影响程度中等，受此风险影响的免费师范生能感觉到其就业带来的压力，但压力适中，可以承受；各地提供的岗位数量和质量有差异；免费师范生自我评价的能力与岗位的适配度大于等于85%，小于90%
	4	风险影响程度高，受此风险影响的免费师范生能感觉到风险给其就业带来的压力，压力较大，承受较为困难；各地提供的岗位数量和质量有较大差异；免费师范生自我评价的能力与岗位的适配度大于等于80%，小于85%
	5	风险影响程度极高，受此风险影响的免费师范生无法顺利就业；各地提供的岗位数量和质量有极大的差异；免费师范生自我评价的能力与岗位的适配度小于80%

（二）培养风险准则

群体协商建立培养风险准则四个，编号为Z4、Z5、Z6和Z7，其中Z4对应高校利益的得失给免费师范生培养带来的风险，Z5对应全新的培养方案给免费师范生培养质量带来的风险，Z6和Z7对应其他因素给免费师范生培养过程带来的风险。

1. 风险准则Z4

风险准则Z4适用于高校利益的得失给免费师范生培养带来的风险（F6）。在构建P准则时，以6所部属师范大学2014年免费师范生的招生规模与2007年进行对比，根据规模变化情况来确定风险发生的可能性。考虑到影响招生规模的因素较多，所以超过5%的招生数量减少判定为招生规模减少，协商团队认为可以接受的招生规模缩小的高校数不超过4所。在构建C准则时，协商团队认为可以接受的免费师范生招生规模缩小程度在40%以内。风险准则Z4的适用风险、等级划分和描述见表5-5。

表 5-5　风险准则 Z4 详表

风险准则 Z4

适用风险：高校利益的得失给免费师范生培养带来的风险（F6）

准则类型	等级	描述
P 准则	1	风险发生的可能性极低，招生规模缩小比例大于等于 5% 的高校只有 1 所
	2	风险发生的可能性低，招生规模缩小比例大于等于 5% 的高校有 2 所
	3	风险发生的可能性中等，招生规模缩小比例大于等于 5% 的高校有 3 所
	4	风险发生的可能性高，招生规模缩小比例大于等于 5% 的高校有 4 所
	5	风险发生的可能性极高，招生规模缩小比例大于等于 5% 的高校超过 4 所
C 准则	1	风险影响程度极低，6 所高校免费师范生招生规模总体缩小比例大于等于 10%
	2	风险影响程度低，6 所高校免费师范生招生规模总体缩小比例大于等于 10%，小于 20%
	3	风险影响程度中等，6 所高校免费师范生招生规模总体缩小比例大于等于 20%，小于 30%
	4	风险影响程度高，6 所高校免费师范生招生规模总体缩小比例大于等于 30%，小于 40%
	5	风险影响程度极高，6 所高校免费师范生招生规模总体缩小比例大于等于 40%

2. 风险准则 Z5

风险准则 Z5 适用于全新的培养方案给免费师范生培养质量带来的风险（F7）。在构建 P 准则时，协商团队认为免费师范生虽然对新的培养方案比较熟悉，但是没有对比很难准确地对培养方案是否引发培养质量风险作出判断。因此选择 6 所部属师范大学给免费师范生上课的专业课教师对培养方案作出的评价为依据，认为可以接受的新方案的认可度在 20% 以内。在构建 C 准则时，对于免费师范生的培养质量招聘免费师范生的中小学校长最有发言权，因此协商团队使用中小学校长对免费师范生的能力结构、知识结构的满意度为标准构建 C 准则，并认为可以接受的满意度应该在 60% 以上。风险准则 Z5 的适用风险、等级划分和描述见表 5-6。

表 5–6　风险准则 Z5 详表

风险准则 Z5

适用风险：全新的培养方案给免费师范生培养质量带来的风险（F7）

准则类型	等级	描述
P 准则	1	风险发生的可能性极低，部属师范大学免费师范生专业课教师对于培养方案的认可度大于等于 95%
	2	风险发生的可能性低，部属师范大学免费师范生专业课教师对于培养方案的认可度大于等于 90%，小于 95%
	3	风险发生的可能性中等，部属师范大学免费师范生专业课教师对于培养方案的认可度大于等于 85%，小于 90%
	4	风险发生的可能性高，部属师范大学免费师范生专业课教师对于培养方案的认可度大于等于 80%，小于 85%
	5	风险发生的可能性极高，部属师范大学免费师范生专业课教师对于培养方案的认可度小于 80%
C 准则	1	风险影响程度极低，中小学校长对于免费师范生能力结构和知识结构的满意度大于等于 90%
	2	风险影响程度低，中小学校长对于免费师范生能力结构和知识结构的满意度大于等于 80%，小于 90%
	3	风险影响程度中等，中小学校长对于免费师范生能力结构和知识结构的满意度大于等于 70%，小于 80%
	4	风险影响程度高，中小学校长对于免费师范生能力结构和知识结构的满意度大于等于 60%，小于 70%
	5	风险影响程度极高，中小学校长对于免费师范生能力结构和知识结构的满意度小于 60%

3. 风险准则 Z6

风险准则 Z6 适用于免费师范生无法读研（F8）和无淘汰机制（F9）导致学习动力不足给培养带来的风险。在构建 P 准则时，这两种风险有不同的发生可能性，所以分别制定三种 P 准则，协商团队认为以上三种情况可以接受的最大比例分别占全体免费师范生的 20% 和 40%。在构建 C 准则时，协商团队没有采用中小学校长对免费师范生培养质量的评价，因为培养出的免费师范生在中小学校长看来已经胜任，但如果不是因为上述三种风险的存在，免费师范生的培养质量可能会比现在更好，因此协商团队采用免费师范生自评结果来制定 C 准则。学生自评结果很难量化，所以采用文字描述来区分等级。风险准则 Z6 的适用风险、等级划分和描述见表 5–7。

表 5–7 风险准则 Z6 详表

风险准则 Z6

适用风险：无法读研（F8）和无淘汰机制（F9）导致学习动力不足给培养带来的风险

准则类型	等级	描述
P 准则	1	风险发生的可能性极低，免费师范生认为无法读研导致学习动力不足的比例小于等于 5%；认为无淘汰机制导致学习动力不足的比例小于等于 10%
	2	风险发生的可能性低，免费师范生认为无法读研导致学习动力不足的比例大于 5%，小于等于 10%；认为无淘汰机制导致学习动力不足的比例大于 10%，小于等于 20%
	3	风险发生的可能性中等，免费师范生认为无法读研导致学习动力不足的比例大于 10%，小于等于 15%；认为无淘汰机制导致学习动力不足的比例大于 20%，小于等于 30%
	4	风险发生的可能性高，免费师范生认为无法读研导致学习动力不足的比例大于 15，小于等于 20%；认为无淘汰机制导致学习动力不足的比例大于 30%，小于等于 40%
	5	风险发生的可能性极高，免费师范生认为无法读研导致学习动力不足的比例大于 20%；认为无淘汰机制导致学习动力不足的比例大于 40%
C 准则	1	风险影响程度极低，免费师范生认为学习动力不足对自己培养质量的影响极低
	2	风险影响程度低，免费师范生认为学习动力不足对自己培养质量的影响低
	3	风险影响程度中等，免费师范生认为学习动力不足对自己培养质量的影响中等
	4	风险影响程度高，免费师范生认为学习动力不足对自己培养质量的影响高
	5	风险影响程度极高，免费师范生认为学习动力不足对自己培养质量的影响极高

4. 风险准则 Z7

风险准则 Z7 适用于政策退出机制不完善，导致不适合当老师的免费师范生无法退出，从而给培养带来风险（F10）。在构建 P 准则时，协商团队认为发生这种情况的免费师范生占全体 10% 为最大接受范围。在构建 C 准则时，协商团队认为只要发生这种情况，其影响程度就是极大的，所以 C 准则是常量 5 级。风险准则 Z7 的适用风险、等级划分和描述见表 5-8。

表 5-8 风险准则 Z7 详表

风险准则 Z7

适用风险：退出机制不完善，导致不适合当老师的学生无法退出，从而给培养带来风险（F10）

准则类型	等级	描述
P 准则	1	风险发生的可能性极低，免费师范生认为自己不适合当老师，但是无法退出的比例小于等于 2.5%
	2	风险发生的可能性低，免费师范生认为自己不适合当老师，但是无法退出的比例大于 2.5%，小于等于 5%
	3	风险发生的可能性中等，免费师范生认为自己不适合当老师，但是无法退出的比例大于 5%，小于等于 7.5%
	4	风险发生的可能性高，免费师范生认为自己不适合当老师，但是无法退出的比例大于 7.5%，小于等于 10%
	5	风险发生的可能性极高，免费师范生认为自己不适合当老师，但是无法退出的比例大于 10%
C 准则	5	风险影响程度极高，这种情况的出现会对政策造成毁灭性的后果

（三）认同风险准则

群体协商建立培养风险准则四个，编号为 Z8、Z9、Z10 和 Z11，其中 Z8、Z9 和 Z10 对应政策宣传程度给中小学领导者认同免费师范生带来的风险，Z11 对应个人行为给中小学领导者认同免费师范生带来的风险。

1. 风险准则 Z8

风险准则 Z8 适用于中小学校长对免费师范生政策完全不了解，不敢招聘免费师范生的风险（F11）。在构建 P 准则时，协商团队以 2014 年在部属师范大学招聘师范专业毕业生的中小学校长对师范生免费教育政策的了解程度为判别依据。考虑到政策2007年发布至研究开展时已经有6年的时间，因此协商团队认为可以接受的完全不了解政策的中小学校长比例应该低于10%。在构建C准则时，协商团队以2014届免费师范生在就业过程中遭遇对师范生免费教育政策完全不了解的中小学校长比例为依据，认为可以接受的遭遇完全不了解政策的校长的免费师范生的人数不高于10%。风险准则Z8的适用风险、等级划分和描述见表5–9。

表5–9　风险准则Z8详表

风险准则Z8
适用风险：中小学校长对免费师范生政策完全不了解，不敢招聘免费师范生的风险（F11）

准则类型	等级	描述
P准则	1	风险发生的可能性极低，完全不了解政策的中小学校长的比例小于等于2.5%
	2	风险发生的可能性低，完全不了解政策的中小学校长的比例大于2.5%，小于等于5%
	3	风险发生的可能性中等，完全不了解政策的中小学校长的比例大于5%，小于等于7.5%
	4	风险发生的可能性高，完全不了解政策的中小学校长的比例大于7.5%，小于等于10%
	5	风险发生的可能性极高，完全不了解政策的中小学校长的比例大于10%
C准则	1	风险影响程度极低，免费师范生就业过程中遭遇中小学校长完全不了解政策的比例小于等于2.5%
	2	风险影响程度低，免费师范生就业过程中遭遇中小学校长不完全了解政策的比例大于2.5%，小于等于5%
	3	风险影响程度中等，免费师范生就业过程中遭遇中小学校长完全不了解政策的比例大于5%，小于等于7.5%
	4	风险影响程度高，免费师范生就业过程中遭遇中小学校长不完全了解政策的比例大于7.5%，小于等于10%
	5	风险影响程度极高，免费师范生就业过程中遭遇中小学校长完全不了解政策的比例大于10%

2. 风险准则 Z9

风险准则 Z9 适用于中小学校长对免费师范生政策了解不充分，错招了免费师范生的风险（F12）。在构建 P 准则时，协商团队以 2014 年在部属师范大学招聘师范专业毕业生的中小学校长对师范生免费教育政策的了解程度为判别依据。考虑到政策发布的时间、政策的复杂性和政策的调整程度等因素，协商团队认为可以接受的了解政策但不全面的中小学校长比例应该低于 20%。在构建 C 准则时，协商团队以 2014 届免费师范生在就业过程中遭遇对师范生免费教育政策了解但不全面的中小学校长比例为依据，认为可以接受的遭遇了解政策但不全面的校长的免费师范生的人数不高于 20%。风险准则 Z9 的适用风险、等级划分和描述见表 5–10。

表 5–10　风险准则 Z9 详表

风险准则 Z9

适用风险：中小学校长对免费师范生政策了解不充分，错招了免费师范生的风险（F12）

准则类型	等级	描述
P 准则	1	风险发生的可能性极低，了解政策但不全面的中小学校长的比例小于等于 5%
	2	风险发生的可能性低，了解政策但不全面的中小学校长的比例大于 5%，小于等于 10%
	3	风险发生的可能性中等，了解政策但不全面的中小学校长的比例大于 10%，小于等于 15%
	4	风险发生的可能性高，了解政策但不全面的中小学校长的比例大于 15%，小于等于 20%
	5	风险发生的可能性极高，了解政策但不全面的中小学校长的比例大于 20%
C 准则	1	风险影响程度极低，免费师范生就业过程中遭遇中小学校长了解政策但不全面，导致错招的比例小于等于 5%
	2	风险影响程度低，免费师范生就业过程中遭遇中小学校长了解政策但不全面，导致错招的比例大于 5%，小于等于 10%
	3	风险影响程度中等，免费师范生就业过程中遭遇中小学校长了解政策但不全面，导致错招的比例大于 10%，小于等于 15%

准则类型	等级	描述
C 准则	4	风险影响程度高，免费师范生就业过程中遭遇中小学校长了解政策但不全面，导致错招的比例大于 15%，小于等于 20%
	5	风险影响程度极高，免费师范生就业过程中遭遇中小学校长了解政策但不全面，导致错招的比例大于 20%

3. 风险准则 Z10

风险准则 Z10 适用于中小学校长对免费师范生政策产生误解，不愿意招聘免费师范生（F13）。在构建 P 准则时，协商团队以 2014 年在部属师范大学招聘师范专业毕业生的中小学校长对师范生免费教育政策的了解程度为判别依据。考虑到政策发布的时间、政策的复杂性和政策的调整程度等因素，协商团队认为可以接受的了解政策但理解有误，分不清师范生免费教育政策和其他促进师范生就业政策的中小学校长比例应该低于 20%。在构建 C 准则时，协商团队以 2014 届免费师范生在就业过程中遭遇对师范生免费教育政策了解但理解有误，分不清师范生免费教育政策和其他促进师范生就业政策的中小学校长比例为依据，认为可以接受的遭遇了这种情况的免费师范生的人数不高于 20%。风险准则 Z10 的适用风险、等级划分和描述见表 5–10。

表 5–11　风险准则 Z10 详表

风险准则 Z10
适用风险：中小学校长对免费师范生政策产生误解，不愿意招聘免费师范生的风险（F13）

准则类型	等级	描述
P 准则	1	风险发生的可能性极低，了解政策但理解有误，分不清师范生免费教育政策和其他促进师范生就业政策的中小学校长的比例小于等于 5%
	2	风险发生的可能性低，了解政策但理解有误，分不清师范生免费教育政策和其他促进师范生就业政策的中小学校长的比例大于 5%，小于等于 10%
	3	风险发生的可能性中等，了解政策但理解有误，分不清师范生免费教育政策和其他促进师范生就业政策的中小学校长的比例大于 10%，小于等于 15%

准则类型	等级	描述
P 准则	4	风险发生的可能性高，了解政策但理解有误，分不清师范生免费教育政策和其他促进师范生就业政策的中小学校长的比例大于 15%，小于等于 20%
	5	风险发生的可能性极高，了解政策但理解有误，分不清师范生免费教育政策和其他促进师范生就业政策的中小学校长的比例大于 20%
C 准则	1	风险影响程度极低，免费师范生就业过程中遭遇中小学校长了解政策但理解有误，分不清师范生免费教育政策和其他促进师范生就业政策的比例小于等于 5%
	2	风险影响程度低，免费师范生就业过程中遭遇中小学校长了解政策但理解有误，分不清师范生免费教育政策和其他促进师范生就业政策的比例大于 5%，小于等于 10%
	3	风险影响程度中等，免费师范生就业过程中遭遇中小学校长了解政策但理解有误，分不清师范生免费教育政策和其他促进师范生就业政策的比例大于 10%，小于等于 15%
	4	风险影响程度高，免费师范生就业过程中遭遇中小学校长了解政策但理解有误，分不清师范生免费教育政策和其他促进师范生就业政策的比例大于 15%，小于等于 20%
	5	风险影响程度极高，免费师范生就业过程中遭遇中小学校长了解政策但理解有误，分不清师范生免费教育政策和其他促进师范生就业政策的比例大于 20%

4. 风险准则 Z11

风险准则 Z11 适用于中小学校长个人行为给认同免费师范生带来的风险（F14、F15）。在构建 P 准则时，协商团队以 2014 年在部属师范大学招聘师范专业毕业生的中小学校长对师范生免费教育政策的了解程度和个人行为作为判别依据。考虑到政策发布的时间、政策的复杂性和政策的调整程度等因素，协商团队认为完全了解政策但因为程序复杂不愿意招聘免费师范生的中小学校长比例应该低于 10%。在构建 C 准则时，协商团队以 2014 届免费师范生在就业过程中遭遇完全了解政策但因为程序复杂不愿意招聘免费师范生的中小学校长比例为依据，认为可以接受的遭遇了这种情况的免费师范生的人数不高于 10%。风险准则 Z11 的适用风险、等级划分和描述见表 5–12。

表 5–12　风险准则 Z11 详表

风险准则 Z11

适用风险：中小学校长个人行为给认同免费师范生带来的风险（F14、F15）

准则类型	等级	描述
P 准则	1	风险发生的可能性极低，完全了解政策但因为程序复杂不愿意招聘免费师范生的中小学校长的比例小于等于 2.5%
	2	风险发生的可能性低，完全了解政策但因为程序复杂不愿意招聘免费师范生的中小学校长的比例大于 2.5%，小于等于 5%
	3	风险发生的可能性中等，完全了解政策但因为程序复杂不愿意招聘免费师范生的中小学校长的比例大于 5%，小于等于 7.5%
	4	风险发生的可能性高，完全了解政策但因为程序复杂不愿意招聘免费师范生的中小学校长的比例大于 7.5%，小于等于 10%
	5	风险发生的可能性极高，免费师范生遭遇完全了解政策但因为程序复杂不愿意招聘免费师范生的中小学校长的比例大于 10%
C 准则	1	风险影响程度极低，免费师范生就业过程中遭遇完全了解政策但因为程序复杂不愿意招聘免费师范生的中小学校长的比例小于等于 2.5%
	2	风险影响程度低，免费师范生就业过程中遭遇完全了解政策但因为程序复杂不愿意招聘免费师范生的中小学校长的比例大于 2.5%，小于等于 5%
	3	风险影响程度中等，免费师范生就业过程中遭遇完全了解政策但因为程序复杂不愿意招聘免费师范生的中小学校长的比例大于 5%，小于等于 7.5%
	4	风险影响程度高，免费师范生就业过程中完全了解政策但因为程序复杂不愿意招聘免费师范生的中小学校长的比例大于 7.5%，小于等于 10%
	5	风险影响程度极高，免费师范生就业过程中遭遇完全了解政策但因为程序复杂不愿意招聘免费师范生的中小学校长的比例大于 10%

（四）履约风险准则

群体协商建立培养风险准则四个，编号为 Z12、Z13、Z14 和 Z15，分别对服务年限给免费师范生履约带来风险（F16、F17）、回生源地就业给免费师范生履约带来风险（F18、F19、F20、F21、F22）、农村支教给免费师范生履约带来风险（F23、F24）和攻读硕士研究生的限制措施给免费师范生履约带来风险（F25、F26）。

1. 风险准则 Z12

风险准则 Z12 适用于服务年限给免费师范生履约带来风险（F16、F17）。在构建 P 准则时，协商团队以免费师范生是否因为服务年限原因而产生违约意向的比例为判别依据，认为发生这种风险的比例应该低于 5%。在构建 C 准则时，协商团队认为免费师范生违约对政策的影响极大，因此 C 准则是常量 5 等级。风险准则 Z12 的适用风险、等级划分和描述见表 5–13。

表 5–13　风险准则 Z12 详表

风险准则 Z12
适用风险：服务年限给免费师范生履约带来风险（F16、F17）

准则类型	等级	描述
P 准则	1	风险发生的可能性极低，因为服务年限原因而产生违约意向的免费师范生比例小于等于 2%
	2	风险发生的可能性低，因为服务年限原因而产生违约意向的免费师范生比例大于 2%，小于等于 3%
	3	风险发生的可能性中等，因为服务年限原因而产生违约意向的免费师范生比例大于 3%，小于等于 4%
	4	风险发生的可能性高，因为服务年限原因而产生违约意向的免费师范生比例大于 4%，小于等于 5%
	5	风险发生的可能性极高，因为服务年限原因而产生违约意向的免费师范生比例大于 5%
C 准则	5	风险影响程度极高，这种情况的出现会对政策造成毁灭性的后果

2. 风险准则 Z13

风险准则 Z13 适用于回生源地就业给免费师范生履约带来风险（F18、F19、F20、F21、F22）。在构建 P 准则时，协商团队以免费师范生是否因为不想回生源地就业而产生违约意向的比例为判别依据，认为发生这种风险的比例应该低于 5%。在构建 C 准则时，协商团队认为免费师范生违约对政策的影响极大，因此 C 准则是常量 5 等级。风险准则 Z12 的适用风险、等级划分和描述见表 5–14。

表 5-14　风险准则 Z13 详表

风险准则 Z13

适用风险：回生源地就业给免费师范生履约带来风险（F18、F19、F20、F21、F22）

准则类型	等级	描述
P 准则	1	风险发生的可能性极低，因为不想回生源地就业而产生违约意向的免费师范生比例小于等于 2%
	2	风险发生的可能性低，因为不想回生源地就业而产生违约意向的免费师范生比例大于 2%，小于等于 3%
	3	风险发生的可能性中等，因为不想回生源地就业而产生违约意向的免费师范生比例大于 3%，小于等于 4%
	4	风险发生的可能性高，因为不想回生源地就业而产生违约意向的免费师范生比例大于 4%，小于等于 5%
	5	风险发生的可能性极高，因为不想回生源地就业而产生违约意向的免费师范生比例大于 5%
C 准则	5	风险影响程度极高，这种情况的出现会对政策造成毁灭性的后果

3. 风险准则 Z14

风险准则 Z14 适用于农村支教给免费师范生履约带来风险（F23、F24）。在构建 P 准则时，协商团队以免费师范生是否因为要去农村支教而产生违约意向的比例为判别依据，认为发生这种风险的比例应该低于 5%。在构建 C 准则时，协商团队认为免费师范生违约对政策的影响极大，因此 C 准则是常量 5 等级。风险准则 Z14 的适用风险、等级划分和描述见表 5-15。

表 5-15　风险准则 Z14 详表

风险准则 Z14

适用风险：农村支教给免费师范生履约带来风险（F23、F24）

准则类型	等级	描述
P 准则	1	风险发生的可能性极低，因为不想去农村支教而产生违约意向的免费师范生比例小于等于 2%
	2	风险发生的可能性低，因为不想去农村支教而产生违约意向的免费师范生比例大于 2%，小于等于 3%

准则类型	等级	描述
	3	风险发生的可能性中等，因为不想去农村支教而产生违约意向的免费师范生比例大于3%，小于等于4%
	4	风险发生的可能性高，因为不想去农村支教而产生违约意向的免费师范生比例大于4%，小于等于5%
	5	风险发生的可能性极高，因为不想去农村支教而产生违约意向的免费师范生比例大于5%
C 准则	5	风险影响程度极高，这种情况的出现会对政策造成毁灭性的后果

4. 风险准则 Z15

风险准则 Z15 适用于攻读硕士研究生的限制措施给免费师范生履约带来风险（F25、F26）。在构建 P 准则时，协商团队以免费师范生是否因为攻读硕士研究生的限制措施而产生违约意向的比例为判别依据，认为发生这种风险的比例应该低于5%。在构建 C 准则时，协商团队认为免费师范生违约对政策的影响极大，因此 C 准则是常量 5 等级。风险准则 Z15 的适用风险、等级划分和描述见表5-16。

表 5-16 风险准则 Z15 详表

风险准则 Z15

适用风险：攻读硕士研究生的限制措施给免费师范生履约带来风险（F25、F26）

准则类型	等级	描述
P 准则	1	风险发生的可能性极低，因为攻读硕士研究生的限制措施而产生违约意向的免费师范生比例小于等于2%
	2	风险发生的可能性低，因为攻读硕士研究生的限制措施而产生违约意向的免费师范生比例大于2%，小于等于3%
	3	风险发生的可能性中等，因为攻读硕士研究生的限制措施而产生违约意向的免费师范生比例大于3%，小于等于4%
	4	风险发生的可能性高，因为攻读硕士研究生的限制措施而产生违约意向的免费师范生比例大于4%，小于等于5%
	5	风险发生的可能性极高，因为攻读硕士研究生的限制措施而产生违约意向的免费师范生比例大于5%
C 准则	5	风险影响程度极高，这种情况的出现会对政策造成毁灭性的后果

第四节　案例研究：师范生免费教育政策风险评价

风险评价是将风险分析的结果与预先设定的风险准则相比较，或者在各种风险的分析结果之间进行比较，以确定风险的等级。本书将继续以师范生免费教育政策为案例，以上一章风险分析的输出为基础，通过绘制风险图谱、确定风险等级和确定风险带以呈现教育政策风险评价过程。

一、绘制风险图谱

利用风险矩阵法对师范生免费教育政策中存在的风险进行分析后，可以按照风险发生的可能性和后果的严重程度，绘制风险图谱（Risk map）。首先，将纵坐标定义成风险可能性等级，按照群体协商制定的风险准则，所有的 C 准则都分为 5 个等级，所以将风险图谱的纵坐标分为 5 个等级，从下到上用数字 1—5 依次对应 1—5 等级；其次，用相同的方法将横坐标定义为风险后果的严重程度，从左到右用数字 1—5 依次对应 1—5 等级；再次，根据对师范生免费教育政策风险分析的结果，按照风险发生的可能性等级和后果的严重程度等级确定风险的坐标（C，P）；最后，根据坐标在风险图谱中依次标出所有风险的位置，并用风险编码进行标记。师范生免费教育政策风险图谱，如图 5-4 所示。

可能性等级 ↑		1	2	3	4	5
	5			F6		F16　F17　F18　F19　F20 F21　F22　F11
	4			F8　F9	F12	F23　F24
	3			F1　F2	F5	
	2		F13			F25　F26　F10
	1	F14　F15	F7		F3　F4	
		1	2	3	4	5
→后果的严重程度等级						

图 5-4　师范生免费教育政策风险图谱

风险图谱可以对所有风险有一个直观、全面的呈现,本研究识别的26个风险从分布情况看较为分散。虽然风险图谱中每个风险的可能性和后果的严重程度可以与其他风险进行直观的比较,但是对风险进行综合性的评判却无法实现。因此需要对所有的风险进行技术处理,设置统一的风险等级标准,综合评判风险的大小,进而为风险应对策略提供参考依据。

二、确定风险等级

风险等级(R)就是风险(或风险组合)的大小,依据风险的可能性和后果来表示。由于风险等级指的是风险的大小,所以一般用定量或者半定量来呈现。本研究将风险等级用 R 来表示,将风险的可能性用 P 来表示,将风险的后果的严重程度用 C 来表示,按照风险等级的定义:

$$R = R (P, C)$$

即风险等级 R 是风险可能性 P 和后果的严重程度 C 的函数。P 值和 C 值可以描述风险发生的可能性和后果的严重程度,但是并不能直接描述风险的大小,只有将 P、C 结合起来风险等级才有了明确的意义,也就确定了风险的大小。风险矩阵法一般使用风险可能性 P 与后果的严重程度 C 的"乘积"的结合方式来确定风险等级。因此,本研究的风险等级 R 可具体表示为:

$$R = P \times C$$

根据本研究对风险等级的定义,师范生免费教育政策所有风险的风险等级见表5–17。

表 5–17　师范生免费教育政策风险等级表

政策风险(编号)	P 等级	C 等级	风险等级 R
落位风险:参加教师公开招聘考试(F1)	3	3	9
落位风险:"双向选择"受限在一定范围(F2)	3	3	9
落位风险:省级教育行政主管部门权力不足(F3)	1	4	4
落位风险:省级教育行政主管部门能力不足(F4)	1	4	4

政策风险（编号）	P 等级	C 等级	风险等级 R
落位风险：各省岗位有较大的差异，资源错配（F5）	3	4	12
培养风险：高校利益的得失影响培养规模（F6）	5	3	15
培养风险：全新的培养方案效果未知（F7）	1	2	2
培养风险：无法考研，学习动力不足（F8）	4	3	12
培养风险：缺少淘汰机制，学习动力不足（F9）	4	3	12
培养风险：退出机制不完善，不适合者无法顺利退出（F10）	2	5	10
认同风险：对政策不了解，不敢聘（F11）	5	5	25
认同风险：对政策了解不充分，错招（F12）	4	4	16
认同风险：对政策产生误解，不愿意聘（F13）	2	2	4
认同风险：嫌麻烦，不愿意招（F14）	1	1	1
认同风险：影响其他人也不招（F15）	1	1	1
履约风险：十年服务期过长，因逆反心理而违约（F16）	5	5	25
履约风险：十年使心理压力过大而违约离职（F17）	5	5	25
履约风险：见到外省"好单位"，违约跨省就业（F18）	5	5	25
履约风险：生源地岗位低于预期，违约跨省就业（F19）	5	5	25
履约风险：不符合申请跨省条件，违约跨省就业（F20）	5	5	25
履约风险：申请跨省被拒绝，违约跨省就业（F21）	5	5	25
履约风险：通过"读书改变命运"，就业即违约（F22）	5	5	25
履约风险：单位不支持其到农村支教，违约（F23）	4	5	20
履约风险：农村支教可能与重要机遇"失之交臂"，违约（F24）	4	5	20
履约风险：学历不满足单位要求，违约读研（F25）	2	5	10
履约风险：硕士的教育预期无法实现，违约读研（F26）	2	5	10

三、确定风险带

风险带是指以横坐标 P 和纵坐标 C 所构成的二维平面上的一个封闭区域，该区域中的风险具有特定的意义。风险带的划分是表示风险重要性的一种方式，不同的风险带中的风险具有不同的重要性，而不同重要性的风险对应不同的风险应对方式。本研究在群体协商制定师范生免费教育政策风险准则的最后阶段定义三个风险带。

风险带Ⅰ：即风险下带，风险等级小于等于4的区域。这个风险带中的风险等级微不足道，或者风险如此之小宜采取比较保守的风险应对方式。

风险带Ⅱ：风险等级大于4并且小于15的区域。这个风险带中的风险重要程度居中，要根据风险的特征权衡应对。

风险带Ⅲ：即风险上带，风险等级大于等于15的区域。这个风险带中的风险等级如此之高，都是政策"无法容忍"、"不可接受"的，必须优先应对。

根据本研究风险带的划分，风险的分属情况见表5–18。

表5–18 师范生免费教育政策风险分属不同风险带的情况

风险带	风险
风险带Ⅰ（风险下带）	F3、F4、F7、F13、F14、F15
风险带Ⅱ	F1、F2、F5、F8、F9、F10、F25、F26
风险带Ⅲ（风险上带）	F6、F11、F12、F16、F17、F18、F19、F20、F21、F22、F23、F24

在风险评价的最后阶段，使用不同的底纹在风险图谱中对风险带进行标记（见图5–5），区分风险的重要性，最终完成对师范生免费教育政策的风险评价。

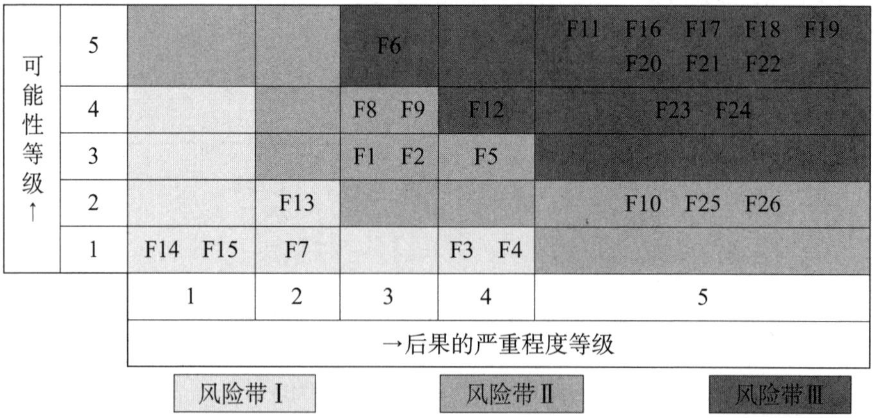

图5–5 师范生免费教育政策风险图谱与风险带

　　本章聚焦于教育政策风险评估最后一个子过程——风险评价，首先梳理和归纳了教育政策风险评价的概念、目的和输出等内容。其次，系统地呈现了风险准则的概念、建立方法和主要内容等。最后，依然以师范生免费教育政策为案例，呈现教育政策风险准则建立和风险评价的过程。在风险准则建立的案例中，借鉴第四代评估的理念，使用利益相关者群体协商的方式建立了风险准则，并根据风险准则确定每一个风险的可能性等级和后果严重程度等级，进而利用风险矩阵法，绘制出风险图谱和三个风险带。下一章我们将在探讨教育政策风险应对的基础上，延续案例研究，根据不同的风险带确定不同的风险应对策略，并在应对策略的基础上提出具体的政策改进建议。

第六章　教育政策风险应对

在严格意义上，教育政策风险应对并不属于风险评估的范畴。风险应对过程承接风险评估过程，教育政策风险评估（或者说风险评价）的输出信息在风险应对过程中被加以处理。也正是因为风险应对过程以风险评估的输出为前提，所以本书依然把教育政策风险应对作为最后一章。本章首先对教育政策风险应对的概念、风险应对措施和选择策略等内容进行探讨，然后继续以师范生免费教育作为案例，呈现教育政策风险应对过程。

第一节　教育政策风险应对概述

风险评估的目的是辨别风险并尽可能有效地消除或降低风险。对教育政策实施风险评估后，接下来需要科学地选择风险应对措施，以保证教育政策目标的顺利实现，这也是教育政策评估的重要目的之一。

一、教育政策风险应对的概念

教育政策风险应对的定义非常简单，是指处理教育政策风险的过程。教育政策风险应对是风险评估的后续过程。处理教育政策风险的过程，本质上就是选择并执行一种或多种改变教育政策风险的措施，包括改变风险事件发生的可能性或后果的措施。

由于教育政策风险的出现可能有重叠性，因此可能的风险应对措施之间不一定互相排斥。按照系统论的观点，处在一个密闭系统内（政策执行环境）的各风险要素之间甚至会彼此影响，产生信息的交换与能量的互动。因此，风险的应对措施也不应当是拘泥的和封闭的，在考虑教育政策风险应对措施时必须以系统的视角来看待。此外，一个教育政策风险应对措施也不一定在所有条件下都适合。系统是一个不断发展变化的系统，具有动态性，这种动态性决定了系统不会停止不动。因此，一劳永逸的教育政策风险应对措施并不存在，这也暗合了权变理论的基本观点。[①] 在这些基本思想的指引下，才可以确定具体的教育政策风险应对措施，以化解或消除教育政策风险。

依照国标指南，教育政策风险应对措施可以分为五大类，分别是教育政策风险规避、教育政策风险降低、教育政策风险转移、教育政策风险分担和教育政策风险保留。

二、教育政策风险规避

所谓风险规避就是采取措施以消除风险的影响。教育政策风险规避是最常用的风险应对措施。具体而言，教育政策风险规避有三种措施。

第一，决定停止或退出可能导致风险的教育活动或业务过程以规避风险。例如，某教育政策在制定过程中，增加某一项措施时，识别出这项措施可能引起大部分学生家长的反对以致整个政策目标无法达成的风险，这时可以选择的风险应对措施之一就是将这项措施删除，从而规避教育政策风险。

第二，增加风险或承担新的风险以寻求机会。可能这种风险规避措施会让人产生怀疑——旧的风险还没解决，还自己增加新的风险？事实上，这是利用了教育政策风险的传递性和可变性的特征，用"以毒攻毒"的方式规避风险。新的风险引入后可能导致旧的风险消失，或者与旧的风险一起组成风险组合，与之前相比风险等级在可容忍的范围内。例如，某

---

① 参见周三多等：《管理学——原理与方法（第三版）》，复旦大学出版社 2000 年版，第 112—114 页。

教育政策目标的达成关键取决于利益相关者对政策中权利和责任的认可。而在教育政策风险评估阶段，发现某一不适合取消的条款存在政策风险，有很大的可能性导致利益相关者认为"责任大、利益小"从而影响政策目标的实现。这时，可以选择在政策中加入新的条款，新条款也涉及利益相关者的权利和责任失衡的风险，但与之前的条款形成风险组合，制衡了责任和利益，从而实现风险规避。

第三，消除具有负面影响的风险源。教育政策风险具有双重性，事实上在大部分情况下，我们制定教育政策具体的措施时的初衷，都是希望这些措施可以促成教育政策目标的达成。教育政策制定者有时候片面地看到了政策措施的正面效果，但忽略了它们可能带来的负面影响，从而"滋生"出教育政策风险。因此，有效的规避教育政策风险的措施之一就是消除负面影响的风险源。例如，在制定某校车管理制度时，校车的质量良莠不齐，劣质的校车可能存在较大的风险隐患，这时我们可以在政策中对校车的质量提出具体的要求，从而消除引起负面影响的风险源——质量不达标的车辆，实现风险规避。

三、教育政策风险降低

当某些教育政策风险无法选择风险规避措施的时候，可以尝试选择风险降低的措施来应对风险。教育政策风险的大小取决于风险发生可能性和后果严重程度的大小，因此从这两个方面都可以达到风险降低的目的。

第一，改变风险事件发生的可能性的大小及其分布的性质。我们在对教育政策风险分析的过程中，有一个非常重要的内容就是对影响教育政策风险发生可能性和后果严重程度的因素进行分析。当这些因素可以在教育政策内部调整时，我们就可以选择风险降低的措施来应对风险。例如，某高校制定学生宿舍管理制度时，发现学生可能对宿舍生活体验不满，从而导致在校外租房住的情况出现。这非常不利于学生的管理，存在安全问题，也有悖于制定学生宿舍管理制度的初衷。并且进一步分析发现，发生学生对宿舍生活体验不满的几率受同一间宿舍住宿学生人数的影响较大。所以采取减少每间宿舍住宿的学生人数，并适当提高住宿收费标准的方式，以降低学生因不满意而搬出学校的情况发生的可能性，这就是运用了教育政策风险降低的措施。

第二，改变风险事件发生的可能后果。与改变教育政策风险发生的可能性相似，我们也可以采取改变教育政策风险事件发生的可能后果来进行风险应对。例如，某省在制定地方师范生免费教育政策的时候，识别出师范生毕业前有可能因为各种原因未能与中小学用人单位达成就业协议的风险，导致无法作为重要的师资力量及时支撑地方教育发展。因此，在政策中增加规定：师范生毕业前两个月，仍未能与中小学用人单位达成就业协议，就由地方教育行政主管部门统一安排到师资短缺的中小学就业。这样，即便是教育政策风险事件发生了，但是后果由学生失业变成统筹分配就业，从而降低了教育政策风险对政策目标的影响。

四、教育政策风险转移

教育政策风险转移是指把教育政策风险的负面影响连同对应的权利转给其他组织或群体。事实上，风险转移只是把风险管理的责任转给了他人，而并非消除风险。风险偏好是教育政策风险准则中的重要内容，而所谓的偏好的存在就是不同的教育政策决策主体，或者说不同的组织或群体对于政策风险的接受和容忍程度有所差异。风险转移就是充分利用了不同的组织或群体接受和容忍教育政策风险能力不同的一种风险应对措施。简单说，就是教育政策内部应对不了的风险可以转移给外部系统来应对。例如，某高校在制定和完善财务制度时，识别出由于学生数量庞大，学费标准不统一，多校区办学等原因导致学生学费收取出现错收、漏收的风险；收取学费的工作人员业务能力不足或责任心不强导致学费部分丢失的风险；收款设备专业程度不高导致收取伪钞的风险等。这种情况下，高校可以完善学费收取制度，与银行达成合作关系。学生可以通过银行柜台、手机银行、网上银行等方式把学费交到银行，再由银行与学校结算学费，从而把以上提及的政策风险转移给合作银行。

五、教育政策风险分担

教育政策风险分担是与其他组织或群体就教育政策风险分配达成协议的风险应对形式。风险分担和风险转移有很多相似之处，都是利用了不同的组织或群体接受和容忍教育政策风险能力不同的一种风险应对措施，在风险应对中都引入了其他的组织或群体。二者的区别在于风险转移是转移后的组织或群体来应对教育政策风险，而风险分担是由教育政策决策主体和其他组织或群体共同来应对教育政策风险。例如，在很多办学资源较为紧缺的地区广泛被采用的 PPP（Public-Private-Partnership）合作模式。这种模式是指政府与私人组织之间，为了提供某种公共物品和服务，以特许权协议为基础，彼此之间形成一种伙伴式的合作关系，并通过签署合同来明确双方的权利和义务，以确保合作的顺利完成，最终使合作各方达到比预期单独行动更为有利的结果。借助 PPP 合作模式，政府可以出人出编制，私人企业可以出地出钱，在法律和规定允许的范围内，创办一些基础教育学校，从而补充了地方办学资源不足的窘境。在这种合作模式下，相关的教育政策就可以充分地运用风险分担的方式予以应对。

六、教育政策风险保留

教育政策风险保留又称为风险承担或风险自留，是指教育政策决策主体接受某一特定的教育政策风险的潜在收益或损失。我们在分析教育政策风险准则的时候曾经引入过风险接受的概念。当教育政策风险等级足够小，小到可以被教育政策决策主体接受，那这个风险带内的教育政策风险应对措施就可以采用风险保留。通常情况下，这些教育政策风险发生的可能性非常小，或者发生后造成的后果严重程度非常小，抑或是二者兼而有之，所以可以被教育政策决策主体接受。

另外，风险保留还包括教育政策剩余风险。剩余风险又被称为留存的风险，是指风险应对之后仍然存在的教育政策风险。它包括教育政策风险清单中未被采用除了风险保留以外其他风险应对措施的风险，还包括未被教育政策风险评估过程识别出的潜在的教育政策风险。

第二节　教育政策风险应对策略

在教育政策风险应对的实施过程中，具体采取哪种形式的风险应对措施，需要结合政策风险的重要程度、政策内容的可修改性、政策环境的宽容度和政策利益相关者的承受能力等来综合确定。具体来说，在选择教育政策风险应对措施时应当遵循以下几点。

一、教育政策风险的重要程度

教育政策风险评估的重要价值在于对政策可能存在的风险进行评估，以量化的方式将政策风险出现的可能性及重要程度进行立体化的描述，改变了原有的对于政策风险的平面分析，为我们在资源有限情况下作出适切的合理应对措施提供了有力支撑。因此，显而易见，在选取政策风险应对措施时，首先应考虑政策风险的重要性排列顺序，也就是我们在第五章中不遗余力所确定的政策风险等级和风险带。政策风险评估使我们对教育政策的制定、改进和理论研究排除了盲目性，也使结果更具针对性和可行性。

二、教育政策内容的可修改性

内容是教育政策决策的结果和具体体现，它表明了政策制定者对于未来的美好期许与雄心壮志。但是很遗憾，这一美好期许或雄心壮志如果缺少足够的风险评估的话，就会显得危险重重。因此，对政策内容进行修订和完善以转移风险或规避风险就成为风险应对的一个重要措施。但是，在选取这些风险应对措施前，我们必须考虑这一政策的内容是否具有可修改性，即这一政策的权威性和绝对性有多大。因为一般来讲，政策代表了政府的公信力与权威，如果某一项政策无法在短期内进行修改的话，我们就不得不放弃修改这一政策的想法而另寻他法了。

三、教育政策环境的宽容度

教育政策风险的应对措施是一种针对教育政策风险的活动，其自身也具有一定的风险性。特别是对于那些已经在实施阶段的教育政策，我们可以将之视为是政策活动过程中的修订或调整。这种修订或调整面临具体的政策环境，政策环境是否足够宽容决定了我们可以采取哪些应对措施。正如林德布鲁姆（Charles E. Lindblom）所提出的"渐进调试科学"那样，在一个承平的社会中，人人都渴望安定，而不希望突变影响自身生活，[①]因此，我们能否采取某种激烈措施以规避风险就具有很大的被动性。政策环境的宽容度与一个社会的稳定程度相关，也与一个社会的文明程度密切相关，更与政策所影响的利益相关群体有重要关联。

四、教育政策利益相关者的承受能力

教育政策利益相关者是政策影响的最直接群体，政策的任何变动都会引起其利益的相关变化。即使风险应对措施会在一定程度上消除政策风险的影响，但也可能会受到政策利益相关者的阻挠。这种阻挠既来自政策利益相关者的自身对于政策风险的评估，也来自政策利益相关者对于风险应对措施对自身利益影响的评估。具体表现为政策利益相关者的承受能力。因为风险应对措施需要对原有政策进行修订或调整，风险可能并未出现，而对于是否有必要采取措施，花费成本进行修订或调整政策就会出现争议。政策利益相关者在多大程度上能够承受相应的成本耗费，也是一个决定采取何种风险应对措施的重要因素。

综上所述，选择风险应对措施并非是一个简单的过程，需要综合对多方面信息进行判断以选取最合适的应对策略。需要强调的是，即使选取了一定的风险应对措施，也并不一定能够保证风险被消除，更有可能引发新的风险——我们可以将其称为次风险，对次风险一样需要进行识别、分

---

① 参见［美］林德布鲁姆：《决策过程》，竺乾威、胡君芳译，上海译文出版社1988年版，第150页。

析、评价和应对，并开始一个新的循环。但这并不是说我们对教育政策风险无计可施，对于可能存在的困难的每一次进取与探索都会使困难得到解决的希望增加一分，这也正是政策风险研究的魅力所在。基于本书研究范围所限，对风险应对措施以及次风险我们将不再予以细致分析，而寄希望于日后研究的进一步深入。不过我们应当清楚，对于政策风险的应对措施也是存在一定风险的，相关措施也是在承认这种风险的基础之上提出的。

第三节　案例研究：师范生免费教育政策风险应对

我们已经在前面几章对师范生免费教育政策存在的风险进行了细致的识别、分析和评价；并在建立风险准则的基础上，绘制了师范生免费教育政策的风险图谱和风险带，清晰地描绘了师范生免费教育政策可能存在的风险及其相应的等级。接下来，我们将以风险评估过程的输出为基础，选择具体的风险应对措施并提出政策改进的建议。

一、师范生免费教育政策风险应对措施的选择

依据师范生免费教育政策的风险带，比照教育政策风险应对措施的选择策略，我们对于处于风险带不同位置的风险可以采取不同的应对措施。

（一）风险带 I 的风险应对措施

风险带 I 内包含的风险包括 F3、F4、F7、F13、F14、F15 六项，分别对应的风险为：落位风险——省级教育行政主管部门权力不足（F3）；省级教育行政主管部门能力不足（F4）。培养风险——全新的培养方案效果未知（F7）。认同风险——对政策产生误解，不愿意聘（F13）；嫌麻烦，不愿意招（F14）；影响其他人也不招（F15）。

这三类六项风险均处于风险带的低可能、低危害区域。也就是说，这些风险发生的可能性比较低，或者即使发生了，其风险的危害后果也比

较低。因此，对于这些风险可以采取较为一般的措施，如保留风险等。

综合分析，这些风险有如下特征：

第一，这些风险客观发生的可能性较低。无论是试点高校的专业教师、免费师范生还是中小学校长，都对于师范生免费教育政策较为了解，这本身说明政策的宣传效果较好，社会认知度较高。而且政策对于免费师范生培养和就业的保障措施较为系统，这样就使得由于全新培养方案效果未知（F7）和不愿意聘（F13）、不愿意招（F14）等政策风险发生的几率较低。

第二，这些风险可能产生的负面影响较小。事实上，对于这些风险的评估也是对政策内容本身的一种考察，这一考察结果认同了政策对于促进免费师范生就业的具体行为。由于这一政策现在是在6所部属师范大学试点，其所提供的免费师范生资源是优质的教师资源，因此用人单位抵制免费师范生的情况自然较为少见，也显示了政策所预设的政策示范效应得以实现。

由于这几类风险危害较小，出现的几率也较低，因此，对于这几类风险我们可以忽略不计，不需要采取具体的应对措施。或者，在现阶段，不需要投入过多精力解决这些问题。可以先放置，忽略这些风险，待其他风险得以消解后再对其进行解决。

（二）风险带Ⅱ的风险应对措施

风险带Ⅱ内包含的风险包括F1、F2、F5、F8、F9、F10、F25、F26等八项风险，分别对应的风险为：落位风险——参加教师公开招聘考试（F1）；"双向选择"受限在一定范围（F2）；各省岗位有较大的差异，资源错配（F5）；无法考研，学习动力不足（F8）。培养风险——缺少淘汰机制，学习动力不足（F9）；退出机制不完善，不适合者无法顺利退出（F10）。履约风险——学历不满足单位要求，违约读研（F25）；硕士的教育预期无法实现，违约读研（F26）。

这三类九项风险均处于政策风险带中的中间地带，发生风险可能性较高的"无法考研，学习动力不足"（F8）、"缺少淘汰机制，学习动力不足"（F9）、"参加教师公开招聘考试"（F1）、"'双向选择'受限在一定范围"（F2）、"各省岗位有较大的差异，资源错配"（F5）等风险危害相对较小，而危险危害程度较高的"退出机制不完善，不适合者无法顺利退出"（F10）、"学历不满足单位要求，违约读研"（F25）、"硕士的教育预期无法实现，违约读研"（F26）则发生几率相对较低。对于这些风险来说，由于其发生的可能性和危害程度均居于中间地带，一般容易被政策执行者忽视。而它们可能诱发的后果又具有一定的破坏力，因此这部分风险是我们在资源一定的情况下应当重点考虑应对的。具体来说，可以采取决定停止或退出可能导致风险的活动、消除具有负面影响的风险源、改变风险事件发生的可能性的大小及其分布的性质、改变风险事件发生的可能后果、转移风险等措施来予以应对。

综合分析，这些风险具有如下特征：

第一，政策执行标准缺失导致基本公平缺失。总体来看，这类风险多集中在免费师范生个人自身权益保障方面。对于同一项政策应有共同的执行标准，否则可能产生不公平感进而引发风险发生的几率增加。如，参加教师公开招聘考试；"双向选择"受限在一定范围；各省岗位有较大的差异，资源错配；等等。对于履行同等义务的免费师范生群体来说，不同省份在政策执行时的尺度不一必然会造成免费师范生不公平感的集中爆发。

第二，政策设计缺陷导致基本权利救济无法实现。权利救济是权利人的实体权利遭受侵害时，相关机关采取消除侵害的补救措施。通过权利救济可以在一定程度上保护权利人的基本权益，这是社会公正的一种重要体现。而就师范生免费教育政策来说，由于政策自身在设计上存在一定缺陷，因为无法保证相关权利人基本权利的有效实现。例如，"退出机制不完善，不适合者无法顺利退出"（F10）就是典型案例。由于政策在设计时忽略了相关权利人基本权利的保护，就使得政策在一定程度上剥夺其权利救济的机会和可能。而这样就可能导致两方面后果：一方面，免费师范生不能自主终止合约，退出免费师范生培养，造成事实上的不愿意从教者必须从教；另一方面，不符合教师条件的免费师范生无法通过有效渠道退出免费师范生培养，造成免费师范生筛选机制失灵和事实上的不能从教者必须从教。这两方面都违背了师范生免费教育政策的基本政策目标，并侵犯了权利人的基本权利。

第三，这些风险可以通过适当的政策调整予以避免。由于这些风险集中在权利义务关系及价值博弈上，因此通过政策规范、引导和价值的重新分配可以对风险进行控制，乃至部分消除。政策风险评估是对政策问题出现可能性的一种评估，因此，这一方法的使用与政策问题的现实表现密切相关，而这些问题是政策执行过程中实然与政策设定中应然的一种差距。理解了这一点，就可以肯定政策内容调整是政策风险规避或消除的一个重要途径。同时，考虑到风险应对的成本，可能在相同情况下，政策内容规范与调整所耗费的成本相对较低。

虽然这些风险处于风险带的中间地带，但一些风险一旦发生所产生的负面效果较为严重，比如"退出机制不完善，不适合者无法顺利退出"（F10）就可能会产生后续的连锁反应，既可能造成教师质量不合格，也可能造成想报考免费师范生的人不敢贸然报考，失去了师范生免费教育政策的吸引力。因此，必须对这些风险采取必要的应对措施。但是相对于处于风险带Ⅲ的风险来说，这些风险又是等而次之的风险，因此是处于风险应对次优等级的风险。主要应对措施可以通过对政策内容的调整来实现，具体表现为进一步完善政策内容，保证政策实施的公平性与完整性。

（三）风险带Ⅲ的风险应对措施

风险带Ⅲ内包含的风险，包括培养风险——高校利益的得失影响培养规模（F6）。认同风险——对政策不了解，不敢聘（F11）；对政策了解不充分，错招（F12）。履约风险——十年服务期过长，产生逆反心理而违约（F16）；十年使心理压力过大而违约离职（F17）；见到外省"好单位"，违约跨省就业（F18）；生源地岗位低于预期，违约跨省就业（F19）；不符合申请跨省条件，违约跨省就业（F20）；申请跨省被拒绝，违约跨省就业（F21）；通过"读书改变命运"，就业即违约（F22）等。

这三类十项风险处于风险带的高可能、高危害区域。风险发生的几率较高，一旦发生其诱发的后果最为严重。可能会带来政策实施效果的负面性或导致政策无法实施。而集中在政策风险带最高层级的"对政策不了解，不敢聘"（F11）、"对政策了解不充分，错招"（F12）、"十年服务期过长，产生逆反心理而违约"（F16）、"十年使心理压力过大而违约离职"

（F17）、"见到外省'好单位'，违约跨省就业"（F18）、"生源地岗位低于预期，违约跨省就业"（F19）、"不符合申请跨省条件，违约跨省就业"（F20）、"申请跨省被拒绝，违约跨省就业"（F21）、"通过'读书改变命运'，就业即违约"（F22），多与免费师范生能否有效履约有重要关联。对位于这一风险带的风险必须高度重视，也必须优先解决。而且必须针对每一项具体风险提出具体的应对策略，将政策风险所产生的负面影响降至最低。对此可以采取的应对策略可以包括：决定停止或退出可能导致风险的活动以规避风险；增加风险或承担新的风险以寻求机会；消除具有负面影响的风险源；改变风险事件发生的可能性的大小及其分布的性质；改变风险事件发生的可能后果；转移风险等。甚至应当在政策允许的范围内暂停政策执行，或对政策文本进行重大修订。在现实条件下，对政策文本进行相应修订或适当补充和完善应当是最佳选择。

综合分析，这些风险具有如下特征：

第一，这些风险的产生多数是由于政策各主体之间存在价值和利益冲突。政策是对全社会的价值做权威性的分配。[①] 伊斯顿（D. Easton）对于政策的这一界定很好地揭示了政策的实质内涵。无论是何种政策其都是不同主体间价值和利益博弈的结果。具体到师范生免费教育政策，国家利益和个人利益的冲突、行政部门利益和教育部门利益的冲突、中央政府利益与地方政府利益的冲突、政府机构利益与试点高校利益的冲突均成为政策价值博弈的根源。而这些冲突的出现，又与政策在制定过程中未能充分考虑到可能引发的风险有关。从我们对于具体风险的分析来看，很多风险在政策实施过程中已经发生，如跨省违约就业、就业即违约等问题已经凸显，这是利益相关群体在政策执行过程中基于自身利益考量而采取的一种自我保护措施。按照切斯特·巴纳德（Chester I. Barnard）社会系统理论的观点，只有当组织成员感受到诱因大于等于贡献时，协作的意愿才会产生。[②] 而一旦利益出现冲突，则无法达成对于政策目标的一致意见，风险

---

① 参见 D.Easton, *The Policy System*, New York：Kropf, 1953, p.129。

② 参见［美］丹尼尔·A.雷恩：《管理思想史（第五版）》，孙健敏等译，中国人民大学出版社 2009 年版，第 359 页。

自然凸显。这些风险尚未集中爆发，很大程度上是由于管理体制的存在阻碍了风险的爆发。此外，之所以有些风险还未发生，也并非由于这些风险发生的可能性较低，而是由于此类风险还未到达发生的时间节点。但是，这些风险一旦发生，如学生发生违约的状况，就对政策本身是重大打击，政策效果会受到严重影响。对于这些风险可以从根本上对于政策进行调整以消除或缓解利益冲突，也可以出台补充政策满足不同利益群体的利益需求。

第二，这些风险的风险源多数是由于权利义务关系不明确所导致的。权利义务关系是政策规范应当首先明确的重要内容，也是政策利益相关者最为关心的内容。就师范生免费教育政策来说，权利义务关系是政策的核心内容。因为这一政策对于免费师范生的免费培养与强制履行义务是相辅相成的，决定了政策能否持续执行及效果如何。从现实来看，由于对相关主体的权利义务关系并不明确，且权利义务事实上的不对等性而导致了一些风险，进而出现了政策实施的具体问题。例如，"十年服务期过长，产生逆反心理而违约"（F16）、"十年使心理压力过大而违约离职"（F17），等等。应当明确，权利与义务应当是对等关系，无论是有权利无义务还是有义务无权利都会造成事实上的不对等，而一旦不对等关系存在就会引发相关主体作出负面选择。权利义务关系涉及相关主体的具体利益关切，不但敏感，而且引发的负面效应极大。

此外，还必须指出，权利义务关系的明确不是鼓励政策在设计时，以权利的获取为"诱饵"而强迫权利主体履行相应的义务。正如有学者指出的，对于师范生免费教育政策来说，权利不是手段，义务也不是目的。①

第三，这些风险的危害后果极大。无论是哪种风险，只要对于政策目标的达成造成了损害就是其最大的危害性。对于处于风险带Ⅲ的这些风险来说，其产生的危害都是最大的。我们发现，主体风险都可以归类为履约风险，履约正是师范生免费教育政策目标设计中的一个重要目标点。因

---

① 参见杨颖秀、王智超：《免费师范教育政策的理想与现实冲突及建议》，《清华大学教育研究》2007年第3期。

此，无论是何种理由引起的违约行为，其实都损害了政策目标的达成度，也就是说其危害后果最为直接。

因此，无论是何种情况，都必须将解决处于风险带Ⅲ的各项风险作为风险应对的首要目标，应对这些风险可以使用任何应对策略。从实际情况来看，在一定程度和范围内修订和完善政策文本是最为有效也最为直接的规避、消除风险和化解风险的措施。

值得注意的是，在以上风险中，有一些风险是尚未发生的。如，"十年使心理压力过大而违约离职"（F17）、"单位不支持其到农村支教，违约"（F23）、"农村支教可能与重要机遇'失之交臂'，违约"（F24）、"学历不满足单位要求，违约读研"（F25）、"硕士的教育预期无法实现，违约读研"（F26）等。这一方面可能是由于作为一个政策过程，师范生免费教育政策尚未完成一个有效的政策运行周期，因此一些风险尚未发生；另一方面可能是由于这些风险自身发生的可能性较低，因此尚未发生。但是无论是哪种原因，这些风险的潜在威胁性也必须引起政策制定者的注意，因为一旦潜在风险发生，就会引发相应的负面影响。而我们对教育政策风险进行评估就是希望能够防患于未然，帮助教育政策目标的顺利实现。

二、师范生免费教育政策改进的具体建议

政策风险评估既可以用在政策决策阶段以预防风险的发生，也可以用在政策实施以后，以不断促进政策改进和完善。因此，政策风险评估是一个动态过程而非一个点或一个固定时段的活动。师范生免费教育政策自身本就是一个不断完善的过程，2007 年以来已经陆续有多份补充文件出台，对于政策存在的一些问题进行了修订，并对于政策内容进行了解释和说明。但从整体看，仍有一些根本性的问题没有得到明确，因此需要加大关注的力度。以风险评估过程的结果为基础，师范生免费教育政策应当从以下几方面予以完善和改进。

（一）完善免费师范生进入和退出机制

免费师范生进入和退出机制是师范生免费教育政策对于目标群体的

一个筛选开关。这个开关决定了目标群体身上的相应风险是否能够得以有效排除。对于免费师范生培养风险来说，能否有制度上的合理设计以保证从众多应考者中选取最适合从事教师职业的人，能否有制度上的合理设计以保证免费师范生在培养阶段有足够的学习动力，以及能否有制度上的合理设计以保证不符合条件的免费师范生被有效排除，都是直接影响到风险发生的重要因素。而正是由于原有政策在这方面的不完善，使得一些风险已经发生，并产生了一些现实问题。

免费师范生的选取与淘汰是师范生免费教育政策的起点，是政策后续实施的重要节点，也是相关利益群体基本权利的重要保障。相关的进入与退出机制设计必须既考虑到政策执行主体的切身利益，也必须为免费师范生个人留足充分的自我选择空间，这样才能达成公平的效果。

1. 建立区域招生协商机制

区域招生协商机制是基于互联互通、区域协作基础上的新思维。这种新思维改变了原有单一视野的思维习惯，可以将师范生免费教育政策置于更宏大的环境中降低其风险（F18、F19、F20、F21）的发生。师范生免费教育政策应当改变原有的以省为单位的招生区域限定，而在一定程度上尝试减少招生区域限制，以区域为基本单位进行协商招生。具体设想为，可以按照不同省（自治区、直辖市）之间经济、教育发展水平的不同将全国划分为若干个基本区域，每个区域内各省（自治区、直辖市）之间经济、教育发展水平基本相当。招生时，各部属师范大学可以以区域为单位与各省（自治区、直辖市）进行协商，根据实际需要共同确定免费师范生的招生计划，这就改变了原有的"免费师范生招生协商机制"的构成，在多方面降低了师范生免费教育政策风险的发生。

第一，以区域为单位进行协商招生，可以在一定程度上缓冲由于招生计划误判而产生的就业积压。由于师范生免费教育政策的招生计划是按照未来四年本地区教师需求预测来进行设计的，这种预测具有一定的风险性，如果这四年间就业需求发生变化，则会导致原有计划无法有效满足，出现免费师范生的"溢出"或"不足"。以区域为单位进行协商招生则可以在一定程度上彼此互补，同一区域内各省相互吸收或补充由于教师需求预测不准所带来的招生"溢出"或"不足"，降低相关风险。

第二，以区域为单位进行协商招生，可以在一定程度上降低免费师范生的履约风险。以区域为单位进行协商招生使得免费师范生在就业时可以有更大的选择余地和空间。由回"生源所在省"就业扩展为回"生源所在地区"就业，扩大了免费师范生就业选择面，在一定程度上降低了免费师范生由于不能跨省而造成的违约风险。

第三，以区域为单位进行协商招生，可以在一定程度上降低省与省之间就业岗位、待遇差异带来的不公平感。由于招生区域是以各省（自治区、直辖市）经济和教育发展水平为依据划分的，因此各省（自治区、直辖市）彼此之间的教育发展水平和教师待遇差别不会很大。区域内各省（自治区、直辖市）之间引入竞争机制，"市场"与"计划"共同调节免费师范生的就业，有利于消除各省份之间的岗位差异，从而可以在一定程度上缓解"学习好不如政策好，学习好不如省里提供的岗位好"这种现象给免费师范生带来的心理冲击，消除不公平感。①

2. 建立多层可选的免费师范生进入机制

免费师范生政策的目标之一是吸引优秀生源终身从事教育事业，而招生是有效选拔的源头。现有的师范生免费教育政策对于免费师范生的选拔只有高考一种方式。这种单一的进入机制不利于考生在报考时理性思考，也不利于培养单位对免费师范生进行综合考察，在一定程度上增加了免费师范生违约的风险，也使得招来的免费师范生素质存在较大差异。应当建立多层可选的免费师范生进入机制，增加优秀生源进入免费师范生培养体系的机会，也增加培养单位挑选优秀生源的机会。

具体设想为，除通过高考直接报考成为免费师范生外，师范院校非免费师范生在读期间也可以通过考试（笔试或面试）选择成为免费师范生。这种机制设计加大了学生选择的机会。这样使部分在高考时由于对于未来就业和自身素质担忧而未报考免费师范生的考生，可以在经过慎重思考和相对成熟的了解后再次选择成为免费师范生。通过这种方式，可以使更多适合成为教师的学生得到更为优质的教师教育，降低了由于对政策不

---

① 参见刘海滨、王智超:《利用市场机制促免费师范生高效就业》,《中国教育报》2012 年5 月8 日。

了解而盲目选择免费师范教育的学生成为教师的风险（F10、F22）。此外，建立多层可选的免费师范生进入机制也彰显了政策的公平取向。现有政策对于这一制度设计略有提及，但并不明确，也未落到实处。

3. 完善科学合理的退出机制

退出机制的不完善已经成为诱发师范生免费教育政策风险的一个重要因素。原有政策设计中，无论其是否适合从事教师职业，一旦选择了免费师范教育，免费师范生若想退出就只有一种途径——违约。这种退出方式是硬性的、别无选择的退出，而且一旦选择违约还必须承担相应的违约责任和后果，这从本质上讲是不平等的合同约定。而这种硬性退出机制的设置，没有考虑免费师范生的个人需求，增加了两方面的风险。一方面，不适合从事教师职业的人为了不承担违约后果，被迫从事教师职业（F10），优质教师资源的辐射带动效果无法发挥。另一方面，由于其他原因想退出免费师范生教育的免费师范生无法自己选择退出，既增加了对政策的误解，也会导致部分免费师范生学习动力不足（F8、F9）。因此，完善退出机制已经成为政策完善的重要需求。

具体设想为，师范生免费教育政策应当与进入机制一起，设置相配套的免费师范生退出机制。这一机制主要发挥淘汰不合格产品的作用，这种淘汰分为两种方式。一种是自主淘汰，一种是被动淘汰。自主淘汰是指免费师范生在培养过程中，可以根据自身实际情况，有选择地申请退出免费师范生教育体系，归还一定比例的培养成本后，转为非师范生，以保证其职业发展的延续性和选择的自由性，这也有助于保护学生的基本权利。被动淘汰是指免费师范生培养单位在培养过程中以某种定期考核的方式对免费师范生的学业状况进行监督和考察，实行末位淘汰制，如果免费师范生连续三次考核不合格，则必须转为非师范生，被淘汰出免费师范生队伍，不能再享受免学费、领补助、保就业的权利，以保证免费师范生的培育质量。免费师范生就业后，其所在区域的教育行政部门也应建立定期考评机制，对免费师范生从教的态度、能力、水平等方面进行综合考察，如发现免费师范生不符合基本的教师要求，则可以取消其免费师范生所应享有的待遇。

这样的制度设计，保证了免费师范生培养的质量，由原有的制度留人，变成了制度激励人，有助于降低免费师范生培养质量的风险和免费师范生学习动力不足的风险。同时，也保证了免费师范生自主选择权的实现。

2012 年，教育部、财政部、人力资源社会保障部、中央编办联合下发《关于完善和推进师范生免费教育的意见》，指出要建立免费师范生的进入和退出机制。该文件指出，部属师范大学要根据《普通高等学校学生管理规定》和师范生免费教育相关政策，制定在校期间免费师范生进入、退出和转专业的具体办法。非师范专业优秀学生可按规定转为免费师范生。录取后经考察不适合从教的少数免费师范生，入学一年内可按规定程序调整到非师范专业。但是，目前这一要求并未得到有效落实。

（二）放宽免费师范生就业的限制

无论从何种角度来说，免费师范生顺利就业都是师范生免费教育政策的焦点所在。师范生免费教育政策对于免费师范生就业的设定有双重内涵。一方面，"有岗有编"作为一种政策保障，确保免费师范生能够在就业时有稳定的工作岗位和编制，这种政策保障也成为免费师范生可以享有的多项权利中最为重要的一项，成为吸引考生报考免费师范教育的重要因素。另一方面，政策则将免费师范生一般回生源所在省就业作为一个强制条件，要求免费师范生在毕业后必须回生源所在地就业，这以一种义务约定的方式限制了免费师范生的自由择业。

无论是对免费师范生、部属师范大学还是对用人单位来说，免费师范生顺利就业、合理就业都是一种期盼，也是政策的基本目标设定。

回到政策内容本身，要求免费师范生回生源所在省就业是确保免费师范生回馈家乡、服务基层的一种重要的制度设计，但是这种制度设计也使政策违约的风险增高，并诱发了一些负面影响。为缓解这一问题，2010年，教育部、人力资源和社会保障部、中央编办、财政部联合下发《关于印发〈教育部直属师范大学免费师范毕业生就业实施办法〉的通知》（教师〔2010〕2 号），在进一步明确免费师范生一般应回生源所在省就业的基本要求后，也放宽了要求。该文件提出"的确有特殊情况，要求跨省区任教的，需经学校审核、生源所在地省级教育行政部门批准"，提供了免费师范生跨省就业问题的解决方案。

但是，这种政策上的微调并没有有效消解免费师范生由于不能跨省就业而产生的违约风险，反而催生出了很多为达到条件而弄虚作假的行为。因此，为降低这类风险（F18、F19、F20、F21）发生的几率，可以在区域协商招生的基础上适当扩大免费师范生就业的区域范围和学校层次、类型范围。

1. 变回生源所在省就业为回生源所在区域就业

很多考生参加高考的目的是为了进入更好的就业环境，为自己的未来发展奠定基础，这样的目的简单而现实。如果强制要求免费师范生必须回生源所在省就业会触动一些免费师范生的根本利益，或者剥夺（其实质是缩小）其自由选择就业岗位的权利。如果能够将原有的回生源所在省就业扩展为回生源所在区域（招生区域）就业则在一定程度上扩大了免费师范生的就业范围，也增加了免费师范生选取就业区域的机会。

但是，这种就业区域的扩展并非是简单地扩大选择范围，而是通过部分市场与政府调控机制的混合，更为合理地对教师资源进行配置，在保障免费师范生基本权利的同时，使得政策目标得以实现，达到降低政策风险的目的。

2. 扩大免费师范生就业范围

师范生免费教育政策规定免费师范生的就业范围为生源所在省的中小学。这种硬性规定缺少适当的弹性，一方面易引发部分免费师范生的抵触情绪，另一方面也使优质的教师资源无法在更广范围内被有效利用。这一规定使得相应的风险等级上升。

扩大免费师范生就业范围，可以使免费师范生在就业时可以选择的就业类型得以增加。重点是要将现有的免费师范生必须在基础教育领域（生源所在省的中小学）任教扩展到学前教育、中等职业教育，甚至民办教育机构等。一方面，可以使免费师范生有更多的选择机会，激发免费师范生的学习动机；另一方面，也可以使免费师范生的带动作用辐射范围更广。此外，扩展就业范围也在一定程度上缓冲了免费师范生直接到中小学所带来的硬性冲击，使政策风险（F19）能够被转移。

（三）把到农村中小学支教改成到农村中小学实习

按照政策要求，免费师范生必须履行义务除了回生源所在省就业、十年的服务期外，还有必须在十年服务期期间到农村中小学服务两年。原有政策规定，"到城镇学校工作的免费师范毕业生，应先到农村义务教育学校任教服务二年"。事实上，这一规定并未付诸实施，因为师范生免费教育政策还未运行到那一阶段。但是考虑到免费师范生支教的实际困难，后继政策又对此规定进行了修订："到城镇学校工作的免费师范毕业生，由当地政府教育行政部门结合城镇教师支援农村教育工作，安排到农村学校任教服务二年。""到城镇学校工作的免费师范生，应到农村义务教育学校任教服务 2 年。"这种变化主要体现在是否有"先到"二字，这实际上体现了政策对于免费师范生的一种人性关怀，更考虑到了免费师范生的实际状况。但是，无论怎样，到农村中小学支教两年的设定，增加了免费师范生违约的风险（F23、F24），这一点在前面我们已经有了充分分析。为了降低这一风险，在政策设计上可以作出适当调整。

1. 建立免费师范生培养期间到农村中小学实习制度

要求免费师范生到农村中小学支教的初始目的在于通过强制手段保证免费师范生这样的优质教师资源可以为教师资源最匮乏的农村地区提供优质服务，带动农村中小学教育实力的提升。但实际上，这一要求并非是简单的政策限定就可以实现的，因为这一目标需要多方力量的协调配合才可能实现。当前，我国也要求要实行中小学校长、教师流动制度，一些地方还将到农村中小学支教作为教师职称评定的硬性要求，但城市教师到农村中小学支教的实际状况并不理想，这是与客观环境有直接关联的。

在这一现实面前，是否可以变换政策思路，将原有的要求免费师范生到农村中小学支教两年变更为要求免费师范生在培养期间必须到农村中小学实习一定时间。免费师范生实习是免费师范生培养的重要环节，也是免费师范生学习教学技能、了解教育实际的重要途径。当前，各部属师范大学均加强了免费师范生实习的力度，一些学校还建立了实验区以促进免费师范生培养的时效性。如果在免费师范生实习过程中，增加到农村中小学实习的环节，既可以使免费师范生直观地了解我国农村教育的实际状况，增强其从事教育事业的责任感，也可以使免费师范生将其所学贡献给农村中小学，通过一届一届免费师范生的不断努力，带动农村中小学教育教学水平的不断提升。

这样的政策设计，既可以实现原有政策设计的目标，也可降低由于免费师范生个人或单位不同意而发生的履约风险。

2. 建立免费师范生服务期间到农村中小学交流制度

除了建立免费师范生培养期间到农村中小学实习制度外，还可以建立免费师范生服务期期间到农村中小学交流的制度。这种见习制度以短期交流为主，主要目的在于发挥免费师范生的辐射带动作用，通过经常性的定点交流，为农村中小学教师带去新知识、新理念、新方法和新技术，通过类似协作共同体的方式促进农村中小学教育教学水平的提升。

原有的政策设计只注重于发挥免费师范生对于农村中小学教育教学水平提升的引领作用，却忽略了当前教育发展不均衡所带来的基本资源的巨大差异、长时间赴农村中小学支教给免费师范生任教学校和免费师范生本人（包括家庭）带来的巨大影响。此外，在城镇中小学工作的免费师范生赴农村支教两年的客观条件也不成熟，各项配套设施还不完善，这也是免费师范生导致履约风险增加的重要因素。

免费师范生服务期间到农村中小学交流应作为一项长期的经常性活动通过制度的形式固定下来，并实行定点交流，这样才能保证实施的效果。

（四）建立督查机制严格落实免费师范生的岗位和编制

有人说，政策行为所带来的后果永远无法预知。[1] 这证明了政策风险的存在，也说明必须有完善的督查机制才能保证政策的完整、有效落实，政策目标才能得到有效实现。对于师范生免费教育政策来说，免费师范生岗位和编制的有效落实是政策有效实施的重要表现，也是降低师范生免费教育政策风险的重要应对措施。

---

[1]　参见［美］威廉·N. 邓恩：《公共政策分析导论（第二版）》，谢明、杜子芳等译，中国人民大学出版社 2010 年版，第 277 页。

1.加强对师范生免费教育政策的宣传

师范生免费教育政策的认同风险，在一定程度上是由于利益相关群体对于师范生免费教育政策本身不了解所造成的。无论是免费师范生报考还是用人单位招聘，都存在着对于政策内容了解不充分的情况，这些情况的存在提升了政策的风险（F10、F11、F12、F13、F14、F15）。究其根本，这种情况还是源于政策在执行过程中宣传环节做得还不充分。而这又与于政策执行过程中相应的监督机制的缺失密切相关，因此建立督查机制来确保对师范生免费教育政策的有效宣传就显得尤为必要了。

师范生免费教育政策宣传不到位的另一个重要原因在于，缺少权威性的解释和通俗易懂的政策宣讲。对于想要选择免费师范生教育的考生及其家长来说，信息获取的途径较为单一且不权威，只能通过网络或免费师范生来获取，这种信息的不对等性也造成了免费师范生对政策的不了解。对于用人单位来说，也同样存在着信息不对等的问题。

对于师范生免费教育政策的宣传应当常态化和系统化，各级教育行政部门和部属师范大学应当成为师范生免费教育政策宣传的主体力量，在招生、培养过程中着力对政策进行宣讲和解读，帮助免费师范生了解政策要求，清楚自身的权利及义务。而地方教育行政部门则应当成为对用人单位宣讲政策的主体，使用人单位了解免费师范生的具体状况及政策对免费师范生就业、支教、继续深造的各项要求，以保证政策的有效落实。

2.各级相关部门要加强沟通与协作，建立常态化机制

师范生免费教育政策是一项综合性政策，涉及多个政府部门和学校。同时，师范生免费教育政策的事实也涉及各级部门的沟通协调，多主体为同一目标努力就必须要有合适的沟通平台和长效的约束机制才能实现（F3、F4）。

一方面，从横向上来看，常态化的机制应当保证对于免费师范生工作形成以教育行政部门为主体，其他各部门协同配合的协同机制。以保证涉及免费师范生招生、培养、就业、落编、深造等各方面事宜时能够及时迅速解决，合理有效沟通。这一机制的存在事实上也可以构成一个基于免费师范生的工作沟通平台。

另一方面，从纵向上来看，常态化的机制也应当为同一部门上下级

之间的有效沟通提供平台。特别是上级部门对下级部门信息的了解尤为重要，有助于教育政策决策部门及时了解免费师范生在培养、就业、落编、深造等各方面遇到的实际问题，有针对性地采取应对措施。

此外，常态化的机制建设的根本目的是为了促进师范生免费教育政策的有效落实，保护政策各相关利益群体的基本权利不受侵犯。因此，需要各级相关部门之间统一认识，以更宽广的视野来看待师范生免费教育政策，抛开自身的利益束缚，才能达到最佳效果。

3. 完善免费师范生就业信息发布平台

师范生免费教育政策实施过程中的一个重要风险，是免费师范生就业时候遇到的落位风险（F1—F5、F11—F15、F18—F21）。既包括免费师范生和招聘免费师范生的中小学领导者对于政策本身的认同程度存在差异，也包括免费师范生对于就业岗位预期存在差异。而问题的核心在于用人单位和免费师范生群体对于整体的供需需求缺少有效了解。如果能够建立、完善免费师范生就业信息发布平台，将供需双方的需求定期在平台上公布，使供需双方可以在政策的框架内自主进行双向选择，可以保障供需双方行使自身权利，进行最佳的职位匹配，避免出现双方盲目互选的情况。同时，可以保证免费师范生通过平台及时了解用人单位的用人需求，避免错过最佳就业期。

这一就业信息发布平台应由教育部统筹建设并完善，由各部属师范大学和各省级教育行政部门具体负责维护，及时更新用人单位和免费师范生的基本信息及供需要求，实现信息的良性沟通和互动。

4. 建立免费师范生就业情况公布制度

依托免费师范生就业信息发布平台，同时应通过制度规约保证免费师范生就业情况能及时向社会公布。及时公布免费师范生就业状况有助于用人单位和免费师范生及时掌握信息，调整自身的用人或求职计划，以便更好地实现任职匹配。同时，及时向社会公布免费师范生就业情况也有助于社会各界了解师范生免费教育政策，促进社会各界对师范生免费教育政策的支持。

通过这一制度，也间接激励各试点高校不断调整和完善自身的培养体系，促进免费师范生的更好发展（F6）。

5. 建立嘉奖和惩罚相结合的免费师范生就业落实情况督查机制

在以上平台和机制建立的基础上，应在政策框架内及时建立相应的督查机制，保证平台和各项制度的有效运行与落实（F1、F2）。

一方面，应该加大对落实免费师范生就业岗位和编制的单位、部门和个人的表彰，形成鼓励先进的良好氛围，同时加大对这些单位、部门和个人的政策倾斜力度，特别是对落实免费师范生岗位和编制较好的地区，要通报表扬并予以经济扶持。可以考虑增加该地区的教育投入及重点高校招生指标，以充分调动地方的积极性。

另一方面，应该注重对落实免费师范生就业岗位和编制的单位、部门和个人的惩罚力度，严格责任意识，在一定范围内进行通报批评，并在一定程度上缩减落实不力地区的招生规模和教育投入力度，同时要追究相关负责人的主体责任，以达到奖优罚劣的效果。

为落实这一制度，教育部应由专门部门负责对免费师范生就业落实情况进行督查，并严格执行，以求达到实效。

（五）建立和完善免费师范生攻读教育硕士和履约管理制度

免费师范生政策完善的另一重要内容是建立和完善免费师范生攻读教育硕士的细则和入职后履约的具体管理制度，并调整免费师范生的服务期。

1. 完善免费师范生攻读教育硕士制度

免费师范生就业后可以免试攻读教育硕士，这一政策设计是为了保证满足免费师范生专业发展的现实需求，具有重要的战略意义和现实意义，有助于促进师范生免费教育政策的持续发展。但现有政策设计对免费师范生攻读教育硕士有一定限制，增加了免费师范生履约风险的发生（F8、F25、F26）。在现有基础上，应进一步追求完善免费师范生攻读教育硕士的制度设计，以免费师范生的基本发展需求为出发点，最大限度地考虑免费师范生的实际需求，从细节上完善制度设计，使政策的"善意"能够收获好的结果。

一方面，放宽免费师范生攻读教育硕士的时间限定。现有政策要求免费师范生在工作满一年后才有资格申请攻读教育硕士，在此基础上可给予地方教育行政部门较大的裁量权，由地方教育行政部门具体确定允许免费师范生可以申请攻读教育硕士的时间。行政手段设定的时间限定与免费师范生自我发展意愿之间有时会出现一些矛盾，打消了免费师范生申请攻读教育硕士的想法。

另一方面，鼓励免费师范生申请攻读教育硕士。对于教育硕士是否有益于自身工作发展，部分免费师范生还是心存疑虑的，甚至在观望这一政策设计会给自身发展带来哪些利益。由于攻读教育硕士虽然可以免试，但是需要缴纳相当数额的学费，这对于刚步入工作岗位的免费师范生来说是一个很现实的矛盾。因此，政策设计中应当有一些激励措施，如对于表现优秀的免费师范生可以通过助学金或奖学金的方式将学费退还给免费师范生。当前，一些部属高校已经建立起了免费师范毕业生在职攻读教育硕士专业学位研究生奖学金制度，激励免费师范生攻读教育硕士，这是一种很好的尝试。

此外，对于免费师范生申请攻读教育硕士工作，应当明确具体负责的单位及部门，明确各部门的具体职责范围。如部属师范大学、免费师范生所在省教育行政部门、免费师范生就业单位各自在免费师范生申请教育硕士工作中起何种作用，这几方之间如何沟通协调、及时有效地进行信息交流都是政策设计应予以明确的重要内容。

2. 调整免费师范生服务期年限

免费师范生十年服务期从"成本—收益"的角度设定可能较为合理，但却忽略了较长的服务期给免费师范生带来的心理压力。本研究对某部属师范大学 2002—2012 年师范专业毕业生（不含免费师范生）从事基础行业的比例进行了分析（见图 6-1），毕业后前五年有 4.57% 的毕业生离开了基础教育行业，而毕业后五至十年只有 0.82% 的毕业生离开基础教育行业。

基于以上分析，建议将免费师范生的服务期由十年调整为六年。一方面以极低的收益损失换取违约风险的降低（F16、F17），另一方面由于服务期的缩短可能会吸引更多的优秀生源来攻读免费师范生。

3. 建立免费师范生履约管理制度

免费师范生履约管理是免费师范生管理的重要组成部分。免费师范

图 6-1　某部属师范大学 2002—2012 届师范专业毕业生基础教育行业比例图

生从培养到履约时间较长，如缺少履约管理制度则可能会由于时间较长而失去对免费师范生履约情况的监督监管。特别是在免费师范生完成教育硕士学业后是一个关键时期，在这一时期必须通过多种方式保证免费师范生回履约所在地继续履行义务，服务本地教育事业。

免费师范生履约管理制度需要部属师范大学、省级教育行政部门和免费师范生就业单位的通力协作，这也需要前面我们提到的免费师范生就业平台和相应监督机制的共同配合。同时，应明确免费师范生履约管理的主体，这样有助于保证责任的有效落实。免费师范生履约管理的主体应是省级教育行政部门，应定时对免费师范生履约状况进行检查、核实，通过档案管理、编制管理和岗位管理等方面保证免费师范生在岗在编，不出现违约行为。

4. 构建全国联网的开放式免费师范生管理系统和诚信惩戒体系

免费师范生履约管理的重要载体，是建立全国联网的开放式的免费师范生管理信息系统和诚信惩戒体系。

一方面，全国联网的开放式的免费师范生管理信息系统可以将所有免费师范生的信息进行公布，便于用人单位进行资料查询。例如，用人单位在招聘教师时应首先到此信息系统进行查询，如其仍处于免费师范生服务期内，则其没有资格被聘用，这样可以保证免费师范生信息的动态更新，使相关的监督机制具有有效载体。

另一方面，依据征信体系的经验，可以建立免费师范生诚信惩戒体系，对于违约的免费师范生进行诚信惩戒。锁定其档案关系及编制，在未正式解约前，不准其进入教师编制体系内，并在免费师范生管理系统内对其信息进行锁定。

通过这些方式，以硬性管理的方式增加免费师范生违约的成本，客观上降低免费师范生的违约风险（F16—F26）。

综上，师范生免费教育政策是一个不断完善的过程，通过对政策内容的不断完善，可以在一定程度上降低或转移风险，促使政策目标的有效落实。但是必须指出的是，正如前文所提到的，对于政策内容进行修订，也可能诱发新的风险，而导致新的问题。这就需要我们在对政策内容进行修订时，必须审慎而行，在综合考虑多元主体各自利益的基础上，寻求政策价值的最佳平衡点，以降低风险发生的概率和后果的影响程度。

附录　师范生免费教育政策调查问卷

一、师范生免费教育政策风险识别检查表问卷
（免费师范生版）

导语：免费师范生您好，感谢您接受邀请参与本调查研究！本次调查的目的是为了对师范生免费教育政策进行改进，您的个人信息不会体现在研究结果中。

您认为以下情况是否有可能发生？

情况列表	是	否
1. 免费师范生不能直接到中小学就业，必须要参加生源地组织的教师公开招聘考试才能顺利就业		
2. 免费师范生不能自由地与生源地中小学"双向选择"，而只能被限定在一定的范围内进行		
3. 省级教育行政主管部门的能力不足，无法组织有效的免费师范生就业洽谈活动，阻碍免费师范生顺利就业		
4. 省级教育行政主管部门的权力不足，协调地方相关部门无力，免费师范生在就业过程中遇到的瓶颈性障碍无法解决		
5. 各省给免费师范生提供的就业岗位有较大的差异，优秀的免费师范生去了薄弱学校，资源配置错位		
6. 中小学校长招聘时不知道师范生免费教育政策，不敢招免费师范生		

情况列表	是	否
7. 中小学校长招聘时对师范生免费教育政策了解得不充分，错招了免费师范生（如跨省招聘等）		
8. 中小学校长对师范生免费教育政策理解错误（如将免费师范生等同于"特岗教师"、"三支一扶"等），不愿意招聘免费师范生		
9. 与一般师范专业毕业生相比，中小学校长觉得招聘免费师范生平添许多麻烦，不愿意招聘免费师范生		
10. 中小学校长或教育局相关部门招聘人员将招聘免费师范生是"麻烦事"的经验传递给同行，导致免费师范生就业受阻		
11. 十年的服务期限过长，免费师范生产生逆反心理而违约		
12. 十年给处于职业振荡期的免费师范生带来过大的心理压力，导致其违约		
13. 免费师范生就业时，见到非生源地的"好单位"，违约跨省就业		
14. 免费师范生就业时，生源地省份提供的岗位低于自己的预期，违约跨省就业		
15. 免费师范生因特殊情况跨省就业，因不符合政策规定的跨省就业条件而违约		
16. 免费师范生因特殊情况跨省就业，但跨省就业的申请没有被主管部门批准而违约		
17. 免费师范生想通过"读书改变命运"，不想回经济相对落后的生源地就业，毕业即违约		
18. 免费师范生就业时，因为学历不满足意向单位的要求无法顺利就业，违约读研		
19. 免试攻读教育硕士无法满足免费师范生对硕士教育的预期，违约读研		
20. 免费师范生就业的中小学不支持免费师范生去农村支教，导致免费师范生违约		
21. 免费师范生怕去农村支教时与职业发展的关键机会失之交臂，所以不去农村支教，导致违约		
22. 免费师范生职业生涯规划改变，准备考取公务员而违约		
23. 免费师范生职业生涯规划改变，准备参军服兵役而违约		
24. 免费师范生职业生涯规划改变，准备出国而违约		
25. 免费师范生职业生涯规划改变，准备去其他行业就业而违约		

二、师范生免费教育政策风险识别检查表问卷
（部属师范大学教师版）

导语：老师您好，感谢您接受邀请参与本调查研究！本次调查的目的是为了对师范生免费教育政策进行改进，您的个人信息不会体现在研究结果中。

您认为以下情况是否有可能发生？

情况列表	是	否
1. 免费师范生不能直接到中小学就业，必须要参加生源地组织的教师公开招聘考试才能顺利就业		
2. 免费师范生不能自由地与生源地中小学"双向选择"，而只能被限定在一定的范围内进行		
3. 省级教育行政主管部门的能力不足，无法组织有效的免费师范生就业洽谈活动，阻碍免费师范生顺利就业		
4. 省级教育行政主管部门的权力不足，协调地方相关部门无力，免费师范生在就业过程中遇到的瓶颈性障碍无法解决		
5. 各省给免费师范生提供的就业岗位有较大的差异，优秀的免费师范生去了薄弱学校，资源配置错位。		
6. 部属师范大学不愿意大规模地培养免费师范生，导致免费师范生的培养规模缩小		
7. 部属师范大学制订的免费师范生全新的培养方案具有较大的不确定性，有可能导致免费师范生培养质量下降		
8. 学习再好也不能直接读硕士研究生，导致部分免费师范生学习动力不足		
9. 没有淘汰机制，只要能顺利毕业就能有工作保障，导致部分免费师范生学习动力不足		
10. 本科学习期间，免费师范生不能退出，导致部分无法转出的学生学习动力不足		
11. 本科学习期间，生理或心理上不适合从事教师职业的免费师范生无法退出，导致培养质量下降		
12. 中小学校长招聘时不知道师范生免费教育政策，不敢招免费师范生		

情况列表	是	否
13. 中小学校长招聘时对师范生免费教育政策了解得不充分，错招了免费师范生（如跨省招聘等）		
14. 中小学校长对师范生免费教育政策理解错误（如将免费师范生等同于"特岗教师"、"三支一扶"等），不愿意招聘免费师范生		
15. 与一般师范专业毕业生相比，中小学校长觉得招聘免费师范生平添许多麻烦，不愿意招聘免费师范生		
16. 中小学校长或教育局相关部门招聘人员将招聘免费师范生是"麻烦事"的经验传递给同行，导致免费师范生就业受阻		
17. 十年的服务期限过长，免费师范生产生逆反心理而违约		
18. 十年给处于职业振荡期的免费师范生带来过大的心理压力，导致其违约		

三、师范生免费教育政策风险识别检查表问卷
（省级教育行政部门政策执行人员版）

导语：您好，感谢您接受邀请参与本调查研究！本次调查的目的是为了对师范生免费教育政策进行改进，您的个人信息不会体现在研究结果中。

您认为以下情况是否有可能发生？

情况列表	是	否
1. 免费师范生不能直接到中小学就业，必须要参加生源地组织的教师公开招聘考试才能顺利就业		
2. 免费师范生不能自由地与生源地中小学"双向选择"，而只能被限定在一定的范围内进行		
3. 省级教育行政主管部门的能力不足，无法组织有效的免费师范生就业洽谈活动，阻碍免费师范生顺利就业		
4. 省级教育行政主管部门的权力不足，协调地方相关部门无力，免费师范生在就业过程中遇到的瓶颈性障碍无法解决		
5. 十年的服务期限过长，免费师范生产生逆反心理而违约		
6. 十年给处于职业振荡期的免费师范生带来过大的心理压力，导致其违约		
7. 免费师范生就业的中小学不支持免费师范生去农村支教，导致免费师范生违约		
8. 免费师范生怕去农村支教时与职业发展的关键机会失之交臂，所以不去农村支教，导致违约		

四、师范生免费教育政策风险识别检查表问卷（中小学校长版）

导语：校长您好，感谢您接受邀请参与本调查研究！本次调查的目的是为了对师范生免费教育政策进行改进，您的个人信息不会体现在研究结果中。

您认为以下情况是否有可能发生？

情况列表	是	否
1. 免费师范生不能直接到中小学就业，必须要参加生源地组织的教师公开招聘考试才能顺利就业		
2. 免费师范生不能自由地与生源地中小学"双向选择"，而只能被限定在一定的范围内进行		
3. 部属师范大学制订的免费师范生全新的培养方案具有较大的不确定性，有可能导致免费师范生培养质量下降		
4. 免费师范生就业时，见到非生源地的"好单位"，违约跨省就业		
5. 免费师范生就业时，生源地省份提供的岗位低于自己的预期，违约跨省就业		
6. 免费师范生因特殊情况跨省就业，因不符合政策规定的跨省就业条件而违约		
7. 免费师范生因特殊情况跨省就业，但跨省就业的申请没有被主管部门批准，而违约		
8. 免费师范生想通过"读书改变命运"，不想回经济相对落后的生源地就业，毕业即违约		
9. 免费师范生就业的中小学不支持免费师范生去农村支教，导致免费师范生违约		
10. 免费师范生怕去农村支教时与职业发展的关键机会失之交臂，所以不去农村支教，导致违约		

五、2014 届免费师范生就业状况调查问卷

导语：免费师范生您好，感谢您接受邀请参与本调查研究！本次调查的目的是为了对师范生免费教育政策进行改进，您的个人信息不会体现在研究结果中。

1. 您在就业的过程中是否受到"教师公开招聘"制度的影响，使就业过程不顺利？

A. 有

B. 没有

2. 如果你的就业受到了"教师公开招聘"制度的影响，那影响程度是？

A. 影响程度极低，能够与大部分生源地中小学进行"双向选择"，顺利就业。

B. 影响程度低，能感觉到风险给其就业带来的压力，但压力较小；能够与较多生源地中小学进行"双向选择"；求职过程遇到一些阻力，例如求职时间比没受影响的免费师范生略长（1 个月以内），求职成本比没受此风险影响的免费师范生略高（500 元以内）等。

C. 影响程度中等，能感觉到风险给其就业带来的压力，但压力适中，可以承受；能够与适中数量的生源地中小学进行"双向选择"；求职过程遇到了一定的阻力，例如求职时间比没受影响的免费师范生长（1—3 个月），求职成本比没受此风险影响的免费师范生高（500—1000 元）等。

D. 影响程度高，免费师范生能感觉到风险给其就业带来的压力，压力较大，承受较为困难；能够与较少数量的生源地中小学进行双向选择；求职过程中遇到了较大的阻力，例如求职时间比没受影响的免费师范生长（3 个月以上），求职成本比没受此风险影响的免费师范生高（1000 元以内）等。

E. 影响程度极高，无法通过"双向选择"的方式就业，只能等待毕业前生源地分配。

3. 您在就业的过程中是否受政策执行机构能力或权力不足的影响，

使就业过程不顺利?

A. 有

B. 没有

4. 如果你的就业受到了政策执行机构能力或权力不足的影响,那影响程度是?

A. 影响程度极低,几乎感受不到风险给其就业带来的影响,能够顺利就业。

B. 影响程度低,能感觉到风险给其就业带来的压力,但压力较小;政策执行机构能够积极协调相关部门,解决大部分免费师范生在就业过程中遇到的问题;能够通过三种形式组织免费师范生就业洽谈活动。

C. 影响程度中等,能感觉到风险给其就业带来的压力,但压力适中,可以承受;政策执行机构能够积极协调相关部门,解决部分免费师范生在就业过程中遇到的问题;能够通过两种形式组织免费师范生就业洽谈活动。

D. 影响程度高,能感觉到风险给其就业带来的压力,压力较大,承受较为困难;政策执行机构能够积极协调相关部门,解决小部分免费师范生在就业过程中遇到的问题;组织免费师范生就业洽谈活动的形式较为单一。

E. 影响程度极高,无法顺利就业;政策执行机构能够积极协调相关部门,但几乎无法解决免费师范生在就业过程中遇到的问题;无法组织任何免费师范生就业洽谈活动。

5. 您在就业的过程中是否明显地感受到各生源地省份提供的岗位数量和质量的差异?

A. 有

B. 没有

6. 如果你的就业感受到各生源地省份提供的岗位数量和质量的差异,那这种差异对你就业的影响程度是?

A. 影响程度极低,几乎感受不到风险给其就业带来的影响,能够顺利就业;各地提供的岗位数量和质量无明显差异。

B. 影响程度低,能感觉到风险给其就业带来的压力,但压力较小;各地提供的岗位数量和质量有较小的差异。

C. 影响程度中等，能感觉到风险给其就业带来的压力，但压力适中，可以承受；各地提供的岗位数量和质量有差异。

D. 影响程度高，能感觉到风险给其就业带来的压力，压力较大，承受较为困难；各地提供的岗位数量和质量有较大差异。

E. 影响程度极高，无法顺利就业；各地提供的岗位数量和质量有极大的差异。

7. 你认为你的能力与现在的工作岗位是否匹配？

A. 较为匹配

B. 不匹配

8. 您在就业过程中是否遇到中小学校长对师范生免费教育政策完全不了解的情况？

A. 有

B. 没有

9. 您在就业过程中是否遇到中小学校长对师范生免费教育政策了解不全面，导致错招（如跨省招聘、无编招聘等）的情况？

A. 有

B. 没有

10. 您在就业过程中是否遇到中小学校长对师范生免费教育政策理解有误，将免费师范生等同于"农村特岗教师计划"或"三支一扶"教师的情况？

A. 有

B. 没有

11. 您在就业过程中是否遇到中小学校长因为免费师范生就业过程复杂，而不招聘您的情况？

A. 有

B. 没有

12. 您是否有过因为免费师范生服务年限过长而违约的想法？

A. 有

B. 没有

13. 您是否有过因为不想回生源地就业或申请跨省就业，但没有通过审批而违约的想法？

A. 有

B. 没有

14. 您是否有过因为不想去农村支教而违约的想法？

A. 有

B. 没有

15. 您是否有过因为攻读硕士研究生的限制措施（如必须工作后在职读、只能读教育硕士等）而违约的想法？

A. 有

B. 没有

六、部属师范大学 2014 年中小学校长招聘调查问卷

导语：校长您好，感谢您接受邀请参与本调查研究！本次调查的目的是为了对师范生免费教育政策进行改进，您的个人信息不会体现在研究结果中。

1. 您是否了解师范生免费教育政策?

A. 非常了解

B. 了解一些，但不全面

C. 完全不了解

2. 在毕业生培养目标方面，你觉得师范生免费教育政策和"农村特岗教师计划"、"三支一扶"等政策的关系是?

A. 完全不同

B. 有些差别

C. 基本一致

3. 免费师范生就业过程相对复杂，您的看法是?

A. 虽然复杂但可以接受

B. 同等情况下可能会优先淘汰免费师范生

C. 尽量不招免费师范生

4. 您对免费师范生能力结构和知识结构是否满意?

A. 非常满意

B. 满意

C. 不满意

七、部属师范大学免费师范生学习状况调研

导语：免费师范生您好，感谢您接受邀请参与本调查研究！本次调查的目的是为了对师范生免费教育政策进行改进，您的个人信息不会体现在研究结果中。

1. 您是否由于"学习好也无法直接攻读硕士必须就业"而导致学习动力不足？

A. 有

B. 没有

2. 您是否由于"学习不好也不会被淘汰"而导致学习动力不足？

A. 有

B. 没有

3. 您是否觉得自己不适合读师范专业，但是由于没有合适的退出机制导致硬着头皮读师范专业，从而学习动力不足？

A. 有

B. 没有

4. 您认为学习动力不足，对您个人的培养质量的影响程度如何？（前三题未选 B，此题不作答）

A. 学习动力不足对自己培养质量的影响极低

B. 学习动力不足对自己培养质量的影响低

C. 学习动力不足对自己培养质量的影响中等

D. 学习动力不足对自己培养质量的影响高

E. 学习动力不足对自己培养质量的影响极高

参 考 文 献

一、中文文献

1. 袁振国:《教育政策学(新世纪版)》,江苏教育出版社 2001 年版。

2. 袁振国:《中国教育政策评论·2012》,教育科学出版社 2012 年版。

3. 袁振国:《中国教育政策评论·2013》,教育科学出版社 2013 年版。

4. 袁振国:《中国教育政策评论·2014》,教育科学出版社 2014 年版。

5. 吴遵民:《基础教育决策论:中国基础教育政策制定与决策机制的改革研究》,华东师范大学出版社 2006 年版。

6. 吴遵民:《教育政策学入门》,上海教育出版社 2010 年版。

7. 褚宏启:《教育政策学》,北京师范大学出版社 2011 年版。

8. 顾明远:《顾明远教育口述史》,北京师范大学出版社 2007 年版。

9. 孙绵涛:《教育政策分析——理论与实务》,重庆大学出版社 2011 年版。

10. 孙绵涛:《教育政策论——具有中国特色的社会主义教育政策研究》,华中师范大学出版社 2002 年版。

11. 孙绵涛:《教育政策学》,武汉工业大学出版社 1997 年版。

12. 刘复兴:《国外教育政策研究基本文献讲读》,北京大学出版社 2013 年版。

13. 黄忠敬:《教育政策导论》,北京大学出版社 2011 年版。

14. 黄忠敬等:《教育政策研究的多维视角》,教育科学出版社 2014 年版。

15. 杨颖秀:《教育决策的科学化民主化研究》,东北师范大学出版社 2001 年版。

16. 陈学飞:《教育政策研究基础》,人民教育出版社 2011 年版。

17. 成有信:《教育政治学》,江苏教育出版社 1993 年版。

18. 邓旭：《教育政策执行研究》，教育科学出版社 2010 年版。

19. 蒋建华：《教育政策与法律概论》，北京师范大学出版社 2015 年版。

20. 刘世清：《教育政策伦理》，上海教育出版社 2010 年版。

21. 祁型雨：《利益表达与整合：教育政策的决策模式研究》，人民出版社 2006 年版。

22. 王宁：《教育政策：主体性价值分析理论与应用》，中国社会科学出版社 2015 年版。

23. 王晓辉：《教育决策与治理》，教育科学出版社 2010 年版。

24. 王燕：《国际教育研究书系：G20 成员教育政策改革趋势》，教育科学出版社 2013 年版。

25. 王智超：《教育政策执行的滞后问题研究》，东北师范大学出版社 2011 年版。

26. 王智超：《师范生免费教育政策实施状况追踪研究》，吉林人民出版社 2013 年版。

27. 吴合文：《高等教育政策工具分析》，北京师范大学出版社 2011 年版。

28. 肖建彬：《中国教育问题分析：基于教育实践与教育政策的思考》，广东人民出版社 2015 年版。

29. 杨润勇：《热点教育政策分析》，中国轻工业出版社 2011 年版。

30. 张兰春：《中国义务教育政策地方政府执行情况研究报告》，浙江大学出版社 2011 年版。

31. 张丽娟：《教育决策论》，河北少年儿童出版社 2013 年版。

32. 陈季修：《公共政策学导引与案例》，中国人民大学出版社 2011 年版。

33. 陈庆云：《公共政策分析（第二版）》，北京大学出版社 2011 年版。

34. 陈振明：《公共政策学：政策分析理论、方法和技术》，中国人民大学出版社 2010 年版。

35. 陈振明：《政策科学——公共政策分析导论》，中国人民大学出版社 2003 年版。

36. 荆玲玲：《公共政策分析——理论与案例》，哈尔滨工程大学出版社 2014 年版。

37. 李允杰：《政策执行与评估》，北京大学出版社 2008 年版。

38. 王达梅等：《公共政策分析的理论与实践》，南开大学出版社 2009 年版。

39. 王骚：《公共政策分析的理论与方法》，南开大学出版社 2009 年版。

40. 王骚：《公共政策学》，天津大学出版社 2010 年版。

41. 王曙光等：《公共政策学》，中国财富出版社 2014 年版。

42. 伍启元：《公共政策》，商务印书馆 1989 年版。

43. 谢明：《公共政策导论（第三版）》，中国人民大学出版社 2012 年版。

44. 谢明：《政策透视——政策分析的理论与实践》，中国人民大学出版社 2004 年版。

45. 张国庆：《公共政策分析》，复旦大学出版社 2009 年版。

46. 张所地：《管理决策理论、技术与方法》，清华大学出版社 2013 年版。

47. 中国人民大学公共管理学院组：《公共政策案例》，中国人民大学出版社 2010 年版。

48. 周三多等：《管理学——原理与方法（第三版）》，复旦大学出版社 2000 年版。

49. 风笑天：《社会研究方法（第四版）》，中国人民大学出版社 2013 年版。

50. 袁方：《社会研究方法教程（重排本）》，北京大学出版社 2013 年版。

51. 陈锦棠等：《第三部门评估与责信》，北京大学出版社 2008 年版。

52. 范道津等：《风险管理理论与工具》，天津大学出版社 2010 年版。

53. 郭亚军：《综合评价理论、方法及拓展》，科学出版社 2012 年版。

54. 金太军：《重大公共政策分析》，广东人民出版社 2014 年版。

55. 李存建：《风险评估——理论与实践》，中国商务出版社 2012 年版。

56. 李志军：《国外公共政策评估手册与范本选编》，中国发展出版社 2015 年版。

57. 刘新立：《风险管理（第二版）》，北京大学出版社 2014 年版。

58. 罗云：《风险分析与安全评价（第三版）》，化学工业出版社 2016 年版。

59. 彭力、李发新：《风险评价技术应用与实践》，石油工业出版社 2001 年版。

60. 邱均平：《评价学：理论·方法·实践》，科学出版社 2010 年版。

61. 邵辉等：《风险管理原理与方法》，中国石化出版社 2010 年版。

62. 孙立新：《风险管理：原理、方法与应用》，经济管理出版社 2014 年版。

63. 唐钧：《社会稳定风险评估与管理》，北京大学出版社 2015 年版。

64. 唐钧：《政府形象与民意思维（2010～2011）——社会稳定风险评估和新形势下群众工作》，中国传媒大学出版社 2011 年版。

65. 王诚：《竞争策略与风险管理》，商务印书馆 1997 年版。

66. 王勇等：《金融风险管理》，机械工业出版社 2014 年版。

67. 徐国祥：《统计指数理论、方法与应用研究》，上海人民出版社 2011 年版。

68. 尹贻林等：《公共政策的风险评价》，科学出版社 2012 年版。

69. 詹丽等：《项目风险评价决策——方法与实证》，西南交通大学出版社 2009 年版。

70. 张曾莲：《风险评估方法》，机械工业出版社 2017 年版。

71. 中国金融风险经理论坛组委会：《风险管理》，企业管理出版社 2010 年版。

72. 周志家：《风险决策与风险管理：基于系统理论的研究》，社会科学文献出版社 2012 年版。

73. 朱德米：《重大决策事项的社会稳定风险评估研究》，科学出版社 2016 年版。

74. 《风险管理　风险评估技术》（GB/T 27921-2011），中国国家标准出版社 2012 年版。

75. 《风险管理术语》（GB/T23694-2013），中国国家标准出版社 2013 年版。

76. 《风险管理原则与实施指南》（GB/T24353-2009），中国国家标准出版社 2009 年版。

77. 安泰环球技术委员会：《管理风险创造价值：深度解读 ISO31000：2009 标准》，人民邮电出版社 2010 年版。

78. 国家教育发展研究中心：《2007 年中国教育绿皮书——中国教育政策年度分析报告》，教育科学出版社 2007 年版。

79. 国家教育发展研究中心：《2008 年中国教育绿皮书——中国教育政策年度分析报告》，教育科学出版社 2008 年版。

80. 国家教育发展研究中心：《2009 年中国教育绿皮书——中国教育政策年度分析报告》，教育科学出版社 2009 年版。

81. 杨东平：《教育蓝皮书：中国教育发展报告（2014）》，社会科学文献出版社 2014 年版。

82. 杨东平：《教育蓝皮书：中国教育发展报告（2015）》，社会科学文献出版社 2015 年版。

83. ［德］赖因哈德·施托克曼：《评估学》，唐以志译，人民出版社 2012 年版。

84. ［加］梁鹤年：《政策规划与评估方法》，丁进锋译，中国人民大学出版社 2009 年版。

85. ［美］Matthew B. Miles、A. Michael Huberman：《质性资料的分析：方法与实践》，张芬芬译，重庆大学出版社 2008 年版。

86. [美] Dan E. Inbar 等：《教育政策基础》，史明洁等译，教育科学出版社 2003 年版。

87. [美] 埃贡·G.古贝等：《第四代评估》，秦霖等译，中国人民大学出版社 2008 年版。

88. [美] 戴维·L.韦默：《公共政策分析：理论与实践（第四版）》，中国人民大学出版社 2013 年版。

89. [美] 戴维·罗伊斯：《公共项目评估导论（第 3 版)》，王军霞等译，中国人民大学出版社 2007 年版。

90. [美] 丹尼尔·A.雷恩：《管理思想史（第五版）》，孙健敏等译，中国人民大学出版社 2009 年版。

91. [美] 弗兰克·费希尔：《公共政策评估》，吴爱明等译，中国人民大学出版社 2003 年版。

92. [美] 富兰克·H.奈特：《风险、不确定性和利润》，王宇、王文玉译，中国人民大学出版社 2005 年版。

93. [美] 赫伯特·西蒙：《管理行为——管理组织决策过程的研究》，杨砾等译，北京经济学院出版社 1988 年版。

94. [美] 赫伯特·西蒙：《现代决策理论的基石》，杨砾、徐立译，北京经济学院出版社 1989 年版。

95. [美] 霍华德·弗里曼：《评估：方法与技术（第 7 版）》，刘月等译，重庆大学出版社 2007 年版。

96. [美] 尼古拉斯·泰勒：《社会评估：理论、过程与技术》，葛道顺译，重庆大学出版社 2009 年版。

97. [美] 理查德·D.宾厄姆：《项目与政策评估——方法与应用（第二版）》，朱春奎、杨国庆译，复旦大学出版社 2008 年版。

98. [美] 林德布鲁姆：《决策过程》，竺乾威、胡君芳译，上海译文出版社 1988 年版。

99. [美] 美国COSO制定发布:《企业风险管理——应用技术》，张宜霞译，东北财经大学出版社 2006 年版。

100. [美] 美国COSO制定发布:《企业风险管理——整合框架》，方红星、王宏译，东北财经大学出版社 2005 年版。

101. [美] 米歇尔·科罗赫:《风险管理》，曾刚等译，中国财经出版社 2005 年版。

102. [美] 斯图亚特·那格尔:《政策研究百科全书》，林明等译，科学技术文献出版社 1990 年版。

103. [美] 斯塔弗尔比姆:《评估模型》，苏锦丽等译，北京大学出版社 2007 年版。

104. [美] 托马斯·R. 戴伊:《理解公共政策（第十一版)》，孙彩红译，北京大学出版社 2008 年版。

105. [美] 托马斯·R. 戴伊:《自上而下的政策制定》，鞠方安等译，中国人民大学出版社 2002 年版。

106. [美] 威廉·N. 邓恩:《公共政策分析导论（第二版)》，谢明、杜子芳等译，中国人民大学出版社 2010 年版。

107. [美] 雅科夫·Y. 海姆斯:《风险建模、评估和管理（第 2 版)》，胡平译，西安交通大学出版社 2007 年版。

108. [美] 约翰·罗尔斯:《正义论》，何怀宏、何包钢、廖申白译，中国社会科学出版社 1988 年版。

109. [挪威] 马文·拉桑德:《风险评估：理论、方法与应用》，刘一骝译，清华大学出版社 2013 年版。

110. [日] 矢野真和:《高等教育的经济分析与政策》，张晓鹏等译，北京大学出版社 2006 年版。

二、外文文献

1. Andy Jordan, *Risk Management for Project Driven Organizations*, J Ross Publishing, 2013.

2. Anthony & Larry, *Risk Assessment 221 Success Secrets-221 Most Asked Questions on Risk Assessment*, Emereo Publishing, 1998.

3. Chew Donald H., *Corporate Risk Management*, London: Faber, 2012.

4. Easton, *The Political System*, New York: Knopf, 1953.

5. Dror Y., *Design for Policy Sciences*, New York: American Elsevier Press, 1971.

6. Elms D.G., *Risk Assessment in Blockley*, London: McGraw-Hill, 1992.

7. Hudson J.Lowe, *Understanding the Policy Process: Analyzing Welfare Policy and*

Practice, Bristol：The Policy Press，2004.

8. International Electrotechnical Commission，*Dependability Management-Application Guide：Risk Analysis of Technological Systems*（IEC 60300-3-9-1995），Geneva，1995.

9. International Organization for Standardization，*Risk management-Principles and Guidelines*（ISO 31000：2009），Geneva，2009.

10. John C. Hull，*Risk Management and Financial Institutions*，Hoboken：Wiley，2012.

11. Jose Campos，*Risk Management and FMEA for Product Development*，Rapid innovation LLC，2012.

12. Lee T. Ostrom，*Risk Assessment：Tools，Techniques，and Their Applications*，Hoboken：Wiley，2012.

13. Lerner D. & Harold D.Lasswell，*The Policy Sciences：Recent Development in Scope and Method*，Stanford CA：Stanford University Press，1959.

14. N. Hurst & David R.，Williams & Pam Marshall，*Risk Assessment：The Human Dimension*，Cambridge：Royal Society of Chemistry，1988.

15. Charles O. Jones，*An Introduction to the Study of Public Policy*（2nd ed.），North Scituate Mass：Duxbury，1977.

索　引

一、关键词索引

B

保护层分析　7, 58, 59, 64, 117, 118, 120

贝叶斯统计　7, 58, 60, 65, 128, 134, 135, 224

C

层次分析法　6, 7, 58, 59, 65, 74, 117, 126, 127

D

德尔菲法　7, 57, 59, 62, 66, 72, 73, 74, 86, 127, 142, 169, 272

蝶形图分析　7, 58, 59, 65, 117, 120, 121

F

FN 曲线　58, 60, 65, 128, 129, 130, 131

风险带　19, 49, 260, 261, 265, 269, 291, 293, 294, 295, 300, 301, 303, 304, 306, 307, 308, 309

风险等级　17, 19, 44, 54, 58, 62, 64, 75, 119, 122, 216, 217, 218, 220, 221, 222, 227, 228, 229, 230, 231, 232, 265, 266, 268, 269, 270, 291, 292, 294, 297, 300, 301, 314

风险等位线　228, 260, 261, 269, 270

风险分担　297, 300

风险分析　2, 6, 7, 8, 19, 36, 42, 43, 44, 50, 52, 53, 54, 56, 57, 58, 62, 63, 70, 92, 96, 107, 115, 117, 118, 120, 129, 130, 131, 144, 151, 154, 155, 158, 216, 217, 218, 219, 220, 221, 222, 224, 225, 227, 228, 229, 230, 231, 232, 233, 234, 236, 237, 238, 239, 240, 242, 243, 245, 246, 247, 251, 253, 254, 255, 256, 257, 258, 259, 260, 261, 291, 298, 337

二、外国人名索引

后　记

　　风险评估技术是风险管理的重要组成部分，近年来逐渐成为公共政策研究的一个重要领域。政策风险评估对于发挥政策效能、促进政策绩效、达成政策目标具有重要价值。总体看，我国关于教育政策风险评估的相关研究才刚刚起步，教育政策风险评估的实践也存在机制不健全、机构缺失、流程失范和方法混乱等诸多问题。这些问题的存在使得我们在制定教育政策的过程中，对政策风险的识别、分析和评价不充分，教育政策方案内部没有建立必要的风险控制措施，导致教育政策决策的科学化、民主化、绩效化和程序化受到影响。教育政策风险评估不充分的政策执行后，可能会引起政策效能低下、政策生命周期缩短，甚至可能会造成重大的灾难性后果。本书就是在这样的背景下，力图完整、系统、科学地对教育政策风险评估开展研究。纵观全书，主要完成了以下研究任务。

　　一是，将风险评估技术引入到教育政策研究领域。风险评估是一种"嵌入式"的技术，它已经广泛地应用在自然灾害防护、食品安全、工业生产、社会维稳、金融投资和企业管理等领域。在公共政策领域，风险评估也已经在经济政策、公共卫生政策和社会保障政策等方面发挥了重要作用。但在教育政策的视域下，风险评估的研究和实践都还未形成规模。本书将教育政策风险评估作为研究对象，对相关的重要概念进行了界定，归纳了教育政策风险评估的特征，明确了教育政策风险评估的实施过程。

　　二是，对教育政策风险评估方法进行了系统的梳理。方法是风险评估技术的关键，这些可以对未来不确定进行预测和评估的方法确实很有吸引力。这些方法中有我们非常熟悉的"老朋友"，如德尔菲法、层次分析法等。也有一些适用范围有限，不为政策研究者所熟知的"生面孔"，如人因可靠性分析、FN 曲线等。事实上，专门研究风险评估方法的专著数量不多，专门研究教育政策方案预测方法的专著也不多见。本书在国标《风险管理　风险评估技术》的基础上，系统梳理了 32 种可用于教育政策风险评估的方法，尽可能结合教育政策案例对这些方法的适用范围、优势局限和实施步骤进行了探讨。

三是，探讨了教育政策风险评估的实施过程。如何开展教育政策风险评估是本书研究的核心问题。本书以国标《风险管理原则与实施指南》为基础，建构了教育政策风险评估的实施过程。教育政策风险评估过程包括教育政策风险识别、风险分析和风险评价三个子过程。同时，在风险评估之前要明确教育政策环境信息，在风险评估之后要选择教育政策风险应对策略。另外，在整个风险评估的过程中强调沟通和记录。

四是，以师范生免费教育为例，进行了教育政策风险评估案例研究。对教育政策风险评估进行理论研究还未达到本书的研究目标，运用本书理论研究的结论和成果指导教育政策制定和改进实践才使得本研究更完整。为了开展研究去制定一项新的教育政策是不现实的，好在教育政策风险评估技术也可以用于政策的改进。本书以 2007 年在 6 所教育部直属师范大学试用的师范生免费教育政策为例，以理论和案例研究相结合的方式，呈现了教育政策风险识别、风险分析和风险评价三个风险评估的全部子过程。在对该政策进行风险评估的基础上，概略地探讨了教育政策风险应对策略的选择，并在此基础上，提出了师范生免费教育政策的改进建议。

虽然本书试图结合案例探讨风险评估技术与教育政策的结合过程，但教育政策与风险都过于复杂。这种复杂性既是由二者自身特点决定的，也是由相关环境决定的。在案例研究过程中，这一点表现得尤为明显。也正是由于此，本书对师范生免费教育政策风险评估结论具有不唯一性。另外，受限于研究成本，案例研究的深入程度也不够，这在一定程度上削弱了改进建议的针对性和有效性。因此，读者关注的重点应该在师范生免费政策风险评估过程的实施上，而不应该纠结于风险评估的结论与改进建议。

　　总而言之，本书尝试着将风险评估技术引入到教育政策领域之中，从风险评估的视角来探讨教育政策决策和改进的相关问题。这一定不是什么创纪录的大事，但在一定程度上确实又丰富了政策研究的基本视角与范式，为更好地审视教育政策提供了一个良好的切入点。最后，愿本书能给读者以灵感和启发。

责任编辑:钟金铃
封面设计:石笑梦

图书在版编目(CIP)数据

教育政策风险评估研究/刘海滨 著. —北京:人民出版社,2019.4
ISBN 978－7－01－020687－5

I.①教… II.①刘… III.①教育政策-风险评价-研究-中国 IV.①G520

中国版本图书馆 CIP 数据核字(2019)第 073176 号

教育政策风险评估研究

JIAOYU ZHENGCE FENGXIAN PINGGU YANJIU

刘海滨 著

人民出版社 出版发行

(100706 北京市东城区隆福寺街 99 号)

环球东方(北京)印务有限公司印刷 新华书店经销

2019 年 4 月第 1 版 2019 年 4 月北京第 1 次印刷
开本:710 毫米×1000 毫米 1/16 印张:23
字数:340 千字

ISBN 978－7－01－020687－5 定价:58.00 元

邮购地址 100706 北京市东城区隆福寺街 99 号
人民东方图书销售中心 电话 (010)65250042 65289539